权威·前沿·原创

皮书系列为
"十二五""十三五"国家重点图书出版规划项目

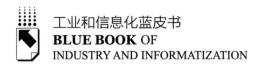

工业和信息化蓝皮书
BLUE BOOK OF
INDUSTRY AND INFORMATIZATION

世界信息化发展报告
（2016~2017）

ANNUAL REPORT ON WORLD INFORMATIZATION
(2016-2017)

主　编／尹丽波
国家工业信息安全发展研究中心

社会科学文献出版社
SOCIAL SCIENCES ACADEMIC PRESS（CHINA）

图书在版编目（CIP）数据

世界信息化发展报告 . 2016－2017 / 尹丽波主编 . ——
北京：社会科学文献出版社，2017.6
（工业和信息化蓝皮书）
ISBN 978－7－5201－0445－6

Ⅰ.①世… Ⅱ.①尹… Ⅲ.①信息化－研究报告－世
界－2016－2017 Ⅳ.①G202

中国版本图书馆 CIP 数据核字（2017）第 043283 号

工业和信息化蓝皮书
世界信息化发展报告（2016~2017）

主　　编 / 尹丽波

出 版 人 / 谢寿光
项目统筹 / 吴　敏
责任编辑 / 宋　静

出　　版 / 社会科学文献出版社·皮书出版分社（010）59367127
　　　　　　地址：北京市北三环中路甲 29 号院华龙大厦　邮编：100029
　　　　　　网址：www. ssap. com. cn
发　　行 / 市场营销中心（010）59367081　59367018
印　　装 / 北京季蜂印刷有限公司

规　　格 / 开 本：787mm × 1092mm　1/16
　　　　　　印 张：16.75　字 数：250 千字
版　　次 / 2017 年 6 月第 1 版　2017 年 6 月第 1 次印刷
书　　号 / ISBN 978－7－5201－0445－6
定　　价 / 89.00 元

皮书序列号 / PSN B－2015－451－4/6

本书如有印装质量问题，请与读者服务中心（010－59367028）联系

《世界信息化发展报告（2016～2017）》
课　题　组

课题编写　国家工业信息安全发展研究中心
　　　　　　　信息化研究与促进中心

指　　导　高新民　徐　愈　秦　海　方欣欣　谢少锋
　　　　　　　李　颖　钟世龙　单立坡　张　望　章晓杭
　　　　　　　安筱鹏　张宏伟　曾　宇

组　　长　何小龙

副 组 长　周　剑　陈　杰

编写人员　王花蕾　高晓雨　乔　睿　姬晴晴　何冰梅
　　　　　　　王丽颖　闫　寒　姚　嫣　章宗婧　宋若庐
　　　　　　　殷利梅

主编简介

尹丽波　国家工业信息安全发展研究中心（工业和信息化部电子第一研究所）主任，高级工程师。国家工业信息安全产业发展联盟理事长、中国两化融合咨询服务联盟副理事长、国家网络安全检查专家委员会秘书长。长期从事网络信息安全和信息化领域的理论与技术研究，先后主持工业转型升级专项、国家发改委信息安全专项、国家242信息安全计划等几十项重要研究课题，作为第一完成人获部级奖励1项。

国家工业信息安全发展研究中心

国家工业信息安全发展研究中心（工业和信息化部电子第一研究所），前身为工业和信息化部电子科学技术情报研究所，成立于 1959 年，是我国第一批成立的专业科技情报研究机构之一。

围绕工业和信息化部等上级主管部门的重点工作和行业发展需求，国家工业信息安全发展研究中心重点开展国内外信息化、信息安全、信息技术、物联网、软件服务、工业经济政策、知识产权等领域的情报跟踪、分析研究与开发利用，为政府部门及特定用户编制战略规划、制定政策法规、进行宏观调控及相关决策提供软科学研究与支撑服务，形成了情报研究与决策咨询、知识产权研究与咨询、政府服务与管理支撑、信息资源与技术服务、媒体传播与信息服务五大业务体系。同时，国家工业信息安全发展研究中心还是中国语音产业联盟、中国两化融合服务联盟、国家工业信息安全产业发展联盟的发起单位和依托单位。

国家工业信息安全发展研究中心将立足制造强国和网络强国的战略需求，以"支撑政府、服务行业"为宗旨，以保障工业领域信息安全、推进信息化和工业化深度融合为方向，致力于成为工业信息安全和两化融合领域具有国际先进水平的国内一流研究机构，成为国家战略决策的高端智库和服务行业发展的权威机构。

序

　　新一轮科技革命和产业变革正在兴起，制造业与互联网融合发展，使其数字化、网络化、智能化特征越来越明显。云计算、大数据、物联网等新一代信息技术席卷全球，典型应用层出不穷，人工智能、量子计算、光通信、3D 打印等前沿技术正取得重大突破。以智能制造、信息经济为主要特征的信息化社会将引领我国迈入转型发展新时代。

　　由国家工业信息安全发展研究中心编写的"工业和信息化蓝皮书"已连续出版三年，在业界形成了一定的影响力。2016～2017 系列蓝皮书在深入研究和综合分析的基础上，密切跟踪全球工业、网络安全、人工智能、智慧城市和信息化领域的最新动态，主题覆盖宽广、内容丰富翔实、数据图表完备，前瞻探索颇具深度。

　　值此系列图书付梓出版之际，谨以此序表示祝贺，并期望本系列蓝皮书能对我国制造强国和网络强国建设有所助益。

工业和信息化部党组成员、副部长

2017 年 5 月 23 日

摘　要

　　《世界信息化发展报告（2016～2017）》是关于世界各国（地区）2016年信息化发展状况的具有代表性、权威性的年度综述研究报告。本报告在系统跟踪世界各国（地区）信息化发展情况的基础上进行综合研究，重点讨论2016年度信息化相关领域的热门主题，对世界信息化发展的状况、政策、战略、重大研究与工程项目进行客观、公正、深入的分析，并加以评估和预测，集动态跟踪和深入分析于一体，具有很强的前沿性和前瞻性。

　　本报告着眼于信息基础设施建设、信息化与产业融合发展、信息化推动政府服务创新与智慧城市建设、网络空间安全与治理等方面，总结归纳了2016年世界信息化的主要进展，并对未来几年世界信息化发展趋势进行了预测和展望。本报告共有11篇文章，总体结构如下：第一部分，总报告；第二部分，基础设施篇；第三部分，产业融合篇；第四部分，服务创新篇；第五部分，网络空间安全与治理篇；第六部分，专题研究篇。

目　录

Ⅰ　总报告

Ⅱ　基础设施篇

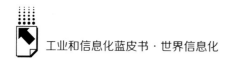

皮书数据库阅读**使用指南**

总 报 告

General Report

B.1

2016年世界信息化发展现状
及2017年展望*

王花蕾　王丽颖　姬晴晴**

摘　要：　2016年，各国天地一体化网络基础设施广泛部署，5G技术
测试和标准研制速度加快，云计算、数据中心等应用基础设
施大量建设。人工智能、物联网、虚拟现实、区块链等信息
技术创新活跃，相关企业并购及投资活动众多。网络和信息
技术与各产业不断融合，推动了数字经济的繁荣发展。随着
新技术的应用，公共服务进一步实现一体化、开放化和数字

＊　本章（五）（七）部分由王丽颖写作；（四）中智慧城市部分由姬晴晴写作；其他部分由王
花蕾写作。
＊＊　王花蕾，博士，国家工业信息安全发展研究中心高级工程师，专注于国际信息化发展动态和
趋势研究；王丽颖，硕士，国家工业信息安全发展研究中心工程师，从事国际信息化发展动
态和趋势研究；姬晴晴，硕士，国家工业信息安全发展研究中心信息化研究与促进中心工程
师，从事智慧城市、数字经济和信息化战略等研究。

化，智慧城市建设也更加规范、务实。然而，网络安全事件层出不穷，尤其是 DDoS 攻击成为一种应用越来越普遍的网络攻击形式，各国都加强了网络安全防护。数字经济的发展，推动各国强化网络治理。本文对以上问题进行讨论，并展望未来信息化发展趋势。

关键词： 网络基础设施　信息技术　数字经济　网络安全　网络治理

信息技术与生物技术、纳米技术等交叉融合推动了世界范围新一轮科技变革，这一变革将以指数速度展开，正在颠覆几乎所有国家的所有行业，彻底改变整个生产、管理和治理体系，对整个经济社会产生了广泛而深远的影响。信息化促进了数字经济发展，成为各国经济转型升级和繁荣发展的重要驱动力量；推动了政务革新和智慧城市建设，实现了公共服务方式和城市面貌的巨大变化。但是，信息化在各领域的应用也产生了层出不穷的安全问题，给各国带来了严峻挑战。围绕经济发展、安全保护等问题，各国政府之间、政府与企业之间在互联网治理领域展开了激烈博弈。

一　天地一体化网络基础设施广泛部署，应用基础设施加快建设

由宽带、移动互联网、WiFi、卫星互联网和海底光缆等组成的天地一体化泛在网络正在全球范围内广泛部署，云计算、数据中心等应用基础设施也在加快建设。

（一）天地一体化泛在网络快速部署

主要发达国家都很重视卫星互联网。美国政府和企业都大力支持卫星互联网发展。2016 年 4 月，美国国家航空航天局表示，美国政府会在未来三

四年将太空资产移至深空轨道，把低轨留给商业公司；10月，美国发放的3亿美元创新基金中，有3000万美元用于小卫星技术。谷歌和Facebook等企业近几年一直投入发展卫星互联网。2016年3月，谷歌发射了6颗卫星，向着全球免费无线网络的方向迈出了第一步；9月，Facebook互联网项目Internet.org的首颗互联网卫星因SpaceX火箭在发射台测试时的意外爆炸而被炸毁。11月，Facebook在印度开展互联网无人机Aquila的试点项目，SpaceX公司向美国联邦通信委员会（FCC）提交的申请文件披露了发射4425颗卫星的计划，为全球提供互联网。另外，谷歌的气球互联网项目"Project Loon"也于2016年2月在斯里兰卡进行测试。

很多国家继续大力推进宽带部署，并积极建设高容量、高速海底电缆。2016年5月，巴西发布了新版本的国家宽带计划，希望到2018年实现光纤覆盖到全国70%的城市，并提高全国128000个学校的网络质量。5月，欧盟委员会批准了英国2016～2020年国家宽带计划；11月，批准了法国价值130亿欧元的超高速宽带计划。谷歌出资3亿美元，联合五家亚洲电信企业合作建设的连接美国与日本的海底光缆"Faster"正式启用，比正常光缆传输速率快1000万倍；微软、Facebook与西班牙电信决定合作建设横渡大西洋的最高容量的海底电缆Marea；Google和Facebook正合作铺设连接洛杉矶和香港的跨太平洋海底光缆，连接带宽将达到120Tbps；韩国电信KT公司宣布启用一条连接亚洲9个国家的大容量海缆系统，即APG海缆系统，用于韩国5G网络试运营服务。

很多国家在公共场所积极布建WiFi网络。欧盟委员会（简称"欧委会"）宣布，计划2020年之前在公共场合提供免费WiFi服务。澳大利亚电信（Telstra）宣布自2016年1月起，向移动用户开放全国性WiFi网络Telstra Air。从2016年1月起，纽约着手提供全城免费WiFi接入服务，计划提供7500个接入点。4月，英国宣布将投资1.5亿英镑，于2017年开展"Wi-Fi公路"项目建设，开发自动适配的交通信号灯以及收集路况信息的数据传感器，并批准无人驾驶汽车测试。2016年9月，美国AT&T公司披露的Project AirGig项目，希望通过电力线提供互联网接入，并以低成本提供超高速无线互联网服务。为了向游客们提供更便利的移动网络，日本运营商推出一次登录制免费 WiFi 服务。韩国首尔也宣布，到 2017 年，全市所有的公共区域都将提供免费的 WiFi 服务。

5G 网络建设是最近几年网络建设的热点，目前，相关技术标准仍在制定过程中，技术合作和测试、部署逐步开展。2016 年 2 月，继与韩国、日本、中国等国签约之后，欧盟又与巴西签订合作开发 5G 技术的协议。6 月，瑞士电信携手爱立信等共同推出"瑞士 5G"项目，以便为 5G 做好准备。7 月，美国最大的无线运营商 Verizon 表示，已经为 5G 部署制定了相关规格，包括网络架构、处理器和设备规格。10 月，在荷兰成立了一个新的 5G 测试平台。10 月，日本宣布将为建设超高速第 5 代移动通信系统制定基本战略。12 月，美国电信巨头 AT&T 宣布开始向企业客户提供首个 5G 试运营服务。

为了推动 5G 建设，有关国家开始推进频谱开放。2016 年 7 月，美国联邦通信委员会正式为 5G 网络分配大量频谱，美国也因此成为全球第一个为 5G 应用确定并开放大量高频频谱的国家。欧盟委员会发布一项提案，提出将无线电超高频段中的 700 兆赫频段用于无线宽带服务。英国通信管理局（Ofcom）发布了空白频谱（White Space）管理规则，旨在避免空白频谱与其他频谱的使用者相互干扰，提高频谱的使用效率。

在各国不断推进网络建设的同时，网络接入的数字鸿沟问题依然严峻。2016 年 7 月，ITU 发布的"2016 年 ICT 事实与数字"表明，全球仍有 39 亿人无法上网。为此，相关国家一直在不懈努力。2016 年 5 月，美国联邦通信委员会（FCC）宣布未来十年计划为农村地区宽带网络追加投资 20 亿美元，以发展农村地区宽带。7 月，德国政府承诺将向网络基础设施欠发达地区额外拨款 13 亿欧元，用于发展宽带网络。

（二）云计算和远程数据中心等应用基础设施快速发展

云计算经济效益显著，能够帮助企业和政府机构迅速提升内部资源的可移植性、可访问性，降低成本，提高生产率；可以使依赖供应链的重要产业实现转型，如先进制造业、零售业等。

美国广泛统一的法律环境、较大的市场规模、适应数字应用的用户群，让美国成为云计算领域的先行者。69%的美国企业认为云计算提高了生产率，60%表示节省了时间，60%表示节省了成本。欧洲的企业也认为，云计算带来了许多商业利益，如提高灵活性（57%）、提高能力（56%）和提高可拓展性（53%）。96%的欧洲企业相信，云计算为其业务提供了可量化的好处，如降低了信息技术维护成本，减少了开支，降低了运营成本，提高了效率。55%的欧洲企业认为，云计算提供了比传统外包行业更高的价值。[①]

2012年，为了提高欧盟云计算技术研发水平、加大基础设施投入力度，欧委会向欧盟理事会和欧盟议会提交了总投资高达450亿欧元的"云计算发展战略及三大关键行动"建议（草案）。欧盟"数字单一市场"也通过欧洲云计划提出了若干云计算举措建议——特别是标准化、数据可移植性和开放性。2016年4月，欧盟委员会提出了雄心勃勃的"欧洲云倡议"项目，计划投资47亿欧元，开展"欧洲开放科学云计划"和价值35亿欧元的"欧洲数据基础设施建立计划"。这两项计划旨在提高欧洲的高性能计算能力，为研究人员、企业和公共产业提供连接、数据和软件服务，目的是拓展访问渠道、提高使用率。

物联网等的发展带来了日益增多的数据。一辆运行正常的无人驾驶汽车所需收集和分析的信息量为每秒1千兆字节（GB），相当于网络电视约5个小时的数据传输量，推动了远程数据中心业务迅速扩张。数据中心的服务内容涵盖放置机构的私密计算机和软件所需的实体空间，以及管理数据、应用和云计算等。

海量数据的收集推动行业整合。2016年1月，美国的Equinix公司斥资26亿英镑收购了英国的Telecity Group，以加强其欧洲业务。同时，很多知名科技企业也进军该领域。例如，美国在线零售商亚马逊旗下的亚马逊网络服务（Amazon Web Services）；谷歌云为消费者和企业提供多种云服务；甲骨文提供全面和完全集成的云应用、平台服务和工程系统，2016年2月9

---

① http：//www. atlanticcouncil. org/publications/reports/into – the – clou.

日甲骨文宣布推出 Oracle Partner Network 云计划，帮助公司获得更多中小企业客户；IBM 提供基础设施、托管和咨询服务；等等。

二　信息技术创新活跃，产业整合趋势加快

在移动互联网浪潮已接近尾声，而下一波科技趋势尚未明了。网信技术总体上处于不断发展、产业不断整合、大型科技企业广泛布局的阶段。在这种情况下，一方面，科技企业广泛结盟，取得了在相关领域的优势；另一方面，不少企业积极投资初创企业或并购有关企业，以加速布局新技术、新生态。

2016 年，企业之间的并购非常活跃，很多并购往往都着眼于未来竞争优势。例如，美国 AT&T 公司以 854 亿美元收购时代华纳，Verizon 以 48 亿美元收购雅虎 Web 资产，微软以 262 亿美元收购 LinkedIn，甲骨文以 93 亿美元收购云计算服务商 NetSuite，软银以 320 亿美元收购 ARM，NTT 数据斥资 31 亿美元收购戴尔 IT 咨询业务，戴尔公司以 600 亿美元收购存储公司 EMC，通用电气（GE）以合计 14 亿美元价格收购欧洲两家金属 3D 打印巨头——瑞典 Arcam 公司和德国 SLM Solutions 集团，通用电气公司还收购了可以为工业应用提供海量数据"摄取"的机器学习公司 Wise. io 和 Bit Stew Systms，西门子以总价 45 亿美元收购工业软件公司 Mentor，高通斥资 470 亿美元收购荷兰半导体企业恩智浦半导体公司（NXP）。

同时，很多公司为了能及时把握前沿科技而设立了专门的投资公司或独立的投资部门，以关注初创企业发展并进行投资。2016 年，西门子公司表示，将在未来五年内投资 10 亿欧元成立一个独立业务部门"Next47"，用于支持具有"颠覆性想法"的初创企业并加速研发新技术；惠普公司正式成立"惠普科技风投公司"（HP Tech Ventures），主要为 3D 打印、物联网、沉浸式计算、人工智能以及机器人等领域的科技初创企业提供早期资金支持；微软成立了隶属于"微软创投"（Microsoft Ventures）的新投资基金，投资人工智能创业公司；软银宣布与沙特主权财富基金 PIF 联手打造一只实力雄厚的科技投资基金——软银愿景基金（SoftBank Vision Fund），未来基

金总规模将达 1000 亿美元，苹果等公司都在考虑向其注资。

下面对 2016 年各企业投资的热点技术——人工智能、物联网、虚拟现实、区块链的发展情况逐一进行介绍。

（一）人工智能成为最受关注的热点技术

从各方观点来看，人工智能技术最有可能成为下一个技术热点。谷歌首席执行官桑达尔·皮查伊（Sundar Pichai）认为："从长远来看，我们的计算世界正在从'移动为先'向'人工智能为先'演变。"德勤公司称，认知技术时代来临。麦肯锡全球研究院认为，人工智能正在促进社会发生转变，这种转变比工业革命"发生的速度快 10 倍，规模大 300 倍，影响几乎大3000 倍"。

2016 年，谷歌 AlphaGo 的高调亮相引起了世人对人工智能技术的广泛关注。事实上，除了谷歌外，其他主要的科技企业均在布局人工智能技术。苹果语音助手、亚马逊购物推荐和特斯拉自动驾驶汽车的运行等无一不与人工智能技术息息相关。Facebook 拥有两大人工智能实验室，即专注于基础研究和长期研究的 Facebook AI 研究项目（FAIR），以及将 AI 技术用于现有Facebook 产品的应用机器学习部门（AML）。微软语音识别能力已不输人类，其识别的词汇差错率仅为 5.9%，已基本接近正常人类。

基于人工智能和机器人的广阔前景，美国抓紧进行政策部署。2016 年 6月，白宫科技政策办公室面向公众征集有关人工智能的信息，最终得到 161份意见，白宫将所有征集的内容汇总为长达 389 页的《人工智能大未来》报告，并对外发布。之后，白宫成立"人工智能和机器学习委员会"，以协调全美各界在人工智能领域的行动。10 月，美国发布了《国家人工智能研究与发展战略规划》，为国家资助人工智能的研究和发展制定了战略。英国政府 2016 年也发布了报告《人工智能：未来决策制定的机遇与影响》，阐述了人工智能的未来发展对英国社会和政府的影响，论述了如何利用英国的独特人工智能优势，增强英国国力。

人工智能广泛应用于机器人，使机器人的智能水平更高，应用范围更广。2016年美国总统经济报告指出：机器人就像蒸汽机革命。2016年11月，美国机器人虚拟组织研究网络（Robotics VO）发布了由产学界150多位专家共同完成的《2016年版美国机器人路线图》，旨在帮助美国国会考虑如何分配基金、鼓励创新、保证人类安全，以及如何保证美国的全球领导地位。美国首份《机器人路线图》发布于2009年，当时启发了奥巴马政府在2011年启动"国家机器人计划"。2016年版《机器人路线图》更为翔实，包含更详细的技术建议，概述了目前社会在发展中的机遇和亟待解决的问题，同时介绍了美国政府为保持机器人产业领先地位所做的努力。

（二）物联网逐步落地

全球日益扩张的互联网连接、不断扩大的移动普及率、低成本的传感器和更大规模的物联网投资等推动近两年物联网迅速发展。市场研究机构Gartner的全球调查称，到2016年底，全球企业的物联网采用率有望达到43%。

2016年，物联网相关平台、标准逐步建立。高通宣布推出联网汽车参考平台，借此加速推动车联网应用发展。微软收购了物联网平台Solair，将其整合到微软Azure物联网套件（Azure IoT Suite）中，可帮助企业兼容互联网设备。7月，GE和微软宣布开展合作，在微软Azure云上运行GE的Predix平台。同月，波音及旗下两家子公司AerData和Jeppesen也决定，将其基于云计算的航空分析应用转移至微软Azure云计算平台上。KPN、爱立信、高通、中兴通信和InterDigital联合推出了新的无线专利授权平台——"Avanci"，旨在帮助物联网公司轻松地在其连接设备中嵌入蜂窝技术。8月，俄罗斯电信公司与俄罗斯太空系统公司联合成立了俄罗斯工业物联网国家联盟，作为俄罗斯国内促进与协调工业物联网（IIoT）发展的主导机构。

用于物联网发展的通信技术也正在全球范围内开发，低功耗广域网通信技术中最具发展前景的三大通信网络技术——LoRa（超长距低功耗数据传输技术，Long Range）、Sigfox（超窄带技术）、NB-IoT（基于蜂窝的窄带物联网，Narrow Band Internet of Things）正在全球迅速部署。9月，软银宣布，计划 2016 财年在日本推出基于 LoRaWAN 的物联网网络。10 月，德国电信宣布已经在德国激活全球首个完全标准化的 NB-IoT 网络。

国际电联认为，物联网是重要的全球发展机遇，可改善千百万人的生活，并大大加速实现联合国可持续发展目标的进程。信息技术与创新基金会等智库建议，各国都要制定物联网国家战略。2016 年，一些政府已经开始制定物联网战略政策，加强技术和标准合作等。欧盟提出的"欧洲产业数字化新措施"里，列出了与物联网相关的三项具体行动：建构物联网单一市场；强力发展物联网生态系统；深化以人为中心的物联网。日本决定制定"能源革新战略"，创建利用物联网新技术来调控电力供需、提高能源效率的机制。日本物联网推进联盟还与美国、德国达成合作意向，将共同制定物联网国际标准和标准技术。

同时，很多国家也高度关注物联网安全，制定了相关的政策法规。美国国土安全部发布了《保障物联网安全战略原则》，美国国会开始探讨《物联网发展创新及扩大法案》。日本内阁官房公布了《安全物联网系统的基本安全结构》，经济产业省公布了"物联网安全指南 1.0"。欧盟委员会宣布将制定新物联网设备安全规范，强制企业遵守安全标准，通过多管齐下的认证流程确保物联网隐私安全，这是欧盟电信法改革计划的一部分。

（三）虚拟现实进入消费市场

虚拟现实（VR）技术出现于二三十年前，并且经历了多次迭代发展。随着物联网的发展，计算技术进入人、机、物三元融合发展期，VR 思维与方法成为人、机、物三元融合的重要支撑。同时，各行业对 VR 系统新功能与新指标的需求，也促生了它的一些实用功能。

2014 年，Facebook 以 20 亿美元收购了行业领头企业 Oculus，完成了科技界巨头对于虚拟现实行业布局的第一步。这一布局引起业界广泛关注，众多巨头纷纷跟进。2016 年也被业界称为"VR 元年"，这一年，Facebook、索尼、谷歌三家公司分别发布了自身研发设计的虚拟现实产品，标志着虚拟现实技术真正从行业应用进入消费者市场。12 月，虚拟现实业界最大的企业谷歌、HTC、三星、索尼、Oculus 和宏碁成立了全球虚拟现实协会（GVRA），以期将虚拟现实技术标准化，释放产业潜力。

虚拟现实技术市场前景广阔。花旗投资银行的报告预计，2035 年，VR 将覆盖约 25% 的电子商务市场，市场规模可能突破 1 万亿美元，而此前高盛预计，十年内 VR 市场可达 800 亿美元。花旗还预计，硬件尤其是头戴设备将是 VR/AR 行业的主要增长源，到 2025 年，市场规模将达到 6920 亿美元。因此，一些国家已经开始布局虚拟现实技术。2016 年 10 月，韩国文化部和文化产业振兴院决定，将拟定虚拟现实与内容产业扶持政策，于 2017 年将划拨 520 亿韩元（约合人民币 3.12 亿元）开发相关产业。

虚拟现实技术几乎可以应用到所有领域，能与教育、军事、制造、娱乐、医疗、文化艺术、旅游等行业深度融合，促进相关产业的变革。例如，在医疗领域，大多数医生看到的都是 2D 的 CT 扫描图像，这意味着他们无法了解病患身体内部和周围所有细节，很难找到症结所在。但借助虚拟现实技术和 3D 眼镜，内部器官能够以全息图像的形式显示出来，医生可以在虚拟空间中从各个角度检查病症，提高医疗效率。

虚拟现实是显示技术的深刻变革，被看作继计算机、智能手机之后的又一通用性技术平台。随着技术的发展，显示屏从电视屏扩展到电脑屏、手机屏，借助互联网和移动互联网的力量，我们通过"屏幕"体验科技带来的便捷，但这些屏显示的无一例外都是二维画面，而虚拟现实则给我们提供了三维图像，给人类认识世界、改造世界的方式方法带来巨大变革。

（四）区块链成为前景广阔的底层加密技术

区块链通过加密技术形成了一个去中心化的可靠、透明、安全、可追溯的分布式数据库，推动了互联网数据记录、传播及存储管理方式的变革，大大降低了信用成本，简化了业务流程，提高了交易效率，重塑了现有产业组织模式、社会管理模式，提高了公共服务水平，实现了互联网从信息传播向价值转移的转变。《经济学人》将这项技术称为"信任机器"，日本野村综合研究所则认为区块链是新的商务基础设施。过去两年，区块链获得资本市场的热捧，在多个领域迅速应用，不少国家为此制定了专门政策，可以预见区块链的应用今后还将进一步快速普及。

区块链可以广泛应用于一切与价值转移相关的领域。德勤加密货币社区（DC3）在过去两年通过与全球商界的沟通和讨论，已经开发的区块链应用案例达到50多个，涉及金融、汽车、酒店、医疗、媒体娱乐等行业。

金融服务各流程环节存在的效率瓶颈、交易时滞、欺诈和操作风险等痛点，大多数有望在区块链技术应用后得到解决。所以，金融领域成为区块链技术应用最早、发展最积极的领域，深刻影响到目前金融业的存在形式和商业模式、政府监管方式等。国际证券机构交易通讯协会发起的调查显示，当前区块链技术正在成为金融公司投资的新焦点。高盛、美国银行、瑞银集团等几十家银行都加入了名为"R3"的组织，共同开展区块链研究。国际金融机构和各国金融主管机构也在积极探讨区块链技术的运用和管理。国际货币基金组织在其首份数字货币报告中明确指出，"区块链具有改变金融的潜力"；欧洲证券及市场管理局也指出，"区块链对整个金融行业产生巨大深刻的变化"。美国证券与交易委员会已经批准将区块链技术用于公开交易的股份，纳斯达克已借助区块链建立私人股权交易平台Linq。澳大利亚股票交易所也正在用区块链交易系统替代原有的交易系统。德国联邦金融监管局认为区块链具有为金融市场建立新标准的潜力。新加坡金融管理局积极运用包括区块链技术在内的各种金融技术解决方案来发展"智能金融中心"。英国政府在其发布的《分布式账本技术：超越区块链》中明确指出区块链技术将首先应用于传统金融行业，此外，英国央行已经在考虑发行数字货币。世界经济论坛2016年8月的报告预计，比特币的底层技术区块链将会在全球金融系统中占据核心地位。

对于产业而言，区块链有利于提高供应链管理效率。一家制造商可以创建基于区块链的系统，全面管理与零部件供应商之间的业务关系和财务往来。所有供应商将共享产品信息，涵盖计划、设计、组装、交付和维护过程中的每个步骤，从而在供应链中构建公信力和问责制。

"区块链"技术也可以用于资产交易、保护知识产权、律师公证、储存个人资料等领域。利用"区块链"技术,可以实现分布式供电网络,让居民能够自行发电并在网络上售卖;购房者将能更容易确认卖方对房屋的所有权,降低房地产交易成本;文学作品和影视、音乐等作品的知识产权能够更容易获得保护等。Airbnb等平台正在利用区块链建立信用体系。同样,跨国资产交易或投资、贸易也可以利用"区块链"技术实现信息共享、信用背书,提高交易效率。

对于政府部门来说,区块链有助于政府法规以及内部规则和流程的合规性,具有降低成本、提升质量、减少风险的特质。不少国家已经开始尝试将区块链用于政务系统建设。英国政府认为,"区块链"技术重新定义了政府和公民之间的数据共享、透明度和信任,将会主导政府数字改造规划方案。除了创建一个基于区块链的公共平台为全民和社会提供服务外,英国政府还计划开发一个在政府和公共机构之间使用的应用系统。此外,2015年11月,乌克兰政府宣布创建基于区块链的政务系统;新加坡也采用"区块链"技术建设"智能国家"。区块链还可以用于征收税款、登记政府资产、选举投票等。2016年2月,纳斯达克在爱沙尼亚塔林证券交易所开发了一套基于"区块链"技术的股东电子投票系统。澳大利亚流动党则尝试将"区块链"技术用于选举投票。

三 数字经济繁荣发展,各国努力提升数字技能

新技术与各产业不断融合发展,推动了新一轮产业革命。世界经济论坛认为,如果说第一次工业革命推动了机械化,第二次工业革命推动了电气化,第三次工业革命推动了自动化,那么目前我们正在迎来第四次工业革命。这场革命的主要特征是各项技术不断融合,并将日益消除物理世界、数字世界和生物世界之间的界限。此次工业革命与前几次至少有以下三点区别。第一,速度更快。前几次工业革命酝酿了几十年之久,而这场革命迅速席卷了我们的生活。第二,范围更广。这一次工业革命不再局限于某一特定领域,移动网络、纳米技术、生物技术、3D打印技术、材料科学等都推动

了本次工业革命。第三，此次工业革命不再是某个产品或服务的革新，而是整个系统的创新。以优步、滴滴打车为例，它们并没有创造新的交通工具，而只是创造了全新的移动系统和分享经济模式。

总之，这一次产业革命将颠覆所有国家的几乎所有行业，产生极其广泛而深远的影响。所以各个国家都非常重视数字经济发展。为了推动数字经济发展，很多国家都发布了相应战略。2016年3月，德国发布"数字战略2025"，该战略是继"数字议程"之后，德国联邦政府首次就数字化发展做出的系统安排，涉及数字基础设施扩建、促进数字化投资与创新、发展智能互联等内容。4月，欧委会表示，希望促进数字经济发展，建设和扩展欧洲数字分析基础设施，赋予企业交互操作体系，增强对云计算的信任，重视标准制定，在数字单一市场为网络创造无缝的即插即用环境，协调国别、行业战略，提升欧洲劳动力数字技能。4月，泰国发布了一项为期20年的"数字泰国"（Digital Thailand）发展计划，包括数字基础、数字融入和全面转型几个阶段，希望泰国在10年内转变为一个发达国家和全球数字化的领导者。6月，英国表示将出台新的《数字经济法案》，以利用技术持续推动经济、社会及政府的转型与变革。8月，荷兰政府发布新的数字议程，包括教育、基础设施、数字安全、创业和经济社会利益五个重点领域。12月，俄罗斯总统普京向联邦议会发表年度国情咨文，提出将推进俄罗斯向数字经济转变的政策。

制造业、金融业、电子商务和分享经济是2016年全球数字经济中最受关注的领域，以下分别对各领域的情况进行分析。

（一）制造业掀起数字化革命

未来制造业将掀起数字化革命。麦肯锡公司认为，尽管制造业生成了比其他任何行业更多的数据，但很少有公司能充分利用。在未来十年里，数字化制造技术将会使企业通过"数字线"连接实物资产，促进数据在产业链上的无缝流动，覆盖连接产品生命周期的每个阶段，包括设计、采购、测试、生产、配送、销售和使用。罗兰贝格咨询公司预测到2035年，采用工业 4.0 解决方案的企业比例将达到 50%。

制造业对很多国家的综合国力与经济繁荣都很重要。以美国为例，制造业每年对美国经济的贡献量达 2 万亿美元，占美国出口的 60%，在私营领域研发支出的占比达 3/4。① 美国政府也一直很重视制造业。2016 年 2 月 19 日，美国商务部部长、总统行政办公室、国家科学与技术委员会、先进制造国家项目办公室，向国会联合提交了首份《国家制造创新网络年度报告》和《国家制造创新网络计划战略规划》。《国家制造创新网络年度报告》描述了该计划的历史和现状，以及各制造创新机构的详细情况；《国家制造创新网络计划战略规划》制定了国家制造创新网络计划的未来发展目标，包括提升竞争力，促进技术转化，加速制造业劳动力发展，支持有助于制造业创新中心稳定和可持续发展的商业模式。

2016 年 5 月，欧盟在整合成员国工业数字化战略的基础上，制定了"欧洲产业数字化战略"，计划投入近 50 亿欧元，重点从以下几个方面推动欧洲产业数字化：组织各方对话，形成欧盟层面的产业数字化战略；推动各方建立产业数字化公私伙伴关系；投资 5 亿欧元建设泛欧数字化创新网络；实施大型试点项目；完善配套的法律法规；研究制定欧盟技能行动议程。

日本也很重视制造业的发展。日本经济产业省自 2015 年 8 月起就召开了数次研讨会以制定"新产业结构愿景"。2016 年 4 月，经济产业省公布了相关讨论结果，主要内容是引领第四次产业革命的战略，具体内容包括 7 项，即整顿环境以促进数据利用、加强人才培养、加快创新与技术研发、加强金融功能、优化产业结构、将第四次产业革命推广至中小企业与地方、面向第四次产业革命改善经济社会体系。8 月，日本提出要利用机器人和人工智能推进"第四次产业革命"，实现产业结构转型，并提出了 2030 年前后的"新产业结构愿景"。

制造业数字化将给各方面带来巨大影响。欧盟认为，在技术层面，工业

---

① http://lexingtoninstitute.org/the-new-landscape-in-american-manufacturing-what-it-takes-to-succeed-today/.

4.0 所倡导的定制化生产为知识产权保护带来了新挑战。在社会层面，将影响整个人才供需关系，在人才缺口加大的同时导致大量低技术劳动力失业。此外，工业 4.0 还将带来一系列生产和管理变革，包括去中心化的管理，以及泰勒模式转为整体模式的管理方式。世界经济论坛也认为，第四次工业革命会加剧不平等，甚至可能颠覆劳动力市场，这会导致收入差距日益扩大，中等收入阶层的机会受限，民主衰退和虚位。无处不在的数字化技术和信息共享也会点燃不满情绪，为极端主义思想和意识形态提供温床。

（二）金融科技的创新服务正在崛起

近年来，在全球范围内，被称为"FinTech"（金融科技）的金融创新服务高速发展，它融合了 Finance（金融）和 Technology（技术），通过运用 ICT 和大数据，在现有金融机构未能涉及的领域为民众提供廉价的、便利的金融服务，已经逐渐成为金融服务的主流。

金融科技的崛起使银行受到巨大冲击。麦肯锡公司指出，银行若不采取任何转型措施，到 2025 年，占银行业营业收入 10% ~ 40% 的五大零售银行业务——消费者融资、抵押贷款、向中小企业贷款、零售支付和财富管理就可能面临风险。毕马威咨询公司也预测，到 2030 年金融科技将为客户带来无形的银行服务，例如 Siri 等人工智能助理将自动采集生活数据，完成个人日常金融服务。这一革命将会淘汰大量传统银行，在最坏的情况下，银行可能会沦落至白标签产品供应商。

很多国家看到了金融科技的潮流，纷纷出台相关产业政策。美国财政部发布了 P2P 行业监管白皮书，这是美国监管机构首次就 P2P 行业监管制定框架。美国财政部还敦促美国金融监管机构成立跨部门联合工作组，研究 P2P 行业需要加强监管的领域。日本金融监督主管部门金融厅除了在国会提出"银行法修正案"并促成其在 2016 年 5 月获得批准外，还设立了"Fintech Support Desk"（金融科技咨询处），主动支援想要革新的金融机构。为了加强金融科技领域的合作，日本金融界和 IT 界召开研讨会，制定企业利用银行信息的统一安全标准。

金融科技还有助于促进经济包容性发展，促进发展中国家经济发展。布鲁金斯学会 2016 年度的金融和数字包容项目（FDIP）发现，全球金融包容度正在取得持续进展，这些数字化金融服务领域取得的进展，都帮助新兴经济体中弱势群体获取正规的金融服务。麦肯锡咨询公司也发现，到 2025 年数字金融的普及可极大地提高所有新兴经济体国内生产总值，大约增加 6% 或 3.7 万亿美元。数字支付及电子记录每年也能为政府节省 1100 亿美元开支，并能有效追踪公共项目支出和税收流向。

中国互联网金融发展迅速，在亚太乃至全世界都居于首位。《华尔街日报》指出，中国互联网金融领先世界，应用范围超出美国。中国互联网企业已将普通智能手机变为无现金交易、银行转账、贷款和投资的平台，其应用范围已远超在美国所普遍使用的功能。花旗银行指出，2015 年，中国互联网金融业的用户量已追平传统银行，突破了金融变革的临界点。此外，中国的互联网金融行业无论技术，还是规模都已超越美国。麦肯锡咨询公司的研究显示，截至 2015 年底，中国互联网金融市场规模达到 12 万亿～15 万亿元，互联网金融用户超过 5 亿，居世界第一。其中，P2P 网贷交易额世界第一，第三方支付交易额亦全球领先，72% 的智能手机渗透率远超发达国家水平。中国传统银行积极推进数字化，其数字化程度处于世界领先水平。

随着中国金融科技的发展，英国可能失去全球领先金融科技中心的地位。咨询公司毕马威与投资公司 H2 Ventures 的年度研究表明，全球排名前五的金融科技创新企业中有四家来自中国，名列榜首的是蚂蚁金服。这份报告显示，英国正在丧失自己的阵地，2015 年有 18 家英国公司进入前 100 名，而 2016 年为 13 家，且只有 Atom 跻身前十。Atom 是 2016 年 4 月上线的一家专注移动业务的数字银行。

（三）电子商务深入发展

全球电子商务依然呈现强劲的发展态势，对经济发展起到了很好的带动作用。据联合国统计，2015 年全球电子商务交易额超过 22 万亿美元，比 2013 年增加了 38%，由此创造了大量新的就业岗位和发展机会。但是，电子商务在各国发展得很不均衡。在丹麦、卢森堡、英国等发达国家，网购民众的比例超过70%；而在孟加拉国、加纳、印度尼西亚等很多发展中国家，网购人口却不到2%。为此，2016年7月，联合国贸发会议第十四次大会发起了一项"全民电子贸易"（eTrade for All）行动，通过提供技术援助和融资渠道，帮助发展中国家发展电子商务。

目前，中国是世界上最大的网络零售市场，网络购物用户规模和交易额均位居全球第一，并主导了移动电子商务的发展。尼尔森咨询公司也指出，中国电子商务发展迅猛，在线购物销售额的同比增长率也始终保持着两位数的强劲增长速度。与此同时，中国消费者使用移动设备购物的频率要明显高于受调查其他国家的平均水平。毕马威通过对2016年中国互联网消费者的调查也认为，中国消费者主导着全球向移动商务的转型。近1/4的中国消费者喜欢通过移动端进行网上购物，而美国和全球消费者的比例分别为5.2%和8.5%。益索普的研究还显示，中国首次成为最受全球网购消费者欢迎的海淘国家。

除了中国，印度的电子商务发展也很迅速。Forrester Research的数据显示，印度电子商务市场每年增长50%，吸引了大量外国企业进军印度市场。《经济学人》也指出，印度电子商务发展潜力巨大，成为其他新兴市场电子商务发展的样板。印度三大电商Flipkart、Snapdeal和亚马逊（印度）总销售额已经超过全国前十大线下零售店总和。不过，印度目前对国外企业投资电子商务有一定限制。印度工商部宣布，只允许外国直接投资者投资印度的平台型电商，而不能投资自营模式的电商。

俄罗斯也位列全球前十大电子商务经济体。2016年4月，俄罗斯经济发展部表示已研发出"俄罗斯版阿里巴巴"项目，将利用统一的互联网平台出口俄罗斯产品。8月，俄罗斯联邦委员会展示了发展网络贸易的"路线图"，调整了俄罗斯与外国企业之间的经营环境，可以更便利地为外国网络商店进行税务登记。

另外，在国家"移动先行"战略的扶持下，印度尼西亚的电子商务市场也迅速崛起，预计该国电子商务年均增幅可达50%，2020年电商总产值可达 1300 亿美元，在亚洲仅次于中国和印度。

为了推动电子商务健康发展，经济合作与发展组织（OECD）一直强调对电子商务中的消费者加强保护。1999 年，OECD 理事会就通过了第一个国际合约性文书《电子商务环境下的消费者保护》。2016 年 3 月 24 日，OECD 理事会修改了该文案，并提出消费者在今天多元化的电子商务市场所面临的新发展趋势和挑战。

（四）分享经济成为各国普遍支持的新型商业模式

分享经济的益处很明显，因此，不少国家都发布了支持分享经济发展的政策。2016 年，欧盟发布了《分享经济指南》，意在破除分享经济发展所面临的法律政策壁垒等，以利于分享经济在欧盟的长远发展。在欧洲各国中，英国对分享经济支持力度最大。英国商务部发布了《分享经济调查报告》，表明政府决心促使分享经济在公共部门中得到更广泛的运用，并清除那些不必要的障碍。报告指出，1/4 的英国人已经参与分享经济。英国政府还宣布了税务减免计划，以促进分享经济发展。美国商务部发布了《数字平台企业："共享经济"领域的新定义》，将"数字平台企业"定义为提供网络平台（或市场）并帮助服务提供者与客户进行匹配的实体，并指出数字平台企业与其技术都具有很大潜力，但这些企业也有可能带来一些负面影响，所以报告建议将数字平台企业整合到监管框架中。

很多企业也积极投入分享经济领域，尤其是汽车共享（car-sharing）和乘坐共享（ride-sharing）服务成为 2016 年科技企业投资的热点。2016 年 1 月，通用公司表示，向美国第二大汽车共享企业 Lyft 注资 5 亿美元，推出自家的汽车共享服务 Maven，客户使用智能手机软件或其他智能设备就可接入车辆，并自己驾驶汽车。5 月，丰田汽车公司和 Uber 宣布，将联手开拓拼车业务。同月，谷歌母公司 Alphabet Inc. 推出一款拼车应用程序，这意味Alphabet 有可能利用 Waze 进军拼车业务。12 月，大众集团发布全新独立品牌 Moia，Moia 能提供类似公交车和打车软件的服务，车辆可以通过手机APP 进行呼叫，同时用户之间可以共享车辆。

分享经济的发展也存在一些问题和挑战。例如，分享车辆可能会极大地改变城市景观，影响城市规划。又如，分享经济尽管产生了巨大价值，但这部分收益尚未充分计入 GDP 中。

（五）各国努力提高数字技能以促进数字经济发展

数字经济发展面临监管不统一、数字接入鸿沟、数字技能不足等多方面障碍。2016 年，很多国际组织和国家都提出了促进数字技能提高的政策。

2016 年，经济合作与发展组织发布了《数字世界的技能——2016 数字经济部长级会议报告》，讨论了适应数字经济技能发展的关键政策。经济合作与发展组织制定了一个全面的技能策略，帮助各国确定其技能系统的优势和劣势，并制定国际基准和研发政策以便于把更好的技能转化为更好的就业机会、经济增长和社会包容性。

2016 年，美国奥巴马政府提出"全民计算机科学行动计划"，决定投资40 多亿美元，推动计算机教学进入美国所有中小学课堂。在过去的十年里，美国经济行业增加了超过 110 万个 ICT 相关的新工作，因此增长 36%，而与此相比，美国职业市场整体只增加了 3%。由于供应短缺，数字技能岗位的薪水都较高。据估计，计算机科学专业和工程专业毕业生的起薪平均为67300 美元和 64400 美元，比人文专业和艺术专业的起薪高 80%。但只有大约 25% 的高中开设计算机科学相关课程，而且，这些课程或缺少严谨性，或太过重视计算机使用，或跳过探究计算机科学原理直接教授编程知识。[①]除了联邦政府外，美国州政府也非常重视数字技能教育。2015 年，阿肯色州就通过立法了要求所有公共和特许高中提供计算机科学课程。弗吉尼亚州正在立法，要求所有中小学（K－12）将计算机科学作为核心学科。未来10 年内，纽约所有的公立学校都将提供计算机科学课程。

欧盟发布了《2015 欧盟数字技能宣言》《欧洲新技能议程——通力合作强化人力资本、就业能力和竞争力》，为提高欧洲数字技能提出了建议。其

---

① https：//itif. org/publications/2016/12/06/e－skills－manifesto－2016－digital－skills－united－.

中，欧洲社会基金与欧洲区域发展基金，共同注资超过 300 亿欧元来支持 2014～2020 年的技能培养。伊拉斯莫奖学金项目（Erasmus + programme）也提供了约 150 亿欧元，支持教育培训中的技能培养。加拿大信息与通信技术委员会发布了《数字经济时代的国家人才发展战略》，鼓励全国从幼儿园到高中普遍开设计算机课程。

四 数据驱动政务革新，智慧城市建设稳步发展

近年来，各国依托移动通信、社交媒体、云计算、大数据等新技术勇于创新，使电子政务迈向了深化应用的新阶段，公共服务进一步向一体化、开放化、数字化的方向发展。同时，政府也将利用物联网等新的技术手段推进智慧城市建设稳步发展。

（一）公共服务向一体化、开放化、数字化发展

根据《2016 联合国电子政务调查》报告，电子政务发展的新趋势是提供线上整体化公共服务或打造公共服务的一站式服务平台，使人们能够更容易地与公共管理机构互动沟通。同时，公共服务发展正朝一体化迈进，98 个国家已经要求建立在线和移动服务的数字标识。为了使公共机构更具包容性、更负责任、更透明，许多政府公开了公共数据。2016 年，联合国 193 个成员国中有 128 个国家提供计算机可读的政府开放数据。目前，许多政府关注的并不是要不要开放数据，而是如何开放。开放数据面临的挑战主要来自法律框架、政策和原则、数据管理和保护、身份管理和隐私以及网络安全等一系列问题。目前，联合国已有 105 个成员国对获取政府信息权利进行立法，113 个国家建立了网络个人信息保护法、数据保护法或其他类似法案。

美国一直是数据开放的先行者和推动者。2013 年 5 月，美国开始实施政府数据开放政策，并取得了巨大成功。短短几年内，联邦机构已经在 Data. gov 网站上发布了将近 160000 个数据集，每年大约创造 1.1 万亿美元的经济价值，提高了政府透明度和问责制。行政命令要求，政府数据共享的

格式必须是机器可读的、可由计算机处理的，每次输入无须手动修改。2016年4月，美国发布了《开放、永久、电子、必要政府数据法案》，将数据开放及相关要求以法律的形式明确下来。法案要求，所有联邦政府机构自发公布它们产生的所有数据集，国家安全或其他原因不能公开的数据集除外。另外，该法案还要求企业公布已公开的企业数据目录。7月，白宫发布了"2016年开放政府计划"文件，要求各联邦机构于2016年9月15日前在各自的开放政府网站公布开放政府计划，可供公众下载、审阅和分析其中的信息与数据。

2016年4月，欧盟宣布推出《电子政务行动计划（2016~2020）》，旨在消除现有的数字单一市场的障碍，该行动计划的目标是：到2020年，欧盟各国政府和公共机构要做到开放、高效、包容，给欧盟范围内所有民众和企业提供无国界、个性化、用户友好的端到端数字公共服务，能运用创新性方法满足用户需求，能便利地与各方进行互动。该行动计划的原则包括默认数字化、仅需一次（同一信息，民众或企业只需向政府部门提交一次）、包容性和可获得性、开放透明、默认跨国界、默认互操作性、可信性和安全性。在2017年前，欧盟委员会将提出20项具体措施，包括建立一个数字化独立网关、内联所有商业登记和破产登记、针对跨境企业采取"仅需一次"原则、打造跨境电子医疗服务、加速向电子采购和电子签名转型等。其中，英国为了更好地推进电子政务建设，2016年设立了政府数字服务小组（GDS）咨询委员会，负责就公共服务中应用新技术向政府提出建议。

2016年9月，加拿大发布了《开放政府新计划（2016~2018）》，该计划由加拿大财政委员会秘书处（TBS）牵头，由四大部分组成，做出22个承诺。①默认开放，以开放、标准化和数字化的格式将政府数据和信息如实便捷地提供给人民。②财政透明度，提高部门支出的透明度，政府将通过可复用格式主动提供支出信息。③创新、繁荣和可持续发展，加拿大政府收集和存储大量数据和信息，这些信息可用于刺激创新并加速经济增长。④使加拿大人民和全世界参与进来。

（二）智慧城市向更加规范、务实的方向发展

2016 年各国智慧城市的建设与发展呈现新特点，其中评估评价工作增色不少，评价指标体系更加完善充实，评价结果也更具影响力，在更大范围内引导和传播智慧城市先进理念和优秀案例。全球智慧社区论坛（ICF）的"年度智慧社区"评选活动久负盛名，2016 年仍然实行 21 选 7 再选 1 的方式，依据宽带连接、知识型劳动力、创新、数字公平、可持续性、营销宣传六大指标，最终加拿大魁北克省的蒙特利尔当选年度智慧社区。欧洲数字城市指数（EDCi）更新为 10 个一级指标和 40 个二级指标，以此来描述欧洲城市支持数字创业的程度，2016 年伦敦高居榜首。中国发改委联合多部委和大型机构共同推进新型智慧城市工作，首次发布了"新型智慧城市评价指标"，并打造了 100 个新型智慧城市试点。除此之外，很多国家也通过竞赛、评选等活动树立智慧城市典型，譬如，哥伦布市赢得了美国"智慧城市挑战赛"冠军，印度打造"百座智慧城市"初见成效等。

在国家战略层面，很多国家也不甘落后，澳大利亚推出了《联邦智慧城市计划》，通过"智慧投资、智慧政策、智慧科技"来实现国家"灵活、创新和繁荣"的智慧愿景，其中不乏开展"城市交易"项目等建设亮点，也阐述了机制改革等重要保障措施。巴西则发布了以"智慧巴西"命名的《国家宽带计划》，以基础设施建设和 5G 为代表的信息技术为突破口，通过一系列大型项目，升级巴西宽带水平，努力缩小数字鸿沟。美国白宫继 2015 年"智慧城市行动倡议"之后，在 2016 年又增加了 8000 万美元投资，支持超过 70 个城市和社区建设智慧城市，并充分调动政府部门、企业和其他机构积极参与投资、研发和建设。

在实际操作层面，智慧城市建设的具体内容与推进方式也更加成熟、完善、务实。联合国发布了《智慧城市与基础设施》报告，在明确智慧城市及基础设施的特点和重要作用之后，分析了项目实施过程中遇到的主要挑战以及由科技创新驱动的政策工具如何发挥作用，最后还倡导了智慧城市基础设施建设的基本模式和实施原则。为了推动智慧城市建设，美国相继发布了

两份报告，一是《技术与城市未来报告》，从交通、能源、建筑与住房、水、城市制造业、城市农业6个维度提出了未来城市建设的要点，分析了提升城市创新力及运营管理水平的具体路径；二是《建立合作伙伴关系，为智慧城市建设赋能：地方组织工具包》，设计了一个建立公私合作伙伴关系的方案，通过分析案例，指导地方政府更好地利用各方资源。

美国政府承诺在未来五年提供约1.6亿美元用于支持智慧城市计划，与其他国家正在进行的智慧城市发展投资相比，美国的投资有所减少。例如，印度总理纳伦德拉·莫迪（Narendra Modi）在2015年宣布了一项74亿美元的计划，要在2020年前在该国建成100个智慧城市；新加坡的李显龙总理发起了"智慧国家倡议"，在过去三年中，相关技术投资近75亿美元。

由欧盟委员会牵头组织，由政府部门、汽车制造商、电信公司等公共部门和私企代表组成的协同智慧交通系统平台发布了一项新报告，勾画出欧盟地区建设协同智慧交通系统的共同愿景。报告说，协同智慧交通是指通过技术实现道路车辆与其他车辆、交通信号、路边基础设施以及其他道路使用者之间的通信。

中国则探索了独具特色的智慧城市道路——智慧小镇，以互联网大会永久会址乌镇为代表，从基础设施、智慧旅游、智慧医疗、智慧养老、智慧安防等方面积极创新，吸引了全世界的目光，这些探索也为智慧城市多元化发展提供了借鉴。

物联网的发展对智慧城市影响很大。高德纳咨询公司认为，物联网技术将为全球城市带来变革。2017年，大约3.8亿个联网物件将用于城市，而到2020年，这个数字会增加到13.9亿，在所有智慧城市联网物件中占到20%。2020年，智慧城市目标中的气候变化、弹性和可持续性发展这几个关键绩效指标计算都可以通过具有物联网功能的智慧城市解决。

在智慧城市创新技术应用方面，虚拟现实技术逐渐应用到城市生活中，逐步改变了民众的消费和生活理念，让生活更加便捷智慧。与此同时，车联网和自动驾驶汽车成了2016年的亮点，智能家居、智慧报亭、可穿戴设备等的发展也突飞猛进，但这些创新技术尚未充分市场化，物联网安全问题和深层次的架构也需要更多研究，技术与监管如何权衡和把握也是需要决策者思考的问题。

五　网络安全面临严峻挑战，各国积极加以应对

2016年，全球范围内的网络安全事件此起彼伏，多次严重的数据泄露事件警示了网络安全问题的严峻性，网络犯罪更是给企业和用户带来了巨大损失。因此，世界各国纷纷采取措施应对网络安全威胁。

（一）网络安全事件层出不穷

过去一年，全球发生了众多网络安全事件。国家的电子政务系统和公民信息系统屡遭攻击，互联网企业的用户数据频频被窃，关键基础设施的安全风险日益突出。

政务系统遭受攻击，给相关国家政治安全和民主制度带来极大威胁。美国联邦调查局指出，2016年8月，亚利桑那州和伊利诺伊州的选举数据库遭遇黑客攻击，涉嫌干涉大选结果。美国华盛顿政府甚至认为，黑客通过操控计票电脑左右了大选结果。随着法、德大选日益临近，欧洲各国也开始担心来自黑客的攻击。4月，菲律宾选民数据库遭遇匿名攻击，5500万名选民的护照信息和指纹数据等敏感信息被盗。除此之外，在土耳其政府的公民数据库中，5000万公民的姓名、身份证号、父母名字、住址等敏感信息遭遇泄露。墨西哥也经历了同样遭遇，9340万名选民信息被"晒"在网上，包括公民姓名、地址、出生日期、父母姓名、当前职业以及选民ID等个人信息。

随着越来越多的信息和服务开始线上化，互联网企业收集的个人信息日益庞大，然而这些个人数据却频频泄露，其安全性成为政府和个人关心的焦点。LinkedIn公司的数据泄露事件影响1.17亿用户，MySpace公司数据泄露

事件影响 4.27 亿用户，Tumblr 公司数据泄露事件影响 6500 万用户，VK 公司安全事件影响 9300 万用户，DropBox 公司安全事件影响 6900 万用户，Adult Friend Finder 公司数据泄露事件影响 4 亿用户[①]。雅虎甚至被曝出曾有 10 亿用户数据被泄露，雅虎也因这一信息披露不及时，遭到联邦证券交易委员会调查。此外，微软、谷歌等知名企业都遭遇了数据泄露事件，在线用户的数据安全受到严重威胁。

（二）网络攻击和敲诈勒索行为增多

2016 年，大量网络攻击和网络敲诈勒索行为的出现给全球经济带来了巨大损失。

国家关键基础设施成为网络安全的一大软肋。一些国家的电力系统、银行系统及医院系统、地铁系统等都遭遇了大规模网络攻击，严重影响了国家稳定和人民生活。尤其是金融机构，2016 年受到的影响尤为严重。作为国际银行同业间的结算系统，SWIFT（环球同业银行金融电讯协会）用户成为网络罪犯的攻击对象，网络罪犯入侵该组织内部，向顾客发送诈骗性资金转账请求，窃取银行资金。孟加拉国央行、乌克兰国内银行、厄瓜多尔银行等几十家银行都遭遇了类似攻击，造成的经济损失高达数亿美元。

网络攻击，尤其是分布式拒绝服务（DDoS）攻击成为一种应用越来越普遍的新形式。互联网监控公司 Arbor Networks 表示，2011～2014 年，全球 DDoS 攻击量增加了 30 倍以上[②]。Akamai 发布的季度全球互联网安全报告指出，DDoS 攻击每年增长速度超过 100%[③]。DDoS 攻击强度也越来越大。2016 年 9 月与 10 月发生的一系列 DDoS 攻击创历史新高，流量每秒达千兆

---

① The Biggest Cyber-Security Incidents of 2016, http：//resources. infosecinstitute. com/the - biggest - cyber - security - incidents - of - 2016/，2016 年 1 月 3 日。

② http：//qz. com/860630/ddos - attacks - have - gone - from - a - minor - nuisance - to - a - possible - new - form - of - global - warfare/.

③ 《美国大规模网路攻击：安全无穷期》，http：//business. sohu. com/20161024/n471197606. shtml。

比。由此证明，DDoS 能击垮互联网上最佳的防御①。这一系列 DDoS 攻击的受害对象包括托管服务网站、域名服务提供商、大型内容分发网络和知名安全博客网站 Brian Krebs。另外，2016 年，推特、亚马逊和 Paypal 等各大网站因为它们的域名系统提供商 Dyn 受到一系列 DDoS 攻击，遭遇了服务大范围中断，引起公众对相关安全问题的广泛关注。

随着勒索攻击手法不断翻新，数量快速攀升，2016 年已俨然成为网络勒索之年。勒索软件是一类高速增长型恶意软件，此类软件利用电脑漏洞进行数据绑架，攻击者通过加密受害者的数据，要求受害者为解密密钥支付费用。2016 年上半年勒索软件数量暴增了 172%，而商务电子邮件入侵（Business Email Compromise，BEC）攻击更造成了高达 30 亿美元的经济损失②。根据美国联邦调查局（FBI）的调查，勒索软件的赎金平均金额从 2015 年末的 295 美元增加至 2016 年的 679 美元，赎金总额由 2015 年的 2400 万美元跃升到 2016 年的 10 亿美元，增长了 4067%。苹果公司、好莱坞长老会医学中心等都因勒索软件受到严重损失。另外，暗网交易、支付欺诈、数据滥用等网络罪行依然在全球范围内猖狂横行，威胁着网络安全。

（三）各国采取措施捍卫国家网络安全

随着网络安全威胁的不断升级，网络犯罪分子愈加猖狂，各国纷纷将网络安全上升为国家战略，通过完善立法、发布网络安全战略、设立专门机构、培养网络安全人才、提高全民网络安全意识等措施，积极应对网络安全问题。

2016 年，很多国家都相继出台了网络安全相关战略。如美国发布《网络安全国家行动计划》《网络安全规程部署计划》《联邦网络安全研发战略

---

① http：//qz.com/860630/ddos - attacks - have - gone - from - a - minor - nuisance - to - a - possible - new - form - of - global - warfare/.

② 《勒索之年：2016 上半年勒索软件暴增 172%》，http：//safe.zol.com.cn/603/6033686. html。

计划》，欧盟通过首部网络安全法《网络与信息系统安全指令》，英国发布《国家网络安全战略（2016～2021年）》，澳大利亚发布《澳大利亚网络安全战略》，韩国、日本分别发布《信息安全行业五年战略规划》《网络安全经营方针》等。英国还建立了网络安全和信息保障办公室（OCSIA），新加坡建立了网络安全局以加强对网络安全的全面管理。这些网络安全战略普遍包括以下内容：网络安全信息共享、网络安全研发、网络安全人才培养、增加网络安全防御经费、强化数据加密、创建网络安全一站式服务平台等。

各国注重加强联合执法等网络安全国际合作。美国与以色列签署了双边网络安全合作法案；与加拿大加强网络战略合作，以维护北美电网安全；与新加坡签署了网络安全谅解备忘录。欧盟成员国也将在"网络与信息系统安全指令"的要求下，建立一个合作团体（Cooperation Group），由成员国代表、欧盟委员会、欧盟网络与信息安全局（ENISA）组成，共享网络安全信息；欧盟还与北大西洋公约组织达成一项技术协议，强化双方网络安全合作。英国在网络安全战略中也强调，将积极采取"国际合作行动"，不断扩大与国际伙伴的合作范围，实现共同安全。韩国在"韩国ICT2020"五年战略规划中，号召成立"网络安全互助联盟"（CAMP），建立网络安全的全球合作伙伴关系。

各国注重加强网络安全人才培养。美国白宫发布首个《联邦网络安全人才战略》，旨在挑选、招募、培养、留住网络安全人才并扩大网络安全人才队伍。美国国家标准及技术研究所推出交互式工具，帮助网络安全人才供需双方及时对接。英国网络安全战略也强调，要研讨并出台一项技能策略，将网络安全融入教育系统中；不断更新网络安全教育培训体系；资助博士生，增加国内网络安全学者数量。日本内阁官房通过举办训练营发掘网络安全人才。韩国国防部资助高丽大学设立"网络防御"专业，免费培养学生黑客，参与未来的网络战。此外，一些国家大力强化网络战队伍。美国国防部已明确提出开发数字武器，率先打造黑客部队；法国也打造了首支"网络部队"。

六　互联网治理

一直以来，国际互联网治理中就存在多利益相关方模式和多边模式的争论。2016 年，随着 ICANN 的移交，两个模式之间展开了激烈的争论。此外，舆论管理和跨国企业监管也成为 2016 年互联网治理的热点。

（一）美国移交域名管理权

ICANN 的移交是国际互联网治理领域一个颇受关注的问题。根据协议，美国商务部与 ICANN 的合同于 2016 年 9 月 30 日到期。此后，新的 ICANN 将在没有美国政府监督的情况下，独立控制互联网地址簿。将一部分互联网管理权从美国转移的举动受到许多国家的欢迎，却受到一些美国政治家的反对。对此，美国各方、各智库展开了激烈的争论。

支持移交的人士认为，1998 年以来，历届美国政府都有意让合同到期。如果美国政府没有贯彻这一过渡进程，互联网可能会发生分裂，这将对全球商业产生负面影响，并限制信息的自由流动。

反对移交的人士认为，美国政府不应放弃对 ICANN 的控制。因为俄罗斯、中国和伊朗等国会支持国际电联的监督，这不仅会阻碍美国对互联网的控制，而且可能会使这些国家利用国际电联的影响操控域名目录，允许它们控制信息并流向其各自的国家。得克萨斯州国会参议员泰德·克鲁兹甚至试图通过立法来抵制 ICANN 管理权的移交。

也有一些人认为，互联网地址簿不再受到美国或任何其他政府控制，不一定是坏事，不过，延迟转型也未尝不是好主意。

（二）各国普遍加强网络监控和个人隐私保护

随着恐怖主义通过网络进行大量宣传、组织，很多国家加大了网络监控力度，也由此形成了科技公司与政府的激烈冲突。2015 年 12 月，英国通过了《调查权力法案》，要求扩大政府的监视范围，赋予政府前所未有的监视权力，强制要求互联网服务供应商保存用户网页浏览记录，强制公司在手机里植入黑客软件，拦截通信，去除任何形式的加密。对此，Facebook、谷歌、微软、Twitter以及雅虎等技术公司纷纷表示担忧，并发表了联合声明，苹果公司甚至明确提出抗议。2016年8月，法国和德国敦促欧盟执行机构制定新规，在反恐调查中强制要求IM服务运营商协助政府机构解密私人通信内容。9月，瑞士以65.5%的选民支持的全民公投结果通过了扩大监控权限的《新情报法》。按照这一法律，今后反恐案件侦办人员可以窃听相关人员的电话、监控其电脑、在其住宅内植入监控设备。12月，加拿大政府开始寻求更大的监管能力，要求所有服务商都要具备解密、强制储存电话和网络纪录等功能，允许通过后门进行拦截以及无须搜查令就访问用户信息等。此外，据美媒报道，美国联邦调查局、国家安全局和中央情报局等部门都可能在特朗普上台之后获得更大的监视权力。

与此同时，政府也重视对民众个人信息的保护。2月，欧盟委员会通过了新的欧洲一般数据保护规定（General Data Protection Regulation，GDPR），强化了对消费者隐私的保护。同月，欧盟和美国达成新的数据共享协议"隐私盾"。根据新协议，美国科技企业公司可在一定程度上，不受欧盟个人数据保护条例的限制，跨越太平洋将用户信息传回至美国。根据该协议，美国同意在国务院设立"监察专员"的新职位，以处理欧盟数据保护机构转交的投诉及查询，双方还将制定一个替代性纠纷解决机制来化解争端，并且每年对协议进行联合审查。9月，美国科技巨头微软、谷歌和Salesforce正式签署了欧盟-美国隐私盾框架，德国汉堡数据保护及信息自由委员会已责令Facebook停止收集和储存WhatsApp的用户信息。美国政府也在一定程度上注重用户隐私保护。3月，美国联邦通讯委员会向国会提交了一份用户隐私保护法令，禁止互联网服务提供商在没有经过用户许可的情况下出售用户数据，并且限制其通过追踪分析用户活动来向用户推销产品。该法令如果获得通过，将成为美国科技行业目前为止最严格的隐私保护法令。7月，美国巡回上诉法院裁决，存储通信法不适用于海外数据，比如，微软不必向美国调查人员交出储存在爱尔兰计算机上的Outlook数据。10月，美国联邦通信委员会批准对互联网服务供应商使用客户数据的建议草案，使消费者在分享个人信息方面获得更大自主权，并可轻松调整其隐私选项。企业也为此不懈努力。微软建议，当美国联邦情报人员索取用户数字信息时，应当向用户发出提示。对此，苹果、亚马逊和谷歌母公司 Alphabet 等十余家科技公司均表示支持。但是，斯诺登无情地指出，许多网络公司在继续收集用户数据，并为政府提供更多监管机会。

（三）政府和企业共同加强了对网络虚假信息的管理

随着网络言论对社会舆论、民主、政治等的影响越来越大，很多国家都采取了强硬的管理措施。例如，一些非洲国家禁止在选举前使用 Facebook、WhatsApp 和 Twitter；印尼政府关闭了多个网站，称其传播假新闻。2016 年，一向宣扬网络言论自由观念的欧美国家也受到了网络舆论的巨大影响。德国、西班牙和意大利等历史悠久的民主国家，均被社交媒体上的虚假新闻和仇恨言论煽动起草根阶层的民粹主义运动。2016 年美国大选中社交媒体上虚假信息对选举结果的影响，更是使网络虚假信息受到广泛关注，《金融时报》等媒体甚至惊呼"社交媒体正在扼杀民主"。

所以，2016 年欧美国家纷纷采取了管制网络言论的措施。11 月，欧洲议会通过了《欧盟反击第三方宣传的战略传播》建议案。12 月，美国总统奥巴马签署了《反宣传法案》，根据该法，美国国防部将在 2017 年获得额外预算，专门建立一个反宣传中心，对抗外国对美国的宣传。此外，德国正在拟定法案，要求 Facebook 等网络平台必须对利用其平台发表有关仇恨和欺骗性言论的信息负责。印度政府也计划成立专门的传媒问题工作组，用于追踪网络或媒体上消极或具有煽动性的新闻和评论。

相关企业也积极参与打击虚假信息。美国大选后，社交媒体因平台上传播的假新闻影响了大选结果而广受批评。现在，Facebook、谷歌等社交媒体已经开始采取措施。Facebook 称，将设置新的举报按钮，并通过功能设计上的变化、算法的变化，来应对虚假信息的传播。Facebook 还邀请 Snopes、FactCheck. org、Politifact、ABC 新闻和美联社帮助其打击假新闻，避免成为

"事实的仲裁者"。这些举措将降低假新闻的可见性，在消息流的假新闻旁添加来自验证方的警示，让报告假新闻变得更简单，更有效地打击假新闻传播。

（四）跨境数据贸易规则尚未明确

近年来，数字贸易在国际贸易中的比重越来越高。商品贸易、服务贸易和资金流动是 20 世纪经济全球化的主要表现形式，商品贸易曾以全球 GDP 增速两倍的速度持续增长，资金流动又以商品贸易数倍的速度增长。然而，这一发展趋势近年来出现了转折性变化。2007 年，商品、服务和资金的全球流动达 30 万亿美元，占全球 GDP 的 53%，创下了历史最高纪录。此后，全球商品贸易放缓，日益低于全球 GDP 的增速，近来甚至出现停滞或下降，资金流也大幅下滑，服务贸易仅出现适度增长，但数字贸易却迅速增长。麦肯锡称，自 2005 年以来，跨境带宽增长了 44 倍，这一数字在未来 5 年内还将增长 8 倍。

可以说，数据流动是经济全球化的重要表现形式，数据成为全球贸易的命脉，不少国家为推动区域数据自由流动、自由贸易而努力。例如，欧盟一直致力于创建统一的电子商务市场。2016 年 11 月，欧盟理事会商定了一项条例草案，禁止成员国之间不合理的地理封锁，以阻止购物网站根据消费者的国籍或居住地进行区别对待。12 月，欧盟委员会开始商讨取消欧盟国家之间漫游费的相关草案，欧盟还通过一项计划草案，要求汽车制造商和其他公司共享消费者数据。此外，中国和巴基斯坦表示将尽快建立电子化数据交换系统，以加强对中巴自贸协定规定下商品进出口的管理。

与此同时，出于保护公民隐私、预防国外监控、便于执法的目的，一些国家正加大对国内企业数据的存储和传输的限制，这必然会对每年产出约 2.8 万亿美元 GDP 的跨境数据流产生影响。俄罗斯的举措尤为激进。俄罗斯联邦通信监管局（Roskomnadzor）曾要求国内外企业从 2015 年 9 月开始，必须将所有俄罗斯用户的个人数据存储在该国境内，但 Facebook 和 Twitter 等公司一直拒绝执行这一规定，2016 年 11 月法院表示支持封杀职业社交网站 LinkedIn。为了维护信息技术领域的主权，俄罗斯总统普京于 2016 年 2

月下达了信息产品进口替代的主要任务，包括修订法律，确保俄制软件的优先地位；监测网络威胁；提出更多的加密要求；使用本国工业网络技术等。5月，俄罗斯通信和大众传媒部修正了通信及信息领域的相关法律，以期使国家获得控制 ru 和 rf 域名、流量交换、通信网络和 IT 系统支持网络在内的所有重要互联网基础设施管理权力。9月，由于地缘政治局势紧张，普京再次督促政府部门降低对美国技术的依赖。之后，莫斯科市政府用俄罗斯办公软件替代 6000 台电脑上安装的微软软件。2016 年 5 月，伊朗也下令国外消息应用必须将其存储的伊朗用户数据转移到该国境内的服务器。

美国对外关系委员会建议制定跨境数据流新框架，以推动数据自由流动。该委员会认为，现有国际条约中的信息自由流动政策，未能有效地保护自由表达和获取知识的基本权利。不过，电子前沿基金会认为，制定跨境数据流新框架，如 TPP 等协议并不能充分促进数据自由流动，要遏制互联网审查更是幻想。TPP 的信息自由流动规则只适用于外国企业，而且只是那些已签署 TPP 的国家的企业实体。如果一个国家颁布法律禁止某些类型的在线内容，那么 TPP 的信息自由流动规则丝毫不会其阻止其对国内网站或平台的审查。尤其是 TPP 在美国新总统特朗普上台伊始就被废除了。信息技术与创新基金会、大西洋理事会等建议，创建一个新的美欧数字委员会，推动建跨大西洋的数字市场，并提出了相应的步骤。

（五）对企业跨国经营行为进行管控

近年来，很多国家都出于隐私或经济安全等考虑加大了对科技企业尤其对美国科技企业经营行为的监管力度。2016 年，欧盟要求苹果公司支付 130 亿欧元的税款，试图将 WhatsApp 等服务纳入监管范围、推动新闻聚合机构向报纸付费、迫使 Netflix 等为欧洲电影付费。此外，欧洲各国还不断调查谷歌、亚马逊、Facebook 等美国公司涉及的避税、反竞争行为和隐私问题。4月，谷歌遭到欧盟委员会指控，认为谷歌在 Android 系统中预装谷歌搜索、Chrome 浏览器，可能损害竞争。信息技术与创新基金会等认为，欧洲对美国科技企业的打击无益于欧洲物联网发展，呼吁欧洲不要为难美国 IT 公司在欧洲的发展。其他国家也加强了对美国高科技企业的监管。2016 年，印度政府已经禁止 Facebook 提供免费网络服务，还希望强迫科技公司使用印度政府资助开发的各项技术。9 月，苹果公司在日本因瞒报收入被东京税务部门课以 120 亿日元（1.05 亿欧元）的巨额罚款。泰国和新加坡政府都计划加强针对谷歌等互联网企业的税收征管，印度尼西亚政府也要求谷歌补缴 4 亿美元税款。12 月，韩国公正交易委员会认为美国芯片制造商高通公司妨碍市场竞争，对其处以 1.03 万亿韩元（约合人民币 59.2 亿元）罚款，创下韩国反垄断罚款历史纪录。

除了美国企业，其他国家的科技企业往往也受到类似监管。5 月，英国起诉三星操纵面板价格。12 月，欧盟对索尼、松下和三洋在笔记本和手机电池市场的垄断行为共罚款 1.66 亿欧元（约 1.76 亿美元）。

近两年我国政府对半导体产业的扶持，引起了国外政府和企业的高度警惕。例如，美国信息技术和创新基金会认为，中国的半导体产业政策偏袒国内企业，歧视外国企业，"中国半导体发展计划是一场侵略性的收购运动，由其国内公司主导，旨在优化设计、开发和生产价值链。中国不得不向海外半导体公司进行采购，因为它由政府主导的创新体系无法开发下一代半导体产品。中国利用外资并购将高度分割化、专业化以及全球化的半导体行业的不同部分拼凑起来"。"中国在半导体行业采取的措施表明，它想两者兼得：利用自由市场购买外国企业，同时为了支持国内企业，无视自由市场原则，以及国际贸易规则，限制或排斥外国公司。"①

对此，2016 年以美国为代表的外国政府对中国半导体业等采取了很多打压措施。例如，由于美国外国投资委员会的反对，荷兰皇家飞利浦公司终止了向中资财团出售照明业务，仙童半导体公司也以安全为由拒绝了华润微电子和清芯华创公司的联合收购要约。甚至 20 多位美国国会议员以安全为由联名要求阻止中资基金收购美国晶片制造商莱迪思（Lattice）半导体。美国不仅阻止中国对美国半导体企业的收购，而且联合其他国家一起阻止中国

---

① https：//itif.org/publications/2016/01/11/worst - innovation - mercantilist - policies - 201.

的收购。5月，美国商务部官员访问韩国，要求韩国加入美国阵营，共同围堵中国发展半导体业。10月，韩国成立了政府主导的"半导体希望基金"以对抗中国半导体业，基金总规模约2000亿韩元，其中，三星出资500亿韩元、SK海力士出资250亿韩元。10月，中国宏芯基金对德国半导体公司爱思强的收购也因美国的阻挠而失败。

为了打压中国半导体业，美国白宫设立了相关工作组，并多次发表相关报告。10月，奥巴马政府宣布成立了一支半导体工作组，研究影响美国半导体产业的问题，尤其是与国家经济和安全利益相关的问题。11月，美国商务部长普里茨克演讲时称，中国对半导体行业的大规模投资可能会扭曲全球市场，导致破坏性的产能过剩并扼杀创新。11月，美国国会下属的美中经济与安全审议委员会发布报告称，中国国有企业对美国资产的收购将损害美国的国家安全，建议授权美国外国投资委员会禁止中国国企收购或以其他方式获得对美国企业的有效控制权。2017年1月，白宫更是发表报告称，中国的芯片业已经对美国相关企业和国家安全造成威胁，半导体行业从来就不是完全市场化的行业，所以美国完全有理由对其进行干预，控制中国在半导体行业的收购和进口，并用国家安全审查来"回应"中国的半导体政策。

七 信息化发展展望

在当今信息时代，信息技术深刻影响着国际政治、经济、文化、社会、军事等领域的发展。人工智能、无人驾驶、区块链等新兴技术将继续维持强劲的发展势头，进一步扩大应用范围；这些信息技术的发展将有力地带动其他行业的创新突破，成为各国提高竞争力的关键抓手；数字技术早已融入经济、生活的方方面面，而数字经济也成为推动国家经济发展的新引擎，在国家政策的扶持下迎来前所未有的发展机会。随着各项活动线上化，在线数据成倍增长，也给网络安全带来了极大威胁，互联网治理范围也越来越广泛，内容越来越丰富。

（一）新兴技术将继续维持强劲势头

综观2016年科技领域，无人驾驶、人工智能、虚拟现实等新兴技术发展迅猛。未来，相关技术仍将快速发展，并可能很快迎来爆发的临界点。

基于Gartner公司发布的"新兴技术成熟度曲线"，2016年，有三个趋势非常突出：一是感知智能机器时代来临，人工智能（AI）吸引了全世界的关注，智能机器人、自动驾驶汽车、机器学习等正值"期望膨胀期"，将成为未来10年里最具颠覆性的技术；二是虚拟现实、增强现实等技术将改变人与人、人与软件系统的互动方式，扩展沉浸式应用；三是平台革命正在酝酿，量子计算、区块链、物联网平台等技术正全面发力，有望改变行业经营模式①。

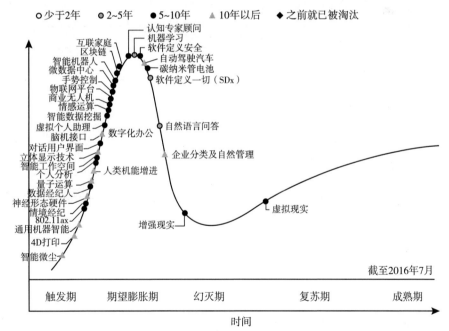

图1　2016年新兴技术曲线

资料来源：Gartner，2016年7月。

---

① 《Gartner 2016年度新兴技术成熟度曲线解读：3大趋势、16个新技术》，https：//36kr.com/p/5051464.html。

整体看待这三大趋势，50%的体验技术点正处于或已越过最高峰，这意味着它们即将迈向低谷；平台革命技术在接近、处于或跨越最高峰的位置，表明其作为当前技术关键的重要地位；最后，智能机器正在新兴技术曲线上迅速攀升，人工智能技术正迎来爆发点。

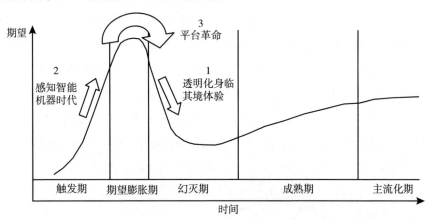

图 2 新兴技术如何在技术发展曲线上移动

资料来源：Gartner，2016 年 7 月。

（二）创新发展向其他领域延伸

当今，信息技术创新活跃，且不断与其他行业相融合，引领着各行各业的创新发展。

公私合作越来越成为创新的高效模式，政企间建立良好的合作关系对推动创新、提升效率来说至关重要。政府在越来越多的领域与企业合作开展技术研发，政府投入带动私人投入的作用不可替代。

"跨界"将成为创新的燃爆点，各国注重加强跨地区、跨行业的创新研发，一方面，打造区域协同创新共同体，发挥彼此优势，增强创新发展的辐射带动作用；另一方面，将信息技术应用到传统产业，改革传统领域的运行模式。

（三）数字经济进一步繁荣发展

近年来，数字经济发展势头强劲。埃森哲咨询公司预测，通过优化数字技能和技术，到2020年，全球经济有望累计增加2万亿美元产值，届时，逾1/5的全球GDP会源自某种形式的数字技术、资本以及数字化产品与服务①。如今，美国、英国、德国、加拿大、俄罗斯等国都已明确提出向"数字经济"转型的目标。

各国政府将把重点放到那些正在为未来聚集强大技术潜力的领域，只有有能力领导这些技术的国家才能在未来竞争中获得长期优势，否则将会始终处于对其他强国的依附地位。与此同时，数字技术也存在诸多风险，各国有必要就数字经济制订系统的长远规划，加强对网络安全的保护，提高所有基础设施、金融体系以及国家治理的信息基础设施稳定性。

（四）国际互联网治理模式仍在博弈中

2016年10月1日，美国政府确认互联网地址编码分配机构IANA的职能管理权移交至全球互联网社群。IANA移交代表了一种多利益相关方、自下而上的政策发展流程，旨在构建全球性的多利益相关方网络。与此同时，以国家为主体的多边治理模式也很有市场，得到几十个国家支持。

知名网站circle ID发文称，这种多利益相关方模式和国家主导的多边模式可能会引发新的冲突。但是，对话和谅解之门依然存在，只要沟通渠道畅通，就可以控制冲突，达成协议。预计未来，两个模式的对抗与合作仍将相伴而行。

在国内互联网治理方面，各国的管理也日趋严格。俄罗斯、土耳其、伊朗、巴基斯坦、沙特阿拉伯、匈牙利、波兰、英国等诸多国家出台了强硬的互联网法律，加强了对本国网络的管控。

（五）网络安全形势依然不容乐观

网络安全形势依然不容乐观。未来几年，联网设备和在线数据量将大幅

---

① 《到2020年，善用数字化可创造2万亿美元新产值》，https：//www.accenture.com/cn-zh/company-accenture-digital-economy。

增加。英特尔预计，联网设备将从 2015 年的 150 亿个增长至 2020 年的 2000 亿。微软还预计，2020 年，在线数据量将是现在的 50 倍，40 亿在线用户都会成为网络犯罪分子的攻击对象。

网络犯罪造成的经济损失迅速增加。美国国际数据集团（IDG）旗下 CSO 杂志预计，截至 2021 年，网络犯罪造成的损失每年将达 6 万亿美元。网络犯罪数量的增长不断推动网络安全投入的增加。根据高德纳咨询公司（Gartner）的计算，2016 年，网络安全方面的产品和服务花销达 800 亿美元，预计 2017～2021 年，网络安全花销将超过 1 万亿美元。

最糟糕的是，目前，全球网络安全人才紧缺。据估计，2016 年，网络安全职位空缺高达 100 万个，预计 2019 年将达到 150 万个空缺。

基础设施篇

Information Infrastructure

B.2
世界信息基础设施发展概况

闫　寒*

摘　要： 信息基础设施已经成为支撑经济社会发展的重要力量。2016年，世界各国政府纷纷推出惠民政策，推动宽带网络提速降费，加速网络向偏远地区和低收入人群普及；5G技术研发不断提速，商用部署全面启动；国际互联网巨头积极参与信息基础设施建设，探索未来业务发展模式；物联网、云计算等应用基础设施发展迅速，发展潜力不可估量，成为世界各国关注的焦点。

关键词： 信息基础设施　网络覆盖　5G网络　卫星互联网　数据中心

---

* 闫寒，硕士，国家工业信息安全发展研究中心工程师，从事信息化战略研究。

当今世界，网络信息技术日新月异，全面融入社会生产生活，深刻改变着全球经济格局、利益格局、安全格局。互联网已经与水、能源、交通一样，成为国家基础设施系统不可或缺的组成部分，是促进经济社会发展的重要力量。加快信息基础设施建设、进一步释放数字红利、充分发挥信息化引领经济社会创新发展的重要作用已经成为各国共识。

一　各国大力提高网络覆盖率，推动网络服务惠及全民

2016 年 9 月 15 日，联合国宽带委员会发布了 2016 年的《宽带状况报告》，描述了全球 160 多个经济体的网络接入和价格可承受性情况。报告显示，截至 2016 年底，全球有 35 亿人口接入互联网，约占世界总人口的47.1%，但仍有超过一半的人口——约 39 亿人没有联网。这些人没有接入网络可能是因为居住在偏远地区或者无法接触到数字基础设施，可用数字内容缺乏而没有认识到接入互联网的好处，没有受过教育，过于贫穷。[①] 帮助这些人口接入互联网，确保人人有机会平等参与数字经济并分享数字红利，对各国在 2030 年之前实现可持续发展目标至关重要。

2016 年，世界各国政府大力推动宽带覆盖和网络提速升级，城市宽带网络普及率快速提升，但偏远的农村地区和低收入人口中"触网"比例仍然不高。为此，各国纷纷推出网络普惠政策，加速网络服务向偏远地区和低收入群体渗透，不断提高宽带网络覆盖率。

（一）加大政府投入力度，降低网络使用门槛

2016 年 4 月，作为世界经济论坛未来互联网全球变革倡议（Global Challenge Initiative on the Future of the Internet）接入/使用板块的一部分，世界经济论坛和波士顿咨询公司共同发布了《全民联网白皮书：加快互联网

---

① 联合国宽带委员会，The State of Broadband 2016：Broadband Catalyzing Sustainable Development，http：//www. broadbandcommission. org/Documents/reports/bb - annualreport2016. pdf。

接入与使用的框架》(*Internet for All*: *A Framework for Accelerating Internet Access and Adoption*), 报告指出, 对于生活在国际贫困线以下的世界13%的人口来说, 可支付能力是他们面临的最大障碍, 过高的上网费用使他们无法通过使用网络得到回报。[①] 这一问题在各国都存在, 对此, 各国政府也纷纷出台了优惠政策。

根据白宫公布的统计数字, 2001～2014年, 美国能够上网的家庭数量增加50%, 如今3/4的美国家庭能够上网。[②] 但数字鸿沟现象依然存在。年收入低于2.5万美元的家庭只有不到一半可以上网, 而高收入家庭则有95%。2016年3月, 美国政府推出"全民联网"(Connect ALL)宽带网普及计划, 目标是到2020年为2000万低收入美国人提供高速互联网服务。奥巴马政府希望通过该计划为低收入家庭每个月提供9.25美元的上网补贴, 这将帮助低收入家庭灵活、便捷地选择最适合的网络服务以及供应商。这一计划实际上是对"生命线"项目的改革。20世纪80年代, 时任美国总统里根设立了"生命线"项目, 旨在为低收入家庭提供经济补助, 让美国人都能用上固定电话。2005年, 时任总统布什将"生命线"项目扩大至移动电话。奥巴马政府则希望"生命线"项目的范围能扩展到宽带网络。为保证"全民联网"项目顺利实施, 白宫发起了全国性的"数字文化试点项目", 侧重提供数字文化培训。此项目计划派遣志愿者在图书馆、博物馆以及社区中心为低收入人群提供计算机知识培训, 并寻求慈善机构和私营机构的支持为这些机构提供硬件设施。

2016年9月, 欧盟委员会宣布, 计划到2020年在公共场合提供免费WiFi服务, 到2025年力争在欧盟国家全面普及5G网络, 让互联网惠及每一位欧盟民众, 届时欧盟公民家庭网络下载速度将全面突破100Mbps。这意

---

① 世界经济论坛, Internet for All: A Framework for Accelerating Internet Access and Adoption, https://www.weforum.org/reports/internet - for - all - a - framework - for - accelerating - internet - access - and - adoption。

② 美国白宫网站, Connect ALL Initiative, https://www.whitehouse.gov/the - press - office/2016/03/09/fact - sheet - president - obama - announces - connectall - initiative。

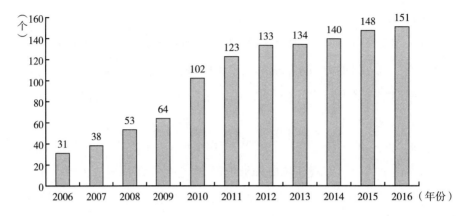

图1　提出宽带发展战略的国家数量统计

味着欧盟将在2020年之前在欧洲每一个村庄和每一座城市的主要公众生活区周围提供免费WiFi接入服务，为此欧盟将投入1.2亿欧元。

巴西政府也意识到，实现宽带网络覆盖对于巴西的发展至关重要。2016年5月，巴西通信部（Ministry of Communication）发布了一项名为"智慧巴西"（Brasil Inteligente）的国家宽带发展计划。根据世界银行发布的《2016世界发展报告：数字红利》，巴西互联网用户总数位列世界前五，但仍有9800万人无法接触到网络。"智慧巴西"计划提出，到2019年巴西将拥有光纤网络的城镇比例由目前的53%提高至70%，宽带网络将覆盖巴西95%的人口。根据计划，多个大型网络基础设施建设项目将陆续开工，包括在亚马逊区域铺设网络，以及2017年发射一颗国防和通信地球同步卫星。巴西通信部还宣布，将建设6条海底光缆，连接巴西与欧洲、非洲和美国，用以提高网络数据传输能力，保障通信安全。海底光缆建成后能为巴西网络连接降低20%的成本。

2016年2月，韩国首尔市政府宣布，到2017年，全市所有的公共区域都将提供免费的WiFi服务，这也是首尔市进一步打造数字平台的举措之一。市政府将在未来5年内投资4605亿韩元（约合24.87亿元）用于促进数字经济增长。按照《首尔数字总规划2020》，首尔还将扩大物联网的应用，建立一个综合停车系统，让车主可以利用智能手机检查车辆停放的位置，到

2020 年，该系统将覆盖 550 个公共和私人停车位。根据规划，首尔将借助数字手段，加强与市民的沟通。到 2020 年，该市还将扶持 30 个智能相关企业发展。此外，首尔还会建设综合生活福利信息系统，为市民提供更智能的数字化服务。

（二）加强农村宽带建设，缩小地区间数字鸿沟

作为推动网络服务惠及全民的重要举措，2016 年，各国政府推动财政支出向农村及偏远地区倾斜，鼓励和引导各类社会资本参与欠发达地区宽带网络建设，帮助生活在这些地区的民众使用互联网。

为提升农村地区宽带普及水平，2016 年 5 月，美国联邦通信委员会（Federal Communications Commission，FCC）宣布未来十年计划为农村地区宽带网络建设追加投资 20 亿美元。FCC 决定采取竞争性招标的方式，充分利用市场力量有针对性地分配这笔资金，扩展农村地区宽带。

2016 年 12 月 12 日，欧盟委员会和欧洲投资银行（European Investment Bank）宣布启动宽带基础设施基金——"连接欧洲宽带基金"（Connecting Europe Broadband Fund）。该基金将成为一个融合公共投资和私人投资的平台，德国复兴信贷银行、意大利国有银行和法国信托投资局将作为主要投资者参与这一计划。"连接欧洲宽带基金"对欧洲网络欠发达地区的宽带网络基础设施进行投资，其目标是在 2017 ~ 2021 年，每年对 7 ~ 12 个宽带项目进行股本和准股本投资，包括夹层债务和次级债务。投资规模为 100 万 ~ 3000 万欧元，投资项目的总成本不高于 1.5 亿欧元。预计该基金在尚未部署超高容量网络的地区，实现 10 亿 ~ 17 亿欧元的投资用于宽带网络部署。该基金的目标是在 2021 年之前向 20 个国家进行投资。

德国致力于发展千兆网络社会，加大资源投入力度，促进农村宽带网络升级改造，让德国每个地方的每个人都能享受到超高速宽带。德国部分农村宽带发展水平低，农村地区网络宽带 30M 以上的家庭用户占比仅为城市地区的一半，50M 以上的家庭用户占比不及城市地区的 1/3。2016 年 7 月 13 日，德国政府宣布，将向网络基础设施欠发达的偏远地区额外拨款

13 亿欧元用于发展宽带网络。在资源分配上，德国政府推动 700MHz 频谱用于农村地区移动通信网络连接，解决农村宽带"空白"区域的网络覆盖难题。

2016 年 2 月，印度电信监管机构（Telecom Regulatory Authority of India）建议通过公私合营的模式为农村地区建设宽带网络。印度电信监管机构表示特许经营商负责部署光纤电缆以及其他网络基础设施，并在合同期内运营。合同有效期为 25 年，可延长至 30 年。为确保特许经营商在给予服务供应商光纤接入上一视同仁，印度电信监管机构建议特许经营商与服务供应商之间应该保持适当的距离，另为电信和有线电视服务供应商保留 50% 的光纤接入。此外，政府需要持有 26% 的股份，成为特许经营商的少数股东，这样既能降低财政成本和风险，又可以帮助政府对特许经营商进行垄断行为检查。印度政府还宣布将加大对"数字印度"战略（Digital India）有关项目的扶持力度。印度于 2015 年 7 月初提出推进"数字印度"战略的具体计划，旨在进一步提高印度人口的网络连接水平。"数字印度"核心政策之一就是通过建造光纤网络，推动互联网普及率提高，印度政府计划到 2019 年前使光纤网络覆盖 25 万个印度村庄。

（三）加快网络提速升级，提升民众使用体验

2016 年 9 月 14 日，欧盟委员会通过了《欧洲千兆互联社会战略》（*Connectivity for a European Gigabit Society*）。作为欧盟"数字化单一市场"战略的组成部分，《欧洲千兆互联社会战略》为欧洲设想了一个愿景，即搭建高容量网络，促进数字单一市场内产品、服务和应用的广泛使用，并设立了到 2025 年实现的三个目标：①所有主要社会经济发展驱动力（学校、港口、公共服务提供者、数字化企业）之间实现千兆级互联；②所有城市地区和主要陆地交通路线经过的地区享受不间断的 5G 覆盖；③所有欧洲家庭能够以至少 100Mbps 的速度连接网络。伴随着该战略的发布，一系列支撑政策也相继出台，最主要三个支撑政策为：①《欧洲电子通信法规修订提案》 （Proposed Directive establishing the European

Electronic Communications Code），该提案提出了欧洲范围内电信产业的共用法规和目标；②《欧洲 5G 行动计划》（5G for Europe Action Plan），该行动计划为欧盟成员国和产业主体提供了一个围绕 5G 技术研发和商用合作的框架；③《欧洲免费 WiFi 计划》（WiFi 4EU Scheme），该计划将投资 1.2 亿欧元支持地方政府在公共场所、医疗中心、公园和广场提供免费 WiFi 接入。①

2016 年 3 月，德国联邦政府发布了"数字战略 2025"，在国家层面明确了德国数字化转型的基本路径，并提出了十大行动步骤。面对数字经济加速发展的需求，德国对解决网络基础设施落后这个"卡脖子"问题表现出日益强烈的紧迫感，"数字战略 2025"将构建千兆光纤网络作为十大行动第一个，从资金、技术、政策等多方面着手，助力智能制造和数字化转型。在固定宽带方面，德国政府将着力加快光纤宽带网络建设步伐，到 2025 年计划投资 1000 亿欧元用于光纤网络扩张，同时协同各类基金项目支持制造企业和商业中心的宽带连接。在移动宽带方面，鼓励企业加大 4G 网络投资，积极推进 5G 关键技术研发和标准制定，实现到 2018 年 50M 以上高速宽带网络无处不在的发展目标，为工业 4.0 发展奠定新基础。

2016 年 4 月，瑞士联邦议会审议通过了"数字瑞士"战略（Digital Switzerland Strategy），战略提出的核心目标之一就是保障所有公民都能够平等、低价、非歧视性地使用高质量的网络基础设施，在确保民众使用互联网的便利性上——无论是固定宽带还是移动宽带，应力争走在世界前列，到 2020 年，要在所有城市实现高速宽带网络覆盖，打造一个创新、增长和繁荣的数字瑞士。②

---

① 欧盟网站：https：//ec. europa. eu/digital - single - market/en/connectivity - european - gigabit - society。
② "Digital Switzerland" Strategy，https：//www. bakom. admin. ch/bakom/en/homepage/digital - switzerland - and - internet/strategie - digitale - schweiz/strategy. html。

二 5G技术研发进程提速，国际标准竞争日益激烈

移动互联网是帮助更多人口上网的最便利方式。5G网络的传输速度大约是4G LTE的100倍，5G的发展将使宽带化的移动互联网应用变得无处不在，预计在2020年5G技术将深度整合到卫生、教育、智慧城市、工业互联网、网络化汽车等垂直应用中。根据国际电联（ITU）公布的5G发展时间表，ITU将在2017年开始征集5G技术方案，5G标准化工作不晚于2020年完成。2016年，主要国家和地区均在推动5G技术发展，不断加大研发投入，布局5G标准制定，抢抓5G技术发展的先发优势。

（一）美国：加大资金投入，抢先释放频谱资源

2016年7月，美国政府正式为5G网络分配频谱资源，成为全球第一个为5G通信技术规划频谱的国家。美国联邦通信委员会全票通过了"频谱新领域"提案，此提案确定向5G开放24GHz以上高频频谱，此次FCC开放的频段共计10.85GHz。其中，许可频段数量是目前FCC已授权许可频段的4倍，免许可频段资源数量是WiFi所使用的频谱资源的15倍。新的规则实现了不同频谱接入方式的平衡，包括独家使用许可、共享接入和未授权接入，以满足各种不同的需求。FCC还通过其他服务和技术法规，使新技术和创新能够在排除不必要的规定性管制的前提下演进。并且，FCC正在进一步研究开放其他频段给5G业务的可能性，通过采用频谱共享机制，在新型无线服务、当前和未来的卫星业务、联邦应用之间进行频谱需求的平衡，以确保联邦和非联邦机构、卫星和地面系统、固定和移动业务等可以并存发展。

2016年7月15日，美国白宫发表声明称，在未来7年内，将会投资5亿美元，资助下一代无线网络研究。按照这项"先进无线研究计划"（Advanced Wireless Research Initiative），美国将在未来7年建设4个小城市

规模的 5G 无线技术测试平台。[1] 国家科学基金会将会从 2017 财政年度开始提供总计 5000 万美元的建设费用，英特尔、三星等 20 多家公司及有关协会将投入总计 3500 万美元的建设费用，国家科学基金会还将在未来 7 年另投入 3.5 亿美元支持基于这些平台开展的学术研究。

5G 已成为各通信终端厂商新一轮激烈角逐的竞技场，这一进展也是将 5G 带给普通用户的一个重要里程碑。除了政府系统性的技术研发外，电信运营商也开始在 5G 领域发力。2016 年 2 月，美国电信运营商 AT&T 宣布，已经推出了美国首例基于毫米波技术的 5G 商业客户试验服务。英特尔成为首例 5G 试验服务的客户，AT&T 为该场所提供了 G 级带宽。双方将同时测试互联网接入、VPN、统一通信应用、4K 视频流等服务，该试验还将展示 15GHz 和 28GHz 频段 5G VoIP 的表现。这两家公司称，届时传输速率最高可达 14.4Gbps。AT&T 在 5G 方面的主要竞争对手 Verizon 已在 6 月宣布试运营 5G 网络，7 月宣布完成了 5G 技术规范的制定和外场测试，与合作伙伴探讨了技术如何利用无线电波、基础设施等问题。

2016 年 2 月，Verizon 宣布与三星合作进行 5G 网络开发。Verizon 的 5G 网络已经正式发布，美国其他一些主要运营商也在加紧步伐，AT&T 和 T-Mobile 都选择与诺基亚进行 5G 网络测试合作。运营商与科技公司在 5G 网络上合作的密切程度要超过 4G LTE 网络时期。与 Verizon 进行 5G 网络合作开发的公司包括思科、爱立信、英特尔、LG、诺基亚、高通和三星。7 月，Verizon 宣布，公司计划成为首家公布 5G 无线规范的运营商，此前美国市场的 4G LTE 网络也是由 Verizon 启动的。Verizon 表示，已经完成 5G 无线规范的标准制定，这些标准将被智能手机制造商和组件供应商采用，同时一些厂商也将及时推出 5G 网络维护服务。

---

[1] 美国白宫网站，https：//www. whitehouse. gov/the – press – office/2016/07/15/fact – sheet – administration – announces – advanced – wireless – research。

（二）欧洲：制订研发时间表，明确 5G 发展路线图

欧盟在 5G 技术研发上起步较早，在 2013 年就启动了面向 5G 研发的规划，并于 2015 年正式公布了 5G 的公私合作愿景。欧盟一直将 5G 发展视为重要契机，希望通过引领 5G 商用部署和国际标准制定，确保其在数字时代的领先地位。

2016 年 6 月，欧盟 5G 公私合资合作研发机构（5G PPP）发布了白皮书《对 5G 架构的观点》（View on 5G Architecture）。该白皮书总结了欧盟 5G PPP 的 16 个项目在过去一年中的研发成果（涉及 5G 物理层架构到总体架构、逻辑与功能架构、网络管理、软件网络与技术等各个领域）及共同点、趋势，并提出为最终满足 5G 需求所需要解决的挑战性问题，最后讨论了通用的 5G 参考框架对于 5G 标准化的影响。欧盟 5G PPP 认为，一种全新的 5G 网络总体架构，应能通过部署网络切片技术（以高成本效率的方式），支持原生的（网络）软件化、集成/整合通信与计算、集成/整合各种异构的接入技术（包括固网接入技术与无线网接入技术），来满足诸多潜在应用场景（自动驾驶、机器人远程控制、触觉应用等）对于 5G 网络的需求（相关需求的差异将会很大，这就是 5G 所面临的最大挑战，从而就需要增强 5G 架构的灵活性）。另外，该白皮书还详细讨论了这种 5G 总体架构对于移动网络、物理组网与计算设施、业务与基础设施管理及编排、托管与系统部署的影响。

9 月 14 日，欧盟委员会公布了《欧洲 5G 行动计划》（5G for Europe: An Action Plan），作为《欧洲千兆互联社会战略》的一个支撑文件，该计划旨在推动欧盟各国未来 5 年（到 2020 年）在 5G 基础设施和服务部署方面的工作，并为欧盟 5G 领域的公私投资设计了一套清晰、详尽的路线图。计划的公布意味着欧盟 5G 建设进入试验和部署规划阶段，同时也被视为对美国公布 5G 计划的一个回应。

为推动 5G 系统 2020 年能够在欧洲大规模商用，欧盟委员会要求欧盟委员会无线频谱政策组（The Radio Spectrum Policy Group, RSPG）研究 5G

频谱战略。RSPG 于 2016 年 6 月 8 日制定了 5G 频谱战略草案，在欧盟范围内公开征求意见，7 月 31 日征求意见结束之后，RSPG 经过三个月的研究和协商，于 2016 年 11 月 10 日正式发布了欧盟 5G 频谱战略，包括以下几点，3400～3800MHz 频段是 2020 年前欧洲 5G 部署的主要频段，连续 400MHz 的带宽有利于欧盟在全球 5G 部署中占得先机。1GHz 以下频段，特别是700MHz 将用于 5G 广覆盖。24GHz 以上频段是欧洲 5G 潜在频段，RSPG 将根据各频段上现有业务和清频难度为 24GHz 以上频段制定时间表。建议将24.25～27.5GHz 频段作为欧洲 5G 先行频段，建议欧盟在 2020 年前确定此频段的使用条件，建议欧盟各成员国保证 24.25～27.5GHz 频段的一部分在2020 年前可用于满足 5G 市场需求。RSPG 将研究对 24.25～27.5GHz 频段上现有的卫星地球探测业务、卫星固定业务、卫星星间链路及无源业务的保护。31.8～33.4GHz 也是适用于欧洲的潜在 5G 频段，RSPG 将继续研究此频段的适用性，建议现阶段避免其他业务向此频段迁移，保证此频段在未来能方便地被规划用于 5G。40.5～43.5GHz 从长期来看可用于 5G 系统，建议现阶段避免其他业务向此频段迁移，保证此频段在未来便于规划用于 5G。此外，RSPG 将制定相关技术和规则措施，保证 5G 系统的使用。

欧盟不断推动 5G 技术领域的双边和多边合作，2 月 23 日，欧盟委员会发布公报称，继与韩国、日本、中国等国签订合作开发 5G 技术的协议后，欧盟又与巴西签订合作开发 5G 技术的协议。公报说，欧盟和巴西的合作将致力于为 5G 技术制定一个全球适用的定义，并确立 5G 技术优先应用领域。双方还将寻求制定 5G 技术全球通用标准，以便在全球 5G 技术研发中获得更大话语权。此外，欧盟和巴西将在国际电信联盟框架下，合作找出最有应用前景的无线电频率，满足 5G 技术发展对频谱的额外需求。双方还将在智慧城市、农产品、教育、医疗、交通等领域推动 5G 技术部署。

2016 年 1 月，法国政府与爱立信公司、高通公司针对未来 5G 移动网络采用授权频谱共享（Licensed Shared Access，LSA）的管理方式推出无线频谱共享试点。LSA 为将来更加有效地利用无线电频谱提供了重要方式，它允许移动网络运营商与相关组织机构在适当的防护措施下共享未使用的频谱，

从而能为移动服务释放更多的网络容量。试点方案中，法国国防部
（Ministère de la Défense）将与爱立信共享 2.3～2.4GHz 频段的无线接入网
络。未来两年内，此类试点工作将释放法国大量授权频谱供公众使用。足量
的可用频谱是部署 5G 服务的关键资产，能保证预期的网络容量和服务质
量。理论上，欧洲范围内 2.3～2.4GHz 频段的 LSA 申请释放出的频谱足够
所有欧盟民众使用 5G 服务。在法国的试点中，爱立信将会建设包括载波聚
合和无线点技术的无线接入系统，可部署高性能的室内语音和数据覆盖及大
容量的小型蜂窝基站；红色科技将提供频谱管理平台，它是基于现场无线网
络环境地图和自组织网络的引擎；高通则提供在试验中使用的 4G 设备。授
权频谱共享是不同于传统的频谱授权或免许可使用之外的新型频谱管理方
式。在这种方式下，每一个要使用共享频段的用户都必须获得授权，这种许
可与一般的频谱使用许可不同，是非排他性的，但该频段授权的共享用户必
须保证不能影响此频段原所有者的服务质量，这种对原有服务的保证与频谱
使用的授权是结合在一起的。

2016 年 9 月，德国政府提出，将推出德国 5G 发展的战略，该战略分 5
步：第一步，到 2018 年制定 5G 频率商用的框架条件；第二步，建立电信
行业与应用行业之间的对话论坛；第三步，推进 5G 研究，使德国取得技术
上的优势，并共同制定未来国际 5G 标准；第四步，应用项目，如 5G 实验
城市，联邦政府可为此资助 200 万欧元，总额超过 8000 万欧元的自动驾驶
汽车项目也将促进 5G 发展；第五步，促进基础设施建设，最迟到 2025 年
在所有联邦主干道、最少 20 个大城市覆盖 5G。

（三）日韩：加快关键技术试验，推动 5G 商用部署

日本和韩国都是有线宽带领域的领跑者。2016 年，两国政府分别联合
运营商和电信设备制造商，开展了相应的技术研究和产业布局。两国政府希
望借助 2020 年日本东京奥运会和 2018 年韩国平昌冬季奥运会的机会，向世
界展示他们在无线宽带领域的领先地位。

2016 年 9 月 8 日，日本运营商软银（SoftBank）和旗下的 Wireless City

Planning 召开新闻发布会，宣布面向下一代高速通信标准 5G 的项目"5G Project"正式启动。作为"5G Project"启动的第一阶段，软银将商用可大幅扩展网络容量的 Massive MIMO 技术。Massive MIMO 通过在基站采用大量天线，实现对多个移动终端用户同时进行通信服务，是 5G 的核心技术之一。软银 5G（S5G）具有划时代的意义，这是全球首个将 5G 技术进行商用的案例，说明作为 5G 核心技术的 Masive MIMO 已经具备了商用能力，能明显提升移动通信网络的服务能力。10 月 11 日，日本政府宣布，将制定 5G 建设战略。日本总务省瞄准 2020 年实现"5G"投入实际应用而推进研发，计划从 2017 年度开始在全国启动实证研究。

2016 年 12 月，韩国运营商 SK 电信宣布，将和爱立信、高通联手进行 5G 无线标准（5G New Radio）下的互操作性测试和空中现场试验，试图加速 5G NR 科技的商业化进程以及移动 5G 生态系统的形成，让符合 3GPP Rel - 15 标准的 5G NR 基础设施和设备能够就绪，以支持商用网络的及时部署。在试验中，三家通信巨头将展示新的 5G NR 技术，利用高频带宽来增加网络容量并实现每秒数千兆比特的数据传输。这一技术的实现对于虚拟现实、增强现实以及一些具有极高网络环境要求的云服务具有重大意义。5G NR 技术不仅可以降低成本，还可以让更多家庭享受到多千兆位互联网服务。试验将采用具有自适应波束成形和波束跟踪技术的 3GPP 5G NR 多输入多输出（MIMO）天线技术，以在高频带（包括非视距环境）提供强大并持续的移动宽带通信。这次试验将会紧密跟踪 sub - 6GHz 和 mmWave 频谱带的全球 5G 标准中的 3GPP 5G NR 规范的表现，它将促进和验证目前全球 5G 标准的正确性和实用性，加快 5G 普及，还将提高未来 3GPP 5G NR 技术的兼容性。

11 月 9 日，韩国电信 KT 公司宣布，已经启用一条连接亚洲 9 个国家的大容量海缆系统，即 Asia Pacific Gateway 海缆系统。该海缆系统连接韩国和亚洲其他 8 个国家，包括日本、中国、泰国和马来西亚，全长近 11000 千米，传输速率高达 54.8Tbps。韩国电信公司表示，这一海缆的投产将用于韩国 5G 网络试运营服务。韩国电信计划在 2018 年平昌冬季运动会期间启动 5G 网络试运营。2017 年，韩国电信还计划启用连接韩国和美国的泛太平洋海缆系统，全长达到 14000 千米，这将帮助韩国电信实现向全世界传输高清视频和虚拟服务等内容。

三　互联网企业积极布局网络基础设施，抢夺市场发展先机

2016 年，谷歌、微软、Facebook 等国际互联网巨头不断加大对信息基础设施建设的投入力度，这些举动旨在降低成本、提升网络服务品质，并保证自身能力满足在线视频、照片、游戏和其他服务对流量不断增长的需求。

（一）持续推进"全球联网"，探索业务模式创新

为帮助世界各地无法联网的民众能够使用互联网，探索未来业务发展模式，互联网公司大力推动技术创新，不断扩展网络接入范围。谷歌气球项目、Facebook 无人机项目已进入试验阶段，并取得初步进展，为互联网企业探索新的商业模式提供了更大的可能性。

2016 年 2 月，谷歌气球开始在斯里兰卡进行测试，总共放飞了十几个气球。斯里兰卡人口共有 2000 万人，目前只有不到 1/4 能够联网。斯里兰卡约有 330 万路移动数据连接，以及 63 万固网互联网用户。目前，这个测试项目进展十分顺利，预计最多只需花费一年，就能正式投入运营。如果试验成功，斯里兰卡将成为继梵蒂冈之后全世界第二个全境覆盖 LTE 网络的国家。

2016 年 3 月 27 日，一枚搭载 6 颗谷歌卫星的运载火箭发射升空。谷歌计划通过数百颗卫星向全球提供免费无线网络服务，可以做到全球无盲区、无死角，任何人不管身处高山、大漠、极地还是海洋，只要有一部由电池供电的路由器般大小、价值几十美元的中继转发器，便可以实现无线网络功能的设备联入互联网。

6 月 28 日，Facebook 的 Aquila 无人机在美国亚利桑那州的一个军用机

场成功首航。Aquila 首航在低空飞行了 96 分钟，飞行时间超过 Facebook 此前预期的 3 倍。Aquila 是由太阳能面板供电的，速度达到每小时 120 公里；虽然翼展接近波音 737 飞机，但重量仅有 453 公斤，比大部分汽车还要轻；开启巡航模式时，耗电仅为 5000 瓦，功耗仅仅相当于三个吹风机或者一台微波炉。按照设计规划，这架无人机可以在 18000 米的高空飞行，通过激光和毫米波技术，为那些传统网络设备无法抵达的偏远地区推送互联网，网络覆盖半径为 96 公里。目前，太阳能无人机的续航记录是两个星期，理论上最长可以续航 3 个月，要达到这一预期还要进行诸多后续研发。

2016 年 10 月，埃隆·马斯克的美国太空探索技术公司（SpaceX）向美国政府提出发射申请，计划发射几千颗卫星用于提供互联网全球宽带接入服务。在提交给美国联邦通信委员会的申请文件中，太空探索技术公司详细解释了组建一个由 4425 颗卫星构成的庞大卫星网络的计划。卫星高度为714 ~ 823 英里（1150 ~ 1325 公里），这一数字远远高于国际空间站（ISS），但远低于地球静止轨道卫星。此外，公司还将遵循联邦政府的指导方针来减少轨道碎片。SpaceX 的卫星系统可以提供最高容量达每用户 1Gbps 的宽带服务。由于系统使用的是低轨道卫星，因此可以将延时控制在 25 ~ 35ms。系统完全部署后，该公司的网络将从地球上几乎所有地方的上空经过，原则上能够提供无所不在的全球服务。

（二）投资海底光缆建设，应对网络数据爆炸性增长

网络的高速普及为互联网公司提出了新的挑战，为了应对数据的爆炸性增长、提供更好的服务，互联网企业纷纷加大全球网络基础设施投资力度。目前，世界上有 350 多条海底光缆，承担着全球绝大部分跨国电话通信和互联网数据通信。海底光缆一般由电信公司建设和运营。但美国互联网公司的海底光缆长度和设计容量正在赶超传统电信公司。美国互联网巨头热衷新建海底光缆的主要原因是支持互联网业务高速发展及其带来的数据使用量爆炸式增长。美国电信地理调研公司的调查显示，2014 年，像谷歌、Facebook、微软之类的互联网内容供应商对跨大西洋海底光缆带宽的用量首次超过电信

公司等其他用户的用量。全球带宽需求在 2012～2014 年翻了一番，2014 年增长 44%，主要推动者就是内容供应商。随着互联网业务和云服务的发展，这种需求还在持续增长。

2016 年 3 月，谷歌委托巴西光纤通信技术供应商 Padtec 来管理及实施连接里约热内卢和圣保罗的高容量海底电缆网络的部署。这条海底电缆被命名为 Junior（巴西著名画家的名字），将连接里约热内卢的普拉亚达马库姆达海滩和圣保罗的普拉亚格兰德海滩。Padtec 提供的总承包海底电缆长约 390 千米，将能互联到谷歌在该地区的其他海底和陆地基础设施。这个海底电缆系统将包括 8 对光纤组，利用 Padtec 的海底光纤线路放大器，以及展示其具备超长距离传输的、高容量低冗余光纤集成平台 LighPad i6400G SLTE。从里约热内卢到圣保罗的海底电缆系统预计 2017 年下半年投建。

2016 年 5 月 26 日，微软和 Facebook 宣布将共同投资建设一条跨大西洋高速海底光缆，以帮助用户高速、可靠地连接这两家公司的云服务和在线服务。海底光缆代号为 MAREA，由 8 对光纤组成，该海底光缆将是设计容量最大的跨大西洋海底光缆，初步设计数据传输能力（即带宽）为每秒 160Tbps。MAREA 全长约 6600 公里，将连接美国东部弗吉尼亚州弗吉尼亚比奇和西班牙毕尔巴鄂，计划 8 月开工，2017 年 10 月完工。

2016 年 6 月 30 日，谷歌宣布，启用迄今世界最快的海底光缆，新网络的传输速率将增加 1000 万倍。谷歌的这项超级海底光缆项目开始于 2014 年，联合中国移动国际、中国电信国际、日本 KDDI、新加坡电信 Singtel 和马来西亚 Global Transit 五家亚洲电信企业合作，出资 3 亿美元，打造这个连接美国与日本的海底光缆，此光缆名为 Faster。这条光缆的带宽高达 60Tbps，东接美国俄勒冈州班登（Babdon）登陆站，西接日本千仓（Chikura）和志摩（Shima）登陆站，中间还连接到美国西海岸的诸多中枢，包括洛杉矶、旧金山湾区、波特兰以及西雅图等地，光缆总长度为 9000 公里。

2016 年 10 月 12 日，谷歌宣布将与 Facebook 以及中国软实力科技集团

（China Soft Power Technology Holdings Limited）旗下子公司 Pacific Light Data Communication 达成战略合作，三方合力研发一条跨太平洋的海底通信光缆。这条跨太平洋光缆（Pacific Light Cable Network，PLCN）从美国洛杉矶到中国香港，将能够以最高 120Tbps 的速率传输数据。为了支持数据消费的开发以及云技术，应对在线服务的快速增长，谷歌、微软、亚马逊投入重金打造跨洋海底光缆。PLCN 光缆最早将于 2018 年正式投入使用，搭建 PLCN 的主要目的是减少谷歌应用套件 G Suite 和谷歌云平台在某些情况下的延迟。从谷歌的目的来看，这一举措更多的是为谷歌云服务提供基础帮助。9 月底，谷歌对云服务的各项业务进行大的整合，首先是将 Google for Work、谷歌云平台（Google's Cloud Platform）以及其他谷歌的云服务都合并到一个品牌"谷歌云"（Google Cloud）下。谷歌意在集中技术和人才资源对抗亚马逊 AWS 和微软 Azure。

四　应用基础设施发展势头迅猛，推动经济社会潜能加速释放

当前，网络流量增长和互联网业务创新对基础设施提出了更高的要求。作为互联网通信的关键环节，应用基础设施的功能与内涵不断扩展。在全球范围内，物联网设施、云计算数据中心等应用基础设施呈现快速增长的势头，这将对经济社会发展产生巨大的影响。未来几年内，物联网设备连接数量将达到数百亿，相比移动互联网，物联网市场规模是其数十倍的容量。麦肯锡统计数据显示，物联网相关设备预计将从 2015 年的 150 亿增加到 2020 年的 500 亿。物联网市场目前价值为 6558 亿美元，到 2020 年应该达到 1.7 万亿美元，2025 年价值应为 3.9 万亿～11.1 万亿美元。物联网技术在企业发展、卫生、农业、能源等领域的应用潜能逐步显现。①

---

① http：//www.forbes.com/sites/louiscolumbus/2016/11/27/roundup－of－internet－of－things－forecasts－and－market－estimates－2016/#39fe3fc04ba5.

2016 年 1 月 19 日，国际电联与思科系统公司发布的最新报告指出，物联网的广泛应用将为全球发展带来新机遇，有助于扭转发展中经济体的落后局面，极大地改善成千上百万人的生活。① 据国际电联估计，2015 年出货的无线物联网设备超过 10 亿台，比 2014 年增长了 60%，安装基数达到被预测的 28 亿台，预计到 2020 年，将有 250 亿台联网装置实现互联，使物联网成为世界范围内最大的设备市场。报告强调，可用性、价格可承受性以及可扩展性将成为物联网在发展中国家引发"物联网革命"的三个决定性条件。报告指出，物联网领域是快速演变发展的信息通信技术行业最令人振奋的领域之一，孕育着实现突变和变革的巨大潜力。通过改善发展中国家民众的生活，物联网的广泛应用可防止数字鸿沟的产生，避免出现两极分化世界。

2016 年 3 月，欧洲著名智库经济与商业研究中心（Centre for Economics and Business Research）发布报告称，2020 年大数据和物联网将为英国创造 18.2 万个工作岗位，带来 3220 亿英镑的经济收益。目前，56% 的企业采用了大数据分析，到 2020 年该比例将蹿升至 67%。同一时段内，受智能家居、可穿戴设备及其他连接设备的影响，物联网的采用率将从 30% 增至 45%。

2016 年 5 月，美国政府发布了《联邦大数据研究与开发战略计划》（*The Federal Big Data Research and Development Strategic Plan*），其目标是对联邦机构的大数据相关项目和投资进行指导。该计划主要围绕代表大数据研发关键领域的七个战略进行，包括促进人类对科学、医学和安全所有分支的认识；确保美国在研发领域继续发挥领导作用；通过研发来提高美国和世界解决紧迫的社会和环境问题的能力等。建立和加强对网络基础设施的研究，使大数据创新可以为机构使命提供支持。共同的基准、标准和指标对于一个运作良好的网络基础设施生态系统来说是必不可少的。参与式设计也是不可或

---

① ITU and CISCO, Harnessing the Internet of Things for Global Development, http：//www. iicom. org/themes/item/iot – and – cisco – issue – iot – report.

缺的，它可以被用于优化基础设施的实用性并能将其影响降到最低。教育和培训对于个人能力的构建来说也是至关重要的：用户必须得到正确的教育和培训，这样才能充分利用提供给他们的工具。

2010 年，美国行政管理和预算局（Office of Management and Budget）发布了《联邦数据中心联合行动计划》（The Federal Data Center Consolidation Initiative），旨在促进绿色 IT 的使用，这一行动计划实施以来取得了巨大进步，共关闭了 1900 余家数据中心，减少了 120 万平方英尺的联邦数据中心机房，节约了近十亿美元开支，使联邦数据中心更加高效和安全。2016 年 8 月 1 日，美国政府又发布《数据中心优化行动计划》（Data Center Optimization Initiative），将继续在已有基础上努力，保证《联邦信息科技采购改革法案》（The Federal Information Technology Acquisition Reform Act）中数据中心有关条款的有力执行。《数据中心优化行动计划》旨在推动各联邦机构的数据中心管理战略在三方面实现进步。①最优化：联邦机构需要安装能源计量表追踪能源消耗等五个最优化目标来提升联邦数据中心的效率。②关闭数据中心：除了提高已有数据中心的效率，行动计划还设立大胆但可实现的目标来关闭和整合重复性的数据中心。③节约成本：优化和整合联邦数据中心将带来巨大的成本节约。

欧洲是目前世界最大的科学数据生产地，但数据基础设施不足和分割导致大数据的发展潜力很难在欧盟完全释放。2016 年 4 月 19 日，欧盟委员会出台产业数字化新规划，其中包括为云计划投资 67 亿欧元，为欧盟 170 万科研人员和 7000 万科学技术专业人员提供"开放科学云"来存储、共享和重新使用跨学科和跨边界的数据。在 2016～2020 年，欧盟地平线 2020（Horizon2020）将为云计划提供 20 亿欧元启动资金，额外 47 亿欧元将由欧盟结构与投资基金、成员国公共财政和私人行业等投资筹集。行动计划主要由相互关联的两大部分组成：①欧盟开放科学云系列行动，致力于为欧盟170 万科研人员和 7000 万从事科技创新活动的在职人员创造一个共同的虚拟在线环境，存储、共享和再利用跨成员国、跨行业、跨学科的科研信息数据；②欧盟大数据基础设施行动，致力于在欧盟范围内全面部署必要的高速宽带网络、大规模数据存储便利设施和高性能计算能力，确保欧盟云计算大型数据集储存的有效处理和高效访问。欧盟云计算行动计划，将首先在欧洲乃至全球合作伙伴的科技界实施，然后逐步向其他公共部门和各行各业用户拓展。欧盟委员会将采取一揽子行动举措，降低大数据存储与高性能计算成本，促进科技创新人员开放共享再利用科研信息数据，协助创新型中小企业与初创企业提升竞争力，推动欧盟数据经济加速发展。

产业融合篇

Industrial Convergence

B.3
2016年全球智能制造发展现状、问题和趋势

高晓雨　宋若庐*

摘　要：　智能制造正成为新一轮产业竞争的制高点，以德国工业4.0、
美国工业互联网为代表，各国都在积极谋划如何借助已具备
的先进制造技术、信息通信技术和强大制造产业优势，打造
信息化背景下国家制造业竞争的新引擎。剥开"工业4.0"
"工业互联网"等概念的外壳，各国抢占新一轮产业技术变
革制高点的内核是一致的，都强调人与人、人与机器、机器
与机器、服务与服务间的互联，强化横向、纵向和端到端的
高度集成，突出以数据为核心的变革理念，部署实施技术研

* 高晓雨，硕士，国家工业信息安全发展研究中心信息化研究与促进中心工程师，从事信息化
战略、两化融合研究；宋若庐，硕士，国家工业信息安全发展研究中心信息化研究与促进中
心助理工程师，从事信息化战略、信息资源研究。

发、标准制定、产业应用、人才培养等举措，提高制造业数字化、网络化、智能化水平。本文通过跟踪 2016 年全球智能制造发展新动态、新成果，展现并分析智能制造的核心要素、发展现状、问题和趋势。

关键词： 智能制造　万物互联　组织变革　数据驱动　综合集成
协同创新

作为 20 世纪以来人类最伟大的创造之一，信息技术已在全世界大部分地区取得了有目共睹的发展。信息技术的普及不但包括互联网及移动通信设备等的广泛使用，更重要的是依托信息技术，农业、制造业、服务业及金融业等众多行业进行了由信息化产生的行业变革与升级，无论是在云计算、物联网助推下迅速发展的互联网农业还是已被 O2O 互联网理念颠覆的传统服务业；无论是发展与监管并重的互联网金融，还是欲借助信息化展开新一次工业革命的制造业，信息化已成为今天社会经济发展的显著特征和重要推动力。《数字化颠覆研究》①预测，到 2020 年由信息技术应用产生的全球经济增长量有望累计达到 2 万亿元，全球逾 1/5 的 GDP 将来源于数字化产品与服务。

制造业直接反映了一个国家生产力的水平，是一个国家综合国力的重要象征，是在激烈竞争中取得优势的资本与保障。在信息化高速发展的今天，制造业更是紧密与信息技术连接，依托信息化平台蓬勃发展。智能制造已成为制造业新一轮技术革命和产业变革中的制高点。在全球经济发展速度放缓的背景下，制造业变革在即，对于"第四次工业革命"的呼声也越来越高，根据 GE 创新风向全球调查，70% 的企业高管对智能制造所引导的产业变革充满期待。2016 年 12 月 6 日首届世界智能制造大会也如期而至。

综观德国工业 4.0、美国"再工业化、工业互联网"、法国"新工业法

---

① http：//www.cs.com.cn/ssgs/hyzx/201609/t20160908_ 5052573.html.

国"等各国智能制造的发展战略,不难发现其中都包含或涉及了万物互联、组织变革、数据驱动、综合集成及协同创新五大核心要素。剥开"工业4.0""工业互联网"等概念的外壳,各国抢占新一轮产业技术变革制高点的本质是一样的,都强调人与人、人与机器、机器与机器、服务与服务间的互联,强化横向、纵向和端到端的高度集成,突出以数据为核心的变革理念,部署实施技术研发、标准制定、产业应用、人才培养等举措,提高制造业数字化、网络化、智能化水平。

一　智能制造核心要素

德国于2011年首次提出了有关于"工业4.0"的初步概念,并于2013年在德国汉诺威工业博览会上正式发表了名为《保障德国制造业的未来——关于实施工业4.0战略的建议》的报告。工业4.0战略的实施不仅使德国在新形势下稳固了自己在制造业中的优势地位,也使其在区域经济乃至世界经济不景气的情况下在欧洲"一枝独秀",更为重要的是"工业4.0"的概念在全世界范围内得到了广泛的认可与传播,其包含的万物互联、组织变革、数据驱动、综合集成、协同创新等概念也成为全球智能制造革新的核心要素。

(一)万物互联

互联网技术是智能制造的重要技术支持。透过各种有关智能制造战略的外表,其强调的都是加强在生产过程的网络环境下,将人与人、人与设备、设备与设备,甚至工厂与工厂交互连接成为一个智能的整体。通过信息物理系统(CPS)联通物理世界与数字世界,使制造过程中工厂内部、工厂之间的材料、能源与信息有效流通,最终不仅仅是完成自动化工厂的建立,更是将单个自动化工厂相连接形成包含柔性制造单元、数字化车间、智能工厂等的整体智能化制造系统。

工业互联网是支撑万物互联理念实现的先进技术,近两年的发展也引人瞩目。"大数据"与"大机器"的融合使物理世界与数字世界边界模糊的同时，也为生产力的进一步飞跃创造了机遇。依托工业物联网，智能制造不但可以在生产过程中展现智能，还可以在生产过程之外保障机器的维护与预防突发事故。物联网作为其中一项重要技术，近年来发展迅速。国际电联的数据显示，2015年无线物联网设备出货量已超过10亿台，且数目还将持续增长，到2020年将有250亿台联网装置实现互联。虽然技术尚不十分成熟，但是物联网通过其可用性、可负担性及可扩展性，已广泛地应用于全球范围内的制造业，并将持续深入影响制造业的未来。工业互联网在制造业中的普及不仅是对单个工厂内部生产流程的优化，也是对整个生产过程中整条供应链的优化，更是对整个国家制造业整体竞争力的优化。2016年普华永道《工业物联网》显示，全球90%的工业制造行业CEO计划围绕信息化，主要以工业物联网（IIoT）为手段实施变革。以工业互联网为代表的万物互联智能制造已成为不可逆转的趋势与机遇。

（二）组织变革

第四次工业革命不仅是一次将信息化新技术与工业技术融合的技术变革，更是一次全产业生态系统的颠覆性升级，促使制造业进入智慧化时代。制造业企业正是这次变革与升级的核心主体与基本单位。企业要有效面对外部环境变化，就必将进行内部管理变革以适应新的外部环境。面对信息化所带来的市场变化，满足"工业4.0"时代要求，智能制造将在以下两方面引导制造业企业完成组织变革：一是改变内部组织结构；二是改变组织对外关系模式。

首先，信息科技手段与现代管理理念的不断发展，为企业高效应对外界变化提供了丰富的技术和理论支持。互联网、物联网、大数据等技术的运用使企业收集、处理、整合、优化各种资源方面的能力与效率大幅提高，在这些技术推动下产生的管理理论，如扁平化组织结构、创新型组织结构、虚拟化组织、结构形式弹性化和网络化等，驱动了由智能制造引导的组织变革。最终通过内部组织管理的变革构建起以激发人创造性为导向的高效组织结构。美国戴尔公司在面对竞争日益激烈的个人计算机市场时，实施组织结构扁平化设计，将几十个智能部门平行分布，在信息化技术的支持下使资源与信息在各部门间畅通无阻，消去了原有冗杂的中间环节，节约了成本，缩短了产品上市时间。

其次，技术手段的革新不但提高了企业内部效率，更重要的是使企业与企业、企业与客户之间的连接更加紧密高效。加之战略联盟等管理理念的推动，市场内的信息传递变得更加有效、及时、透明，促使企业构建以客户为中心，模糊企业与客户、企业与企业边界的跨企业业务体系，改变原有的对外关系模式。德国宝马公司作为全球最大的汽车制造商之一，不但在生产环节，而且在客户服务方面也不断依靠智能制造技术创新发展。依靠维修工厂提供的用户数据，在新款汽车的设计制造中有针对性地应对可预测的潜在漏洞；依靠物联网技术为用户提供预防性服务与及时的安全救援；依托信息技术推出各种智能辅助驾驶助手使驾驶更加便捷。

（三）数据驱动

数据作为推动信息化社会发展的重要驱动力，制造业中无论是物联网设备、云服务还是解决方案都需要数据作为支持。数据技术也从 20 世纪 90 年代限于企业内部使用的数据仓库时代和互联网公司兴起时的 Web2.0 时代，发展到崭新的以物联网和 O2O 为代表的大数据时代。同时，数据的规模与范围还在不断扩大，数据已成为智能制造的重要驱动力。

图 1 展现了智能制造过程中数据驱动的过程。从信息流看，在一个智能制造过程中，数据首先通过价值创造的供给侧传入智能数据管理系统，结合互联网云端等系统中的公开数据、价值链上的数据及其他外部数据，然后传入服务提供的需求侧，推进商业服务与产业服务的进行；同时，从需求侧产生的数据也在顾客消费的同时传输到智能数据管理系统中，结合系统内的大量数据传输回供给侧，再为生产制造提供有力的数据支持。最终，在物质流层面，在数据驱动下，智能制造企业通过产品与服务的价值创造为顾客提供能够满足其所有需求的产品和服务，再由顾客通过购买行为完成生产制造价值的实现。智能制造过程中所有的生产者、生产设备、联网终端都将源源不断地生产、接收、处理、分享数据信息，这些数据将持续渗透并影响生产流

程、企业运营、产品价值链和整个产品生命周期。最终，依托数据强有力的支持，在智能制造中将准确的信息传递给准确的设备和准确的人，为企业本身、上下游相关企业及客户及时提供准确高效的信息和解决方案，构建智慧化的精准生产系统。

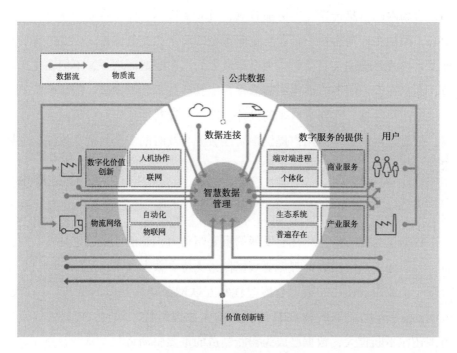

图 1 智能制造中数据驱动过程

资料来源：White Paper, *Industrial Data Space*。

各国也竞相发展数据技术以支持数据驱动智能制造的发展，例如，美国于 2012 年推出"大数据研究与开发计划"后，又在 2016 年发布《联邦大数据研究与开发战略计划》；欧盟公布云计划蓝图，计划成为数据驱动型经济的领航者；韩国政府投资大数据产业的经费从 2014 年到 2015 年提高了42%，达到 490 亿韩元。

（四）综合集成

"工业 4.0"变革的三个重要特征——垂直集成、水平集成、端对端高度集成，体现了智能制造综合集成的核心要素。德国工业4.0战略展示了综合集成这一核心要素的实施步骤，在智能制造先进技术的支持下，由微观到宏观：多个设备互联组成整条生产线，达到设备组自我管理、配置、优化；多条生产线互联组成整个工厂，实现生产各过程数字化无缝衔接，使复杂的生产流程便于管理；多个工厂互联成一个制造系统，通过同类企业间信息物理系统（CPS）的连接达到横向集成，通过同一供应链上信息资源整合达到纵向集成；最终通过互联网与物联网将不同领域相连、各终端相连形成一个智能制造的世界。综合集成使制造业企业达到企业间、供应链上多种不同资源的高效整合、信息共享、业务协同。

（五）协同创新

智能制造本身就是制造业基于信息化技术进行创新的过程，创造制造业从技术、产品到模式、组织、业态的全面创新、全球智慧的新环境。协同创新不但是智能制造的最终目标，同时也是原始驱动力。各国从政策、战略、技术等方面不断创新，持续为智能制造的发展提供原动力，为抢占新的产业竞争制高点而努力。目前，世界范围内已形成包含网络化协同制造、大规模个性化定制和服务型制造的三大模式。

在工业互联网技术的驱动下形成的开源平台和众包等手段激发了全球智慧，创造了新的创新生态系统，为网络协同制造与服务型制造开辟了渠道。GrabCAD等众包平台能够吸引世界各地的工程师为企业解决问题，GE于2016年上传的一个飞机发动机支架方面的问题就收到了近700个解决方案，最终，来自印度尼西亚的方案脱颖而出并使机身减重超过80%。同时，增材制造和3D打印等智能制造新技术的迅速发展，也为大规模个性化制造发展提供了可能性。此类技术首先可以制造传统制造技术无法实现的新产品，例如，在飞机发动机精益燃烧室部件生产过程中使用增材制造将原来20多个独立部件整合为一个整体，同时这样不通过传统方式的制造过程可以减少资源的浪费，使低成本快速大规模生产精密部件成为可能。并且，这类技术具有高度的灵活性，可以实现在相同的机器上打印完全不同零部件的技术。

GE 预测在 2020 年使用增材制造方式生产的零部件将超过 100000 个，但目前即使在美国也只有 0.02% 的产品是通过此类技术生产的，因而还有很大提升空间。三大模式的迅速发展，最终将实现智能制造业协同创新价值网络的形成。

二　各国智能制造的发展状况

（一）德国

作为传统制造业的领军者，德国又在智能制造领域取得全球领先地位。其依托稳固的工业基础、雄厚的资金支持与出色的人才培育体系率先在 2011 年提出了有关智能制造的第一个国家战略"工业 4.0"。"工业 4.0"也不断发展传播，受到世界各国的认可，并成为多个国家制定智能制造国家战略的比照与标尺。随着智能制造的进一步深入，德国对智能制造日益重视。2016 年德国经济报告就以"抓住数字转型机遇"为主题，表示"工业 4.0"将贯穿于制造业的整条价值链；2016 年 3 月德国又发布"数字战略 2025"，投入 1000 亿欧元发展数字化信息建设，助力中小企业、手工业数字化转型，帮助德国企业推行"工业 4.0"。

除了着眼于国内智能制造的发展，德国还持续把"工业 4.0"的理念向外推广，2016 年 1 月 11 日德国机械装备制造业联合会副会长哈特穆特·豪恩就在欧盟为计划通过"数字化工业"战略的会议上呼吁"应当实施与工业 4.0 接轨的法规，废除阻碍创新的规定"；德国也在 4 月 25 日正式设立"工业 4.0 标准化理事会"，旨在全球范围内推广协调"工业 4.0"相关的国际化统一标准。虽然近来欧盟委员会在"工业 4.0"的一些具体概念、措施的理解与实施方面并不完全赞同德国，使德国"工业 4.0"的对外传播受到一定阻力，但是德国制造业在智能制造领域的发展依旧保持了强劲的势头。智能制造领头羊西门子安贝格工厂依旧是全球最接近"工业 4.0"时代的行业高地，以雄厚的实力引领着新一次工业革命的风潮。

德国汽车行业的相关企业也是智能制造业的全球领跑者，在生产过程中，通过智能制造技术的运用使每款新车的发布成本降低1亿美元；在销售过程中，通过大数据技术的运用在未来14年内，制造商们将增加6000亿美元的利润；而3D打印将完全改变维修工厂的工作方式，提高其效率与质量的同时降低成本。除了制造企业，软件服务提供商SAP为推进"工业4.0"的发展，通过收购和协作不断发展其云服务业务，2016年SAP相关资本支出将达到8.12亿美元。德国政府在颁布国家战略与支持性法规的同时，搭建合作与交流的国际性平台，如汉诺威工业博览会等，以保护本国智能制造业企业的权益，支持它们的发展。

（二）美国

同为智能制造领先梯队的美国，相比德国依靠整个产业的总体优势，由于其在世界信息技术发展的尖端地位，其在智能制造方面更加注重高新技术产业。依托拥有绝对优势的互联网技术，美国提出了顺应工业4.0时代的"工业互联网"理念以实现"再工业化"。

金融危机后，美国政府更是将发展智能制造上升为国家战略，2011年和2012年先后提出"先进制造伙伴计划"和"先进制造业国家战略计划"，到2016年6月20日奥巴马公布新的振兴美国制造业方案——"智能制造业"，美国政府不断从国家战略与政策法规方面支持与促进制造业走入智能制造时代。仅2016年一年，美国政府就发布了《国家制造业创新网络项目战略2015～2018》《联邦大数据发展战略》《先进制造：联邦政府有限技术领域概念》《机器人产业发展规划（2016～2020年）》等一系列政策。在政策支持的同时，美国政府还着力于为智能制造企业搭建交流与共享的平台，如组织由产业界代表、学术界和非营利组织的代表成立智能制造业领导联盟，并促使其与能源部联手成立了"智能制造创新研究所"。资金保障方面，在2014年50亿美元的基础上，美国政府2016年对智能制造设备投入预算将额外增加3.5亿美元的自由基金，对物联网的投入在三年后就将达到3570亿美元；智能制造业领导联盟也将在政府的支持下获得分别来自能源部和私人捐款的 1.4 亿美元,用于开发智能感应器和数码技术以提高制造业效率;美国劳工部也通过了包含 1.75 亿美元的"美国学徒竞争项目",在人才培养方面支持智能制造。在一整套的政府行为之后,在联合国工业发展组织公布的《2016 年工业发展报告》中,美国成为唯一在世界制造业增加值中占比接近 20% 的国家。

在政府的大力支持下,美国制造企业在智能领域取得了长足的发展。通过数字化工厂的普及,汽车行业在提高生产效率和产品质量的同时,有望每年节约 160 亿~320 亿美元,相当于 10%~20% 的可计算成本。达索助力公司通过开发智能制造系统将在 2016 年向市场投放第一台 3D 打印汽车。大量高科技企业,如 GE、思科等,还不断通过技术优势、资金优势在海外寻求智能制造理念与技术的合作。思科就在 2016 年 3 月宣布向德国投资 3 亿美元以推动德国数字化建设,助力工业 4.0。

（三）韩国与日本

韩国虽然是智能制造的"后进军",但其借鉴西方国家先进经验,并依托其汽车工业和数字产业的优势,成为亚洲智能制造的强国。在 2014 年推出《制造业创新 3.0 战略》后,又于 2015 年出台了《制造业创新 3.0 战略实施方案》作为补充和完善。在 2016 年"彭博创新指数"中,韩国夺得第一,创新不但是智能制造的基础推动力也是最终目标的一部分。在机器人领域,韩国成为 2014 年自动化程度最高的市场之一,成为全球第四大市场,并达到世界最高机器人使用密度①,478 台。大数据领域,"2015 年大数据市场现状调查"显示,韩国大数据产业正在经历一个全盛时期。企业一直是韩国智能制造的核心元素,无论是电子产业巨头三星、LG,还是汽车工业巨头起亚、现代都在智能制造的发展中显示了强劲的竞争力。同时,韩国政府也在不断为智能制造的发展提供有力支持,2016 年,韩国政府便将"产业育成政策"的重心转移到与智能制造紧密相关的无人驾驶汽车、无人

---

① 机器人使用密度是指,每万个操作人员中机器人使用的数量。

机、智慧城市、零耗能建筑等产业上。同时，韩国政府还计划在 2020 年建设 10000 个智能生产工厂。

作为人工智能的领先国家，日本也走在智能制造的前列。经历了数次有关"新产业结构愿景"的研讨会后，2016 年日本经济产业省发布了"引领智能制造"的产业革命战略，并在《制造业白皮书》中指明了智能制造的重要性。在此之前，日本政府于 2015 年发布了《机器人新战略》，并预计将其产值在 2020 年时发展到 2.67 万亿日元以保持其在产业机器人方面的优势，并支持智能制造的发展。日本宝熊智慧型工厂也因为全天候全自动化智能生产成为智能制造的标杆。日本产业经济省计划投入 195 亿日元用于建设工业和医疗领域的人工智能基地，同时为人工智能与物联网相关的中小企业提供 1001 亿日元的补助。丰田汽车与日产汽车作为日本汽车业的领军者，将与日本政府在汽车智能制造领域密切合作，整合收集汽车驾驶数据。在人才培养方面，近年来日本除了大力发展本国智能制造顶尖人才培养体系，还在 2016 年提出吸引外国优秀人才的战略。

（四）英国、法国及欧洲其他国家

另一个制造业传统强国英国，在去工业化趋势明显及脱欧带来的不确定性的影响下，一直以政府主导的方式推进制造业的复苏。早在 2008 年，英国政府就开始推行"高价值制造"战略，并延续推行至今。随着工业 4.0 时代的来临，英国"高价值制造"战略也逐步融入智能制造的理念，并于 2013 年发布《英国工业 2050 战略》和《未来制造业》报告。英国政府通过每年 5000 万英镑的直接资金支持和创新中心的建设支持重振制造业并发展智能制造。尤其在创新中心的打造方面，英国甚至早于美国，并为包括美国在内的其他各国提供了许多可行性经验。百年英国车企劳斯莱斯一直紧跟时代脚步，将航空引擎的生产代入了智能制造时代。在 2016 年 4 月的汉诺威工业博览会上，劳斯莱斯与微软宣布合作开发基于 Azure 物联网和 Cortana 的智能云引擎，预计此项基于大数据和物联网的智能制造技术每年可以为航空公司节省上百万美元的成本。在创新方面，英国也走在了世界的前列。据

Nesta 的报告，已有超过 1/4 的英国人参与分享经济活动，随着智能制造的发展，在智能制造领域的分享经济活动还将持续保持快速的增长势头。

法国制造业如今已不再那么强大，其产值只占法国 GDP 的 12%，借助智能制造完成工业复兴成为法国的选择。在 2013 年发布《新工业法国》战略之后，2015 年法国又对计划进行了调整，发布《新工业法国 2》，进一步满足智能制造时代的要求，对接"工业 4.0"。法国政府不但将提供超过 7.3 亿欧元支持智能制造技术的研发，还将在 2016 年打造一个工业技术平台为企业提供一个测试与培训的机会。同时，法国工业机器人市场也在逐步大幅回升，相比 2013 年，2014 年销量接近 3000 台，上涨了 35%。法国还一直致力于国际智能制造领域的合作，积极参与欧盟智能制造规范化标准的制定，提升其在"欧洲 2020 地平线"战略中的影响力。在"欧盟 2020 地平线"战略于 2016 年公布的在机器人领域的新项目中，法国就将牵头完成两项智能制造方面的机器人研发项目。

除了英国、法国两个欧洲智能制造领域的先行军外，欧洲各国也在逐步发展智能制造。首先是欧盟国家，虽然在逻辑上欧盟并不认同"工业 4.0"中提出的颠覆性革命的潜力，但是从概念上欧盟智库沿用了德国对工业 4.0 的描述，并积极地投身智能制造技术的开发与使用。在"领先供应者"战略和"双轮"战略的基础上，2016 年欧盟通过了"数字化工业"战略，以引领智能制造的新时代。除英法之外其他欧盟各成员国也在积极配合，大力发展智能制造。2016 年，意大利公布了"工业 4.0"计划，预计投资规模将达到 130 亿欧元，并将在 2017 年开始实施一系列税费优惠政策支持智能制造企业发展。瑞士 ABB 公司在本国人力成本过高的环境下，每年约花费收入的 4% 大力发展智能制造技术，预计到 2017 年这些技术可为公司节约上亿美元的成本。捷克工交协会也于 2016 年发文指出，"工业 4.0"对于拥有大量工业型企业的捷克是一个难得的机遇。在欧盟委员会的大力支持下，丹麦已成为欧洲机器人的中心，以优傲机器人公司为例，该公司生产的大量机器人及机器人研发技术，已经渗透到中小型制造业企业中，为企业优化生产线、减轻员工工作负荷、降低制造成本等方面助力。其次是俄罗斯，除欧盟国家之外，俄罗斯是欧洲大陆另一个主要的智能制造基地。为推动智能制造的发展，2015年俄罗斯开始筹备成立"俄罗斯工业物联网国家联盟"，该联盟将作为一个平台进行跨界整合，促进企业、政府、学界在智能制造领域的交流共享，提供相关方面高质量的专业咨询，为俄罗斯智能制造转型过程提供可参照的标准。2016年，面对压力减缓的国内经济形势，俄罗斯政府更加意识到智能制造的重要性。俄罗斯电信公司鲍里斯·格拉兹科夫也表示，"工业4.0"是全球的焦点，俄罗斯必须进一步发展智能制造提高生产效率，提升竞争力，加大与领域内先进国家的合作。

（五）非洲国家

作为信息化与智能制造发展最缓慢的区域，非洲迫切期待着技术革命的到来。与世界其他地区不同，非洲的智能制造并没有任何相关产业与技术的积累与支持，但信息化革命却可以为非洲带来特殊的市场资源，开启尚未开发的市场，为非洲的发展带来前所未有的机遇。近年来，非洲已拥有约200个创新中心和3500家与新技术相关的企业。虽然目前只是集中于能源产业，如石油、电力及新能源等，但在这样的发展趋势下，智能制造也将在非洲大陆逐渐展开。

三 智能制造发展过程的反思

随着技术的高速发展，人们逐渐开始以辩证的眼光看待智能制造给人类带来的影响。正如世界经济论坛创始人施瓦布教授所说，"工业4.0"所带来的各种转变使人类正处于一个"祸福相依"的时代。不可否认，随着智能制造的大力发展，信息化技术使世界范围内数十亿人前所未有地紧密连接在一起。制造理念与技术的革新，不但使工业生产更加安全高效、成本更加低廉、质量更有保证，而且引领组织结构、管理模式、运营方法等走入新纪元，同时智能制造的高效性使我们所拥有的资源得到了极为高效的应用，节约了大量的人力资源与自然资源。这一切红利的背后，同时也潜藏着一些智能制造发展过程中可能带来的风险与威胁。

（一）对就业市场可能带来的威胁

智能制造在生产过程中带来最直接的变化便是自动化。自动化的生产直接影响到劳动力市场，大量的劳动力在智能制造的发展进程中受到前所未有的威胁。大量数据也显示智能制造中机器人已经开始取代工人，例如，富士康已有超过 6 万名工人被机器人取代；全球第三大雇主沃尔玛也在计划用无人机取代仓库拣货员。日本智库野村综合研究所与英国牛津大学合作调查也预测未来日本将有 601 种职业可能被代替，经计算，49% 的劳动者将被电脑代替。同时，在对英国和美国进行的类似研究中，47% 的劳动者也将被代替。除了来自官方的数据，来自劳动者群体的担心也日益加重，美国皮尤研究中心的调查显示，约有 2/3 的美国人认为在未来 50 年内很多由人类从事的工作将被机器人取代，同时，50 岁以下且具有高等教育背景的人对智能制造的崛起更加怀疑，这也说明劳动者群体对此怀疑的可信程度。虽然也有大量专业人士指出，智能制造在目前的发展阶段，只能达到对劳动力空缺的补足，而无法完全代替劳动力。但是长远来看，智能制造对劳动力市场，尤其是中低技术水平的劳动力市场的冲击还是巨大的。如果政府、企业和各个组织无法提出有效的方式解决因智能制造代替所导致的大量中低技术剩余劳动力问题，这将成为社会发展的又一大威胁。

（二）工控安全面临巨大挑战

2010 年，震网病毒的爆发迫使各国开始关注智能制造的发展所带来的安全威胁。各工业大国也开始逐渐将工控安全问题升级到战略级别。美国提出了"控制系统安全计划"；德国"工业 4.0"将工控安全单独作为重要环节考量；日本发布"网络安全战略"，并于 2015 年再次更新。工控安全将是未来工业发展道路上不能输掉的战争。但在乔治亚理工学院 2016 年发布的网络安全预测报告中，工控安全仍被列为网络安全威胁呈现的四大趋势之一。《2015 年工业控制网络安全势态报告》显示，虽然各国政府、企业高度关注，但是工控安全事件的发生还是没有得到有效的控制。同时，关键制造业成为 2015 年度受攻击次数最多的行业，占到总量的 33%。2016 年，世界范围内也出现了三次严重的工控安全事件，包括由于受到严重的网络攻击，乌克兰电力供应商 Prykarpattyaoblenergo 通报了持续三小时的大面积停电；美国纽约鲍曼水坝受到了黑客的侵入，其大量资料被窃取等。在这样充满挑战的环境下，除了德美这样的领军者外，其他各国也开始积极应对。2015 年，日本内阁和新加坡政府分别成立了网络安全中心和网络安全局。我国也必须高度重视工控安全的重要性，它将成为智能制造发展道路上严重的潜在威胁之一。

（三）可能会加剧国家发展个人收入不平衡

智能制造所带来的变革是颠覆性的，所有国家、组织及个人在面对这场变革时都需要有极高的适应性和强大的应变能力。同时在智能制造的发展过程中，无论是理论研究还是技术创新，都需要大量前期投入才能得到预期的回报。而根据前三次工业革命的经验，率先拥有先进制造技术的国家和组织通常又有能力去影响国际标准与规则的制定，借此他们又将获得更大的红利。反观没有足够适应能力去面对这场变革，且不具备足够实力投入发展智能制造的国家、组织很可能在这场变革中被淘汰。

发达国家通常具有更为雄厚的资金实力技术基础、更为发达的教育体系、更为灵活的劳工市场和更为成熟的商业模式，这使发达国家在智能制造的发展中较发展中国家更有优势。而事实也正是如此，多个智能制造相关的国际报告都显示：相对发达的国家智能制造水平已远远领先于其他国家，以亚洲为例，日本、韩国作为亚洲具有代表性的发达国家在智能制造领域也一直领先于其他国家。同样在经济发展水平相对均衡的欧盟，在 2016 年发布的"工业 4.0 成熟度"排行榜中，以德国为代表的在金融危机后经济环境较好的国家在智能制造领域的发展形势也较好，而像西班牙、葡萄牙等在金融危机中受到较大冲击的国家在这个领域的发展也相对滞后。因而，未来智能制造的发展可能会进一步拉大发达国家与发展中国家的差距，不利于各个国家的平衡发展。

B.4
全球电子商务发展情况

章宗婧*

摘　要：　全球电子商务应用在信息技术的推动下，孕育出多种新型商业模式，提高了电子商务全球渗透率和行业覆盖率。2016年，中国电子商务应用成绩斐然，领跑全球；发展中国家开辟电子商务新的主战场；跨境电子商务和分享经济电子商务模式不断创新；电子商务也不断促进法律体系的完善、网络安全的强化、消费者权益保护的深化。可以预见，先进技术的突破与新型商业模式的应用将会进一步推动电子商务创新，促进全球经济发展。

关键词：　电子商务　分享经济　跨境电商

一　全球电子商务呈现强劲的发展态势

全球电子商务发展迅速。据联合国统计，2015年全球电子商务交易额超过22万亿美元，比2013年增加了38%，由此创造了大量新的就业岗位和发展机会。但是，各国电子商务发展水平非常不均衡。在丹麦、卢森堡、英国等发达国家，参与网购的民众比例超过70%；然而，在孟加拉国、加纳、印度尼西亚等发展中国家，仅有不足2%的人口用过互联网购物。

---

* 章宗婧，硕士，国家工业信息安全发展研究中心工程师，专注于互联网经济研究。

（一）中国零售电子商务发展成为全球瞩目焦点

中国目前是世界上最大的网络零售市场，在网络购物用户规模和交易额方面均位居全球第一。阿里巴巴实时数据显示，2016 年天猫"双 11"当天交易额突破千亿元，达到 1207 亿元，覆盖 235 个国家和地区，一举创下全球零售史上的奇迹。联合国贸发会议和 WTO 的附属机构国际贸易中心（Internationl Trade Center）出具的《中国电子商务：对亚洲企业的机遇》报告，高度认可中国零售的国际地位，同时指明中国是 2016 年全球最大的零售电子商务市场。eMarketer 发布了《中国的千禧一代：了解 80 后和 90 后》报告，指出中国有 4 亿千禧一代消费者，占中国总人口的 1/3，甚至超过美国和西欧劳动人口的总和。贝恩咨询发布了《如何把握双速前行中的中国购物者——2016 年中国购物者报告》，认为中国的实体零售商也开始正视新现实，随着越来越多的消费者转投线上，线下渠道开始更多地承担起补充线上销售的角色，改变自己的业务模式以保持竞争力。且线上购买品类的多样化、进口产品的显著增长以及促销活动吸引了大批消费者共同推动了线上销售迅速增长。

随着电子商务的发展，中国在线支付、移动支付也呈现领跑全球之势。英国网站 Banking Technology 报道，2016 年上半年诸多调查表明，中国已成为数字支付领先国家。美国市场调研公司 Nielsen 的研究报告发现，86% 的中国被调查对象表示自己通过数字支付系统结算网购商品，远高于 43% 的全球平均水平。

（二）西方国家电子商务应用渗透率逐步提升

备受争议的美国大选和英国脱欧等国际事件都对全球经济增长和稳定产生了一定影响，但电子商务以不可逆转之势在全球蓬勃发展。

1. 美国电子商务持续健康增长

美国的促销节日有感恩节（Thanksgiving）、黑色星期五（Black Friday）、网购星期一（Cyber Monday），而美国及欧洲的电子商务平台以以下几个网站为主：Amazon、Best Buy、Target、Walmart、Macy's、kohl's、eBay。据市场研究公司 Statista 公布的统计数据，2016 年美国人在感恩节用于网购的开支达到 87.2 亿美元，其中感恩节当天的电商销售额为 19.3 亿美元，黑色星期五的电商销售额为 33.4 亿美元，网购星期一的电商销售额为 34.5 亿美元。随着在线销售增长继续超过零售市场总额，商家将更专注于通过数字渠道增强其平台功能，以满足消费者日益多样化的需求。

根据 eMarketer 的预测，2017 年是美国电子商务里程碑的一年，因为有高达 9510 万的互联网用户（14 岁及以上）将会至少在智能手机上完成一次购物，占整个互联网用户的比重为 51.2%，2016 年这一比例为 48%。

2. 欧盟电子商务政策环境逐步完善

欧盟在电子商务的发展方面更多地关注于企业电子商务应用情况。根据欧盟统计局 Eurostat 发布的数据①，2016 年欧盟 28 个国家企业电子商务销售额占总营业额的 16%，有 18% 的企业利用电子商务促进销售额的增长，其中丹麦、爱尔兰和德国此数值逼近 30%，42% 的企业利用电子商务进行采购。从零售角度看，56% 的人口利用电子商务采购，其中 80% 的通过移动电子商务（欧盟不统计电子商务销售或采购总额）采购。其中，2016 年德国网络零售商销售的产品总价值为 463 亿欧元，相当于德国总零售销售额的近 10%②。意大利人经常使用在线服务进行购物，其中 41% 的通过智能手机购物。

欧盟在 2016 年对现有的《增值税指令》（VAT Directive）进行了扩充，新增了《增值税行动计划》（VAT Action Plan）。《增值税指令》是在互联网兴起之前所有成员国之间商定的，用于促进跨境销售的繁荣。这份指令存在以下问题。①企业缴纳增值税的成本高。在线销售商品的公司支付每个欧盟国家的增值税合规成本约 8000 欧元。这个巨大的成本制约了在线交易的发展，特别是中小企业的增长。②成员国的收入损失。据估计，由于不遵守跨

---

① http：//ec. europa. eu/eurostat/tgm/table. do? tab = table&init = 1&language = en&pcode = tin00110&plugin = 1.

② http：//www. 199it. com/archives/543461.

境在线销售规则，欧盟每年损失 50 亿欧元增值税。③竞争环境不公平，根据现行规则，从非欧盟国家在线购买的进口商品，如果成本低于 22 欧元，则免缴增值税，导致非欧盟公司欺诈性标记昂贵的商品，如手机和平板电脑标价低于 22 欧元，明显不利于欧盟企业。

为了解决这三个问题，欧盟委员会在 2016 年底前提出提案，以修改跨境电子商务增值税规则。新规则允许在线销售商品的公司通过"一站式服务"（当地税务管理机构负责的）的数字在线门户网站履行所有增值税义务。为了支持初创企业和微型企业，每年增加 10 万欧元的增值税门槛，将在线公司的跨境销售视为国内销售。取消非欧盟企业小批货物进口增值税的现行豁免权，使会员国能够对电子出版物（如电子书和在线报纸）适用相同的增值税税率。这些新规则将降低合规成本，减少行政负担，也会对在线销售商品和服务的公司产生重大影响。

欧盟委员会于 2016 年 9 月发布了在数字单一市场战略背景下针对电子商务领域所进行的行业调查结果，显示：制造商通过品质标准对分销渠道进行控制，限制零售商设定价格的自由；部分网站禁令使用比价功能，限制电子商务的透明度，阻碍消费者比较产品功能和价格；且"搭便车"情况需要被关注，即消费者从实体商店提供的服务中获得选择，然后在线购买产品，它可能会带来实体店倒闭的风险。

3. 英国电子商务发展稳步推进

根据 Ecommerce Foundation 发布的欧洲电商报告数据，2015 年有超过 4300 万英国人网上购物，其中 20% 的人在移动设备上操作，人均消费 3652 欧元。预计，2016 年英国电商销售额将增长 10.5%，达近 1740 亿欧元。2016 年以来，英国电商销售额增长放缓，和许多其他国家一样，服装是英国人目前最喜欢的产品类别，鞋类、生活用品、媒体和娱乐商品是其他受欢迎的类别。当提到网上服务时，英国消费者在旅游服务上开支最大，其次是飞机及酒店预订服务，最后是旅行套餐和私人交通服务。①

---

① http://www.199it.com/archives/466964.html.

（三）发展中国家电子商务发展前景广阔

电子商务在发展中国家被作为新的经济增长动力，俄罗斯和印度都积极拥抱电子商务。

1. 俄罗斯电子商务蓬勃发展

据俄罗斯电商协会统计，2016 年上半年俄罗斯网购规模同比增长 26%，达到 4050 亿卢布，但全年网购规模增速降至 18.4%。跨境网购增速则持续增长，上半年增长 37%，全年或增长 45%，超过俄网购总规模的 1/3。俄罗斯绝大多数海外网购商品来自中国。由于俄罗斯在轻工业方面的基础薄弱，因此中国品牌商很快就凭借丰富的产品线及价格优势，在俄罗斯获得了一席之地。①

俄罗斯总统普京指出：欧亚经济联盟国家在全球电子商务和跨行业数字平台领域的落后状况可能影响我们在本联盟内外市场的竞争力。因此，俄罗斯政府非常重视电子商务发展。其中，Oborot. ru 是俄罗斯最大的电子商务门户网站，致力于帮助中小企业获得电商行业的一线信息，并帮助其实现网络交易自动化。

2. 印度电子商务蓄势待发

印度网民规模庞大，为电子商务发展奠定了良好基础。据《G20 国家互联网发展研究报告》的数据，2015 年印度网民增速高达 51.9%，成为 G20 成员国网民增速最快的国家。根据互联网女皇玛丽·米克尔（Mary Meeker）的 2016 年互联网趋势报告，印度互联网用户数达到 2.77 亿，同比增长 40%，印度超过美国成为全球第二大互联网市场，仅次于中国。基于庞大的网民人群，印度电子商务正在快速发展。《经济学人》指出，印度电子商务发展潜力巨大，将对金融、物流、科技、零售业本身带来深刻变化，成为其他新兴市场电子商务发展的样板。虽然印度电商销售额仍然很少，2015 年只有 160 亿美元，却是全球发展最快的电子商务市场。

---

① www. ec. com. cn/article/kjds/201609/12004_ 1. html.

二 全球电子商务应用模式多元化发展

（一）跨境电子商务成为重点增长领域

1. 中国、俄罗斯成为跨境电子商务主力军

2016 年，PayPal 和 Ipsos 联合发布了《第三届全球跨境贸易报告》，该研究调查了来自 32 个国家 28000 多名国内和跨境网购消费者的消费习惯。报告显示，中国首次成为最受全球网购消费者欢迎的海淘国家（21% 的受访消费者表示过去一年曾在中国网站进行海淘），其次是美国（17%）和英国（13%），且亚太地区成为移动端跨境网购的主力。

Pitney Bowes 最近发布了 2016 年全球网络购物报告，调查发现，跨境电子商务已经成为一种流行的趋势。超过 2/3 的消费者（66%）进行跨境网络购物。在全球所有受访消费者中，76% 的消费者表示他们之所以选择海淘而不是在本国购物，是因为前者的价格更加优惠。根据 Ipsos 的调查，俄罗斯人要比其他欧洲国家的消费者更常从国外网站购物。俄罗斯的免税额很高，每人每个月 1000 欧元，为跨境电商创造了良好的发展条件。中国银行和英国国际贸易部（DIT）联合发布的《中国银行跨境电子商务服务白皮书》（*White Paper of Bank of China on Cross-border E-commerce Service*），介绍了中国跨境电子商务的模式和政策、跨境电子商务进口试点城市等内容，旨在帮助英国企业与中国开展跨境电子商务。

2. 跨境电子商务对欧盟数字单一市场提出挑战

欧洲监管机构非常关注欧盟的数字单一市场计划，旨在创建一个开放的市场，所有欧盟居民都可以平等地获得来自成员国的数字商品和服务，使欧盟居民在其他欧盟国家获得更好的购物体验，并在不需要额外费用的情况下跨州获得服务。然而，跨境电子商务对欧盟是一种挑战，据欧盟《电子商务部门初步查询报告》（*Preliminary Report ON The E-commerce Sector Inquiry*）统计，欧盟跨境消费者的数量相对较低主要源于以下几个因素：①语言障

碍；②跨境物流信任问题；③更换货品等售后信任问题；④市场歧视的结构性问题；⑤地理封锁（Geo-blocking），即卖家仅向国内购物者提供折扣和特别优惠，以避免跨境销售的更高成本。

但是欧洲监管机构 ANEC 的一项调查显示，尽管存在跨境交易的这些障碍，欧洲在线购物者的跨境交易额仍在上升中。调查发现，欧盟 15% 的在线购物者与另一个欧盟国家的商家完成了跨境购买，较 2015 年同期的 12% 有所上升。PayPal 的《2016 年跨境消费者研究报告》发现，某些欧盟成员国（如爱尔兰和葡萄牙）的消费者最有可能在其他国家的网上商店购物。

（二）移动电子商务是渠道转化关键点

Criteo 最近发布了《2016 年上半年移动电子商务报告》，显示，许多数字零售流量发生在移动设备上，日本、英国和韩国是移动渠道转化率最高的国家。美国的移动渠道在电子商务增长方面处于领先地位。Demandware 的季度购物指数显示，尽管移动设备已经超过桌面设备作为浏览渠道，但并没有完全转化为实际购买。一旦转化率通过购买按钮或一步结账等工具提高，移动支付数量就会急剧上升，从而帮助零售商实现数字销售增长，推动电子商务领域向移动端转型。

（三）分享经济引领电子商务创新

1. 分享经济电子商务引领行业创新

国家信息中心和中国互联网协会发布的《中国分享经济电子商务发展报告 2016》提出：“按分享对象划分，分享经济电子商务主要包括以下类别。一是产品分享，如汽车、设备、玩具、服装等的分享，代表性平台企业有滴滴出行、Uber、RenttheRunway、易科学等。二是空间分享，如住房、办公室、停车位、土地等的分享，代表性平台企业有 Airbnb、小猪短租、Wework、Landshare 等。三是知识技能分享，如智慧、知识、能力、经验等的分享，代表性平台企业有猪八戒网、知乎网、Coursera、名医主刀等。四是劳务分享，主要集中在生活服务行业，代表性平台企业有河狸家、阿姨来了、京东到家等。五是资金分享，如 P2P 借贷、产品众筹、股权众筹等，代表性平台企业有 LendingClub、Kickstarter、京东众筹、陆金所等。六是生产能力分享，主要表现为一种协作生产方式，包括能源、工厂、农机设备、信息基础设施等的分享，代表性平台企业有 Applestore、Maschinenring、沈阳机床厂 I5 智能化数控系统、阿里巴巴'淘工厂'、WiFi 万能钥匙等。"

分享经济已经成为电子商务新型模式创新风潮的引领者，推动了传统企业转型升级。据腾讯研究院的《2016 分享经济电子商务海外发展报告》统计，国外分享经济电子商务已经渗透到农业、能源等领域，比如在 C2C 领域，有 SWIIM 水资源分享平台，帮助农民更有效地管理水资源；有 Machinery Link 农业设备分享平台，在淡季向数百万公里以外的区域出租闲置的农业设备；有 Yeloha 电子分享平台，太阳能供电共享项目，能够向邻居买电。在 B2B 领域，有 Cohealo 医疗设备共享平台，医院之间可以互借医疗器械；有建筑设备共享平台 Yardclub，分享挖掘机、推土机等建筑业重型机械；有运力共享平台 Cargomatic，连接运货商和空余车载量的货车；有 Flexe 仓储共享平台，连接有闲置储位的出租者和有额外需求的承租者。

2. 分享经济电子商务政策指导监管成为热点

欧盟国家已经开始认可分享经济电子商务应用，并针对该现象进行了一些良好的实践，主要包括以下几点。①为临时提供服务的提供者，分别设定不同的门槛；②与分享经济电子商务平台合作记录经济活动，以促进并提高赋税的征收，同时尊重数据保护立法；③发布相关指南，阐释劳动规则和市场准入，要求适用于新的商业模式；④对主要住宅的短租不要求事先授权；⑤评估交通运输领域的数量限制，并为所有经营者简化并统一市场准入。

2016 年，欧盟委员会（European Commission）出台了《欧盟分享经济议程》（A European Agenda for the Collaborative Economy），意在破除分享经济电子商务所面临的法律政策等壁垒，从而保证分享经济电子商务的长远发展，主要内容包括市场准入、责任承担、消费者保护、劳动关系、税收、下一步举措等。该指南出台的背景，一方面是一些欧盟成员国对分享经济电子商务的限制和不公平待遇；另一方面是分享经济电子商务对促进欧盟的就业、经济增长，以及消费者福利的显著贡献。在这种利益纠葛中，欧盟委员会明智地选择了支持分享经济电子商务。2015 年，欧盟分享经济电子商务收入总额预计为 280 亿欧元，在短租、公共交通、家政服务、专业和技术服务、分享金融五个主要经济领域的收入总额比 2014 年几乎翻了一番，并且继续呈现强劲的增长势头。①

（四）社交电子商务发挥后劲之力

社交电子商务在国外的使用率极高，以 Facebook、LinkedIn、Twitter、Instagram、Shopify、YouTube、Pinterest 等社交网站为载体，整合电子商务，增加点击购买功能，逐步拓展商业合作对象、延伸销售渠道是企业电子商务非常重要的手段。在中国，商家依托微博、微信平台开展电子商务销售的模式也逐步兴起；依托口碑营销的电子商务开始在消费者心里扎根。

咨询公司 Bain&Co. 预计，2016 年东南亚社交电子商务将占电子商务销售额的 30%。东南亚是一个非常适合社交电子商务发展的地区，该地区的人口以年轻人为主，智能手机和社交网络快速普及。② BrightLocal 最近调查了网民对网上评价的态度，发现，84% 的消费者相信网上评价，就像相信个人推荐一样，可见社交圈对购买决策的巨大影响。

Clutch 的 2016 年社交媒体营销调查显示，B2B 企业更愿意选择 LinkedIn，而不是 YouTube。据欧盟统计，77% 的企业有自己的网站，45% 的企业应用社交媒体开展电子商务，25% 的企业利用互联网广告。Facebook 仍然是最受欢迎的社交媒体营销平台，社交媒体营销的最大好处包括提高网站流量、提升品牌形象、改善消费者定位能力。CMI 发布的《2016 年北美 B2C 内容营销标杆、预算及趋势报告》提出，B2B 多采用内容营销方式，包括社交媒体、平面广告、搜索引擎、推广帖子、新闻、博客、信息图、视

---

① www. tisi. org/4658.

② www. ebrun. com/20161214/20356. html.

频等。调查显示，64% 的企业认为搜索引擎是 B2B 最有效的手段，61% 的企业认为推广帖子很有效，59% 的企业认为社交媒体效率高。

三　影响电子商务发展的主要壁垒

联合国贸易和发展会议发布的《释放发展中国家电子商务潜力》（Unlocking the Potential of E-commerce for Developing Countries）指出，阻碍电子商务起飞的因素有互联网普及率不高、政府和监管机构缺乏意识、ICT 基础设施不足、贸易物流和便利化不足、缺乏对在线交易的安全性和信任、网上支付设施不足、缺乏贸易融资、企业的电子商务技能有限、缺乏有关电子商务的统计数据、弱法律和监管框架。联合国贸易和发展会议还于 2016 年 4 月举办了 2016 全球经济之电子商务论坛① （E-Commerce in the Global Economy），关注的议题聚焦于以下几点。①通过 Internet 协议版本 6 （IPv6）实现电子商务可持续增长；②互联网上实现数据保护和隐私；③全球信息和通信技术（ICT）政策挑战以及全球经济增长；④电子商务和数字经济；⑤网络犯罪；⑥数字经济中的贸易和监管；⑦新的消费者在线保护国际框架。可以看出，法律监管、网络欺诈、隐私保护、消费者权益保护是电子商务发展中受到极大关注的问题。

（一）电子商务法律及监管框架亟待完善

联合国《释放发展中国家电子商务潜力》的研究涵盖了 146 个国家，其中 29 个国家采取了技术特别法律，70% 的国家有网络安全立法，50% 的国家有消费者在线保护立法，只有不到 50% 的企业有数据保护法律。

《中国经济周刊》曾报道："分享经济电子商务的发展越来越对现有法律的适用提出了新的要求，比如，既有法律如何区分消费者与服务提供者、雇员与自雇劳动者、职业服务提供与非职业服务提供之间的既有界限。在中

---

① http：//unctad. org/en/pages/MeetingDetails. aspx? meetingid = 1068.

国'代购'属于 C2C（个人对个人）的销售模式，目前，对于从个人手中购物是否适用《消费者权益保护法》还存在争议。因为消费者权益保护法调整的是消费者和经营者之间的权利义务关系，但微信代购往往打着'朋友、熟人帮忙'的名义进行，代购人也没有办理工商登记，许多还是业余兼职，在这种情况下，也难以适用消费者权益保护法的规定，只能根据《合同法》中'商品质量不符合约定'的相关条款要求退货或赔偿。"

（二）假货难以杜绝，退货成本较高

根据 OECD 和 EUIPO 的报告，假货贸易占全球进口贸易的 2.5%，价值高达 5000 亿欧元，美国、意大利和法国品牌是仿造的主要对象。

为了更好地保护消费者权益，2016 年 OECD 发布了《电子商务消费者保护法建议》（Recommendation on Consumer Protection in E-commerce），指出在线网络销售线下违禁物品侵害了消费者的权益等问题。绝大多数电商只是提供交易平台，负责审查入驻商家资质，比如品牌代理权、商品进货、进口凭证等。平台不可能一一检查和鉴别每一件商品。电商平台的下架关店等弥补、惩罚方式都已是事后，事前防范难有好办法。国家的质量检查部门只能检查商品质量，并不能提供正品或者仿品的证明，因此，"专柜验货，假一赔十"等字眼并不能切实保障消费者的权益①。

一旦发现假货或劣质产品，消费者必然选择退货，但是退货成本不仅对消费者是一个负担，对销售商也是。根据 Internet Retailing 引用的 Barclaycard 的报告，尽管英国电子商务销售增长，22% 的零售商由于运输成本和退货成本过高主动选择不在线销售。受调查的亚马逊卖家表示，亚马逊对 listing 的产品描述有限制，卖家有时无法提供产品完整的细节，或者不被允许修改现有的描述，因此会影响买家对产品的了解而使其容易退货。一些平台为了减轻消费者的顾虑，而提供了便利的退货机制。亚马逊有产品缺陷索赔，经常有消费者利用这一规则进行免费退货，声称自己购买到了缺陷产

---

① www.chinanews.com/cj/2016/06 - 01/7889937.html.

品，尽管实际上产品毫无问题①。这些规定可能造成买家经常退货，增加了平台或卖家的负担。

（三）电子商务欺诈等犯罪行为不断增加

电子商务欺诈行为正在迅速增加。根据 LexisNexis 报道，2016 年欺诈性零售交易的数量和月度平均价值都上升，在数字渠道中尤为突出。在网络和移动渠道中，每美元的欺诈成本增加了 9% ~ 12%，而店内购买仅增加了 3%。

2016 年 5 月，《欧洲数字化进展报告》显示，过去一年中在网上没有购买任何东西的大多数人表示，他们更喜欢到实体店购物，其原因主要是支付安全问题（27%）和接收或退回商品、投诉/赔偿问题（19%）。在北美消费者中，26% 和 30% 的消费者分别关注身份盗窃和欺诈，25% 的在线购物者担心金融或个人数据安全，这些都形成了电子商务应用普及的障碍。

CIGI 与 Ipsos 联合发布的《互联网安全与信任全球调查报告》（Global Survey on Internet Security and Trust）显示，27% 的人被通知其个人已经在数据泄露中受到损害。当数据泄露时，韩国（48%）、尼日利亚（48%）、肯尼亚（43%）、美国（40%）、中国（39%）、印度（39%）会通知用户，积极保护消费者隐私。在受数据泄露影响的人中，大多数人的财务损失低于 1000 美元。受数据泄露却没有财务损失的人员比例较高的国家有英国（77%）、德国（71%）、加拿大（65%）、美国（63%）。印度尼西亚、印度、中国受数据泄露的人群中分别有 79%、73%、67% 的人员都有财务损失。

对此，商家往往采取增加购买程序复杂性或采用新型安全防御技术等手段以防御欺诈。比如，指纹或虹膜扫描等生物特征认证、基于大数据算法的欺诈预警、采用新的支付协议、给支付数据加密、采取点对点加密或令牌化方案等。但繁杂的手续和验证环节，可以降低消费者的购买意愿。商家将来需要在确保交易安全和顾及消费者体验之间寻求平衡。

---

① www.cifnews.com/article/21816.

（四）个人隐私保护难度较大

数字公民一直缺乏对在线交易的安全性和信任，尤其在保护自身、数据和个人隐私方面。美国商务部的调查发现，在家中至少有一名网民的美国家庭中，至少有一半家庭因为隐私或安全问题，不再使用网上银行或不在网上购物，或停止在社交媒体发帖。当受访者被问及在线隐私和安全问题时，63%的人说是身份盗窃问题。在被调查者中，45%的人关注信用卡或银行卡诈骗，23%的人关注在线服务数据收集。研究表明，美国19%的上网家庭（约19万）已经受到网络漏洞的危害。调查还表明，互联网设备越多，越容易遭受网络漏洞侵害，使用五个以上互联网设备的美国家庭当中，受漏洞侵害率达到31%。

欧洲的网络服务都使用了cookie，但互联网用户中有35%的人不知道cookie可用来跟踪人们的在线活动。欧盟近期力图通过更新电子隐私指令以确保其与欧盟最近通过的数据保护法规保持一致。这个"cookie法"要求所有的欧洲网站不仅要公开它们的cookie政策，还要在收集、存储、检索或处理用户数据前取得用户的同意。但是这一法令增加了电信运营商、在线服务提供商、硬件制造商和在线出版商的运营成本，形成了一些争议。

四　全球电子商务发展趋势展望

（一）先进技术突破促进电子商务发展

区块链技术的发展将改变消费卡支付的验证方式。区块链技术可以帮助解决电子商务交易中的两个主要障碍，一是交易环节透明度不足，二是仓储物流环节信息不准确。通过区块链技术的"多副本共同记账"特性，可以实现多方见证，确保交易的真实性、准确性。区块链技术的去中心化和不可篡改性，保证了数据源的准确性，为电子商务交易平台提供供应链金融、融资抵押等新兴资金手段提供了保障。

物联网（Internet of Things，IoT）技术的发展将让场景营销、产品追溯等功能成为现实。虚拟现实、增强现实等技术的发展将大力增强客户远程体验，增强电子商务交易的可靠性。通过物联网，企业和消费者可以实现电子商务物流追踪环节中对每一件产品的实时监控，对物流体系进行管理，不仅可对产品在供应链中的流通过程与客户直接进行监督和信息共享，还可对产品在供应链及物流各阶段的信息进行分析和预测，估计出未来的趋势或意外发生的概率，从而及时采取补救措施或预警，极大地提高了企业对市场的反应能力。

（二）新型电子商务模式开拓新经济新态势

联合营销属于当下众多公司发展的方向。联合营销是企业利用彼此的品牌去追随同一组客户的能力的营销方式。在消费领域，许多公司存在潜在客户的重叠，彼此联合起来进行市场推广，能以更低的成本实现更高的转换率。

如果产品有缺陷，客户将退回产品，制造公司必须组织缺陷产品的运输、测试、拆卸、修理、回收或处置。产品将通过供应链网络反向运行，任何产品售后的过程或管理都涵盖在逆向物流中，与产品和材料的再利用相关的所有操作、再制造和翻新活动也可以包括在逆向物流的定义中。零售商可以通过有效的逆向物流功能回收高达总产品成本的32%。电子商务的兴起增加了对有效的逆向物流解决方案的需求。

服务创新篇

Service Innovation

B.5
全球电子政务更加注重"以人为本"

王丽颖　殷利梅*

摘　要：　2016年，随着信息通信技术的蓬勃发展，电子政务迎来了崭新的发展机遇期，各国政府更加注重打破部门间的界限，努力提供整体服务。各国政府还致力于强化政民互动、扩大民众表达意愿的渠道。区块链、人工智能、移动互联网等新技术应用改善了在线服务质量，但也带来了数字鸿沟与数据安全问题。

关键词：　电子政务　整体政府　移动服务　数字鸿沟　个人隐私

* 王丽颖，硕士，国家工业信息安全发展研究中心工程师，从事国际信息化发展动态和趋势研究；殷利梅，硕士，国家工业信息安全发展研究中心工程师，从事电子政务和智慧城市领域研究。

在过去的一年中，全球电子政务进展明显。2016 年 7 月，联合国发布的《2016 电子政务调查报告——电子政务促进可持续发展》显示，联合国 193 个成员国全部配备在线服务，在线服务指数较高的国家数量已经从 2014 年的 22 个增加到 2016 年的 32 个，其中 29 个国家的电子政务发展指数（EGDI）达到"非常高"的水平，而在线服务指数较低的国家数量从 71 个减少到 53 个，越来越多的国家开始利用网络、手机及其他工具收集、存储、分析数据和分享信息，提供在线公共服务。

在技术快速发展的新形势下，各国政府强调应用新技术改善电子政务系统，打破部门间界限为民众提供整体服务，打造在线沟通平台加强政民互动，同时缩小数字鸿沟，解决政府系统中的安全和隐私等问题。

一　整合公共服务，提供整体服务

发达国家电子政务建设起步较早，在实现了政务电子化后，逐渐将政务改革的焦点转移到提供线上整体服务或打造公共服务的一站式服务平台，即多个公共服务机构跨越机构界限共同解决某一具体问题。政府部门间的协同合作与信息共享、开发数字身份技术提供组合服务成为 2016 年各国发展电子政务的重点。

（一）促进跨部门信息共享

目前，各国政府力争使用信息技术把松散的政府组织联系起来，使其成为一个有机整体，但很多国家鉴于制度、标准、技术等方面的限制，政府内的信息资源依然无法共享。每次申请在线公共服务时，个人都需要重新输入个人资料，费时费事。

为打破政府内部"信息孤岛"，2016 年 1 月，新加坡资讯通信发展管理局和财政部推出名为"MyInfo"的功能，用户只需用电子政务密码 Singpass 登录 MyInfo 官方网站（www. myinfo. gov. sg）进行注册，网站便会从各个政府部门，如移民与关卡局、国内税务局等，自动调出用户的身份证号码、住址和收入等个人资料。将个人信息补充完全后，用户下次再申请在线服务需要填表时只需按一个键，同意该网站使用较早前存入的资料即可。现阶段，有10项在线公共服务提供MyInfo功能，帮助用户自动填写或更新个人资料，包括建屋局、公积金局、人力部、税务局、警察部队、义安理工学院等提供的服务。到2018年，新加坡国内200多项在线公共服务都将设置MyInfo功能。此外，政府也在探讨同银行合作的可能性，让银行用户也能使用MyInfo申请信用卡或进行其他交易。如此，用户申请信用卡时，再也不用提供身份证复印本和年收入记录。①

英国、美国、澳大利亚等电子政务水平较高的国家十分强调部门间的协同工作。2015年9月，澳大利亚政府提供4300多亿欧元，成立数字化改革办公室（Digital Transformation Office，DTO），专门负责整合跨机构的服务数据。

大数据分析技术在政务中应用得越来越广泛，美国政府尤其注重从资源丰富的大数据中获得最大的效益。2016年5月，美国发布了《联邦大数据研究与开发战略计划》，目标是对联邦机构的大数据相关项目和投资进行指导。该计划中的一项战略是通过促进数据共享和管理政策，鼓励共享数据、接口和标准，提高相关基础设施互操作性，以及现有数据的可访问性和价值。

专栏一　美国《联邦大数据研究与开发战略计划》

奥巴马政府于2012年3月29日推出了"大数据研究与开发计划"。在此基础上，美国又于2016年5月发布了《联邦大数据研究与开发战略计划》，该计划主要围绕代表大数据研发关键领域的七个战略进行，包括促进人类对科学、医学和安全所有分支的认识，确保美国在研发领域继续发挥领导作用，通过研发来提高美国和世界解决紧迫的社会和环境问题的能力等。

战略1：利用新兴的大数据基础、技巧和技术来创造下一代能力。计算

---

① 《新加坡政府网站设新功能　用户无须重复填个人资料》，http://m.65singapore.com/view-45274.html。

机科学、机器学习和统计领域的根本性进步将促进灵活、迅速响应和预测性的数据分析系统的发展。深入研究众包、公民科学和集体分布式任务等社会计算将有助于发展超越计算机能力范围的计算任务。与数据交互和数据可视化相关的新技术和方法将强化"人类－数据"的联系（接口）。

战略2：支持研发，以更好地探索和理解数据和知识的可信度，实现更佳决策，促进突破性发现并采取有信心的行动。在数据驱动型决策中提高透明度需要提供技术和工具支持，包括在决策过程中显示详细审计信息的工具，另外，还需要对元数据框架进行研究以保证数据的可信性，包括记录上下文和语义数据。在使用机器学习的数据驱动型决策和发现系统时，跨学科研究是必要的，以更有效地使用数据来支持和提高人类的判断力。

战略3：建立和加强对网络基础设施的研究，使大数据创新可以为机构使命提供支持。共同的基准、标准和指标对于一个运作良好的网络基础设施生态系统来说是必要的。参与式设计也是不可或缺的，它可以被用于优化基础设施的实用性并能将其影响降到最低。教育和培训对于个人能力的构建来说也很重要：用户必须得到正确的教育和培训，才能充分利用工具。

战略4：通过促进数据共享和管理政策来提高数据价值。大数据的规模和异质性为数据共享带来了巨大挑战，因此需要鼓励共享数据、接口和标准，提高相关基础设施的互操作性，提高现有数据的可访问性和价值，并提高数据分析能力。研究"人类－数据"的联系（接口）是必要的，可以支持灵活、高效和可用的数据接口发展，适应不同的用户群体需求。

战略5：了解大数据的收集、共享和使用方面的隐私、安全和道德问题。隐私、安全和道德问题是大数据创新生态系统中的关键因素。当高度分布式的网络在大数据的应用场景中变得越来越普遍时，技术和工具也需要被用于辅助评估数据的安全性和数据保护。国家必须在大数据中提倡道德观念，确保技术不会传播错误理念或对某些群体造成不利（无论是明示或暗示）。探索大数据研究的道德问题，将使各方利益相关者在关注大数据创新的效用、风险和成本的同时，更好地考虑价值和社会伦理。

战略6：改善全国的大数据教育和培训局面，以满足对更广泛劳动力深层分析型人才和分析能力日益增长的需求。制定一个全面的教育战略是必要的，这可以满足大数据领域对劳动力不断增长的需求，还能确保美国保持经济竞争力。随着科学研究领域的数据越来越丰富，科学家需要得到机会进一步完善自身的数据科学技能。所有部门的员工和管理人员都需要参加各种培训，包括"新兵训练营"、专业研讨会和证书课程，以学习与工作相关的大数据知识。还需要开设更多的基础性大学课程和其他短期培训来帮助更多民众具备数据分析能力。数据科学训练应该通过在线课程、公民科学项目与中小学教育覆盖到所有人。

战略7：创建和加强国家大数据创新生态系统的联系。应该建立持续的机制来提高联邦机构在大数据领域进行合作的能力。第一种可能的机制是建立跨机构"开发沙盒"或测试平台，它们可以帮助联邦机构合作开发新技术，并实现研发成果的产业化。第二种机制是制定政策，允许数据进行跨部门的快速和动态共享，以应对紧急优先事项，如国家灾害。第三种机制是建立大数据"基准中心"，专注于重大挑战的应用，并帮助确定必要的数据集、分析工具和互操作性要求，以此来实现关键的国家优先目标。第四种机制是需要建立一个由各联邦机构从业者组成的强有力团体，以此促进快速创新，为研究投资带来最大的回报。

英国于2016年6月审议的《数字经济法案》也强调政府部门间共享个人信息，尤其是出生、死亡、婚姻等方面的登记信息，用以改善用户服务，避免发送不必要的信息，同时避免福利欺诈等问题。

欧盟尤其注重打破国家间的界限，提供一站式服务。2016年4月，欧盟发布《电子政务行动计划：加速政府数字转型》（2016～2020年），坚持采用"仅需一次"和"默认跨国界"的原则，消除现有的数字单一市场障碍，帮助协调会员国的资金、资源和举措。该行动计划的目标是：到2020年，欧盟各国政府和公共机构实现开放、高效、包容，能给欧盟范围内所有民众和企业提供无国界、个性化、用户友好的端到端数字公共服务，能运用创新性方法满足用户需求，能便利地与各方互动。

（二）依托"数字身份证"提供组合型服务

通过数字身份证，用户可以控制个人信息，决定与谁共享，从而保留了对身份、健康、财务、人口和其他个人数据的控制权。爱沙尼亚率先启动"数字身份证项目"。每名爱沙尼亚人一辈子都会跟着一组 ID 代码。市民只要将身份证插入读卡器，就可以使用上千项在线公共服务（见表 1），从纳税申报、跨区取药、办理证件，到投票都可以实时在线完成。目前，在线纳税的比例达 95%，在线转账的比例达 99%[①]。商业交易一样可以用身份证完成。双方谈妥条款后，卖方会通过电邮传送合约给买方；买方只需插入读卡器，打入第一个密码，即等同已签名，然后寄回电信公司，交易就完成了。

表 1　除结婚、离婚外，爱沙尼亚"万能"身份证的五大用途

医疗	病历记录在 ID 卡上，在不同医院就诊，医生也能无缝接轨。医生开药后，只要持卡到附近药局领药即可，不用多跑一趟医院
教育	报幼儿园/小学，家长只需上网登记，各学校会显示轮候次序，不用上门办理。家长还可上网查询孩子成绩，了解教学进度、作业等
投票	无论国会大选或地方选举，即使不在国内，也可通过读卡器网上投票
税务	每年有 95% 爱沙尼亚公民使用该系统线上报税/退税
商业	线上注册公司，非本国公民只要申请为"电子公民"（e-resident）即可使用，可通过 ID 卡登入银行账户并汇款等

资料来源：e-Estonia。

爱沙尼亚数字身份证内存储的个人资料和数码签名都已存入该国的电子政务系统——X-Road，只要持卡人授权，即插卡、输入密码，政府部门便能直接从数据库中提取个人数据，这样用户便可以打破部门间的界限，享受多种在线服务。

西班牙 2006 年便开始为国民发放嵌入一小块芯片的数字身份证，芯片

---

① 《爱沙尼亚身份证很"万能"》，http://www2.hkej.com/editorchoice/article/id/1377435。

中存储的内容包括持证人的姓名、年龄、照片等必备资料，身份证背面还有持证人的手写签名、指纹及个人密码等资料，可以当作护照、驾照、信用卡、医疗保健卡、借书卡等使用。这样一张数字身份证可以让民众享受驾驶车辆、支取费用、银行转账、接受治疗、入住饭店、在线电子报税、在线支付、退税补税等多项服务①。

印度身份证管理局（Unique Identification Authority of India，UIDAI）早在 2009 年就启动了身份识别项目（Unique Identification Project，Aadhaar 计划）。据 2016 年 5 月的最新数据统计，已有超过 10 亿居民获得独一无二的生物识别编号②，覆盖了印度 83% 的人口。每个居民的详细身份信息，如虹膜、指纹、面部、银行账户、手机号码、地址等都被录入政府数据库中。在国家层面建立身份证数据库之后，不同政府部门可以调用数据库中的身份信息，将银行账户与具体人员，尤其是贫困民众进行联系，防止福利欺诈，保证社会救济发放给真正有需要的人。除了帮助阻止印度福利系统内的犯罪外，数以百万计的印度人还可以通过该数据库享受其他服务，如接收政府发放的电子货币以购买食物、染料以及化肥等，或接收养老金和工资等。政府还计划在 Aadhaar 计划中添加其他服务，包括教育和健康医疗等③。

2016 年 9 月，新加坡资讯通信发展管理局（IDA）推出 CorPass（企业准入）项目④。该项目主要是面向企业和非营利组织、协会等其他实体，如非营利组织和协会的一种数字身份证。用户只需通过数字身份认证即可与多个政府机构完成交易，给企业带来便利。同时，CorPass 项目也将增强企业的控制能力，可以拥有赋予并管理员工享受政府在线服务的权限。

---

① 《西班牙人的数字身份证一应事务统统搞定》，http：//news. sina. com. cn/cul/2005 - 04 - 19/17355870. html。
② 《印度用传统及新潮方式并用打造全球最大生物识别数据库》，http：//world. huanqiu. com/exclusive/2016 - 06/9101074. html。
③ 《印度欲强迫谷歌苹果手机使用政府加密技术》，http：//tech. qq. com/a/20160914/023781. htm。
④ 《新加坡推行 CorPass 单一企业数字身份证》，http：//www2. caict. ac. cn/zscp/ictdc/xxhyg/201609/t20160907_ 2178090. html。

二 利用信息技术提升政民沟通渠道，提高民众参与度

政民互动是各国发展电子政务的重要组成部分，利用信息技术打造在线交流渠道，实现政府与公民"零距离"沟通，可使民众参与决策制定，真正贯彻"以人为本"的理念。

（一）扩大在线信息发布渠道

政府在线发布信息是民众在线参与决策的先决条件，也是政府提供的最基本的在线服务。据《2016 联合国电子政务调查报告》统计，如今，全球多达 183 个国家（95%）在线发布关键领域的信息，包括教育、卫生、金融、环境、社会保障等；只有 9 个国家没有共享此类信息。尤其是开放政府数据可以使民众免费分享政府数据，并利用政府数据进行创新，近年来，开放政府数据已经成为各国普遍认可的理念和做法。

1. 多国出台开放政府数据政策

各国政府已认识到开放政府数据的重要性，纷纷出台政策要求各部门在线提供政府数据，供民众在线查询。美国尤其注重开放政府数据，推动开放政府进程。奥巴马总统上台伊始就明确要求，政府要更加透明、开放，几年来他一直在推进相关工作。

2016 年 4 月，美国出台了《开放政府数据法案》（*The Open，Permanent，Electronic，and Necessary，Government Data Act*，OPEN），进一步规范了美国开放数据的做法，使其制度化。根据该法案，在默认情况下，政府发布的数据应使用开放和机器可读格式，不限制其重复使用；企业应公布已公开的数据目录，引导企业、民众、新闻记者及其他成员更好地理解开放数据的流程，持续改进开放数据的做法。

6 月，美国众议院通过《信息自由法》（FOIA）改进法案，要求基于"公开给一个人就是公开给所有人"的原则促进更广泛的记录公开，各机构必须以电子版形式公布信息，除非"该机构能够合理地预知公布该信息会

对获得豁免保护的利益造成损害"或者"法律禁止披露该信息"。之后，司法部将会同美国政府预算管理局（OMB）、环境保护署（EPA）以及其他相关机构共同创建统一的在线 FOIA 请求门户，该门户将集中收集公众的数据请求，并引导提问者顺利完成数据请求流程，帮助公众查找已发布信息，并跟踪自己提出的请求。

为了让 FOIA 发挥更大作用，司法部组建了新的 FOIA 总监协会（Chief FOIA Officers Council）以及 FOIA 顾问委员会（FOIA Advisory Committee），这些成员被要求广泛地关注 FOIA 将会面临的电子记录量不断增长的挑战，并且描绘出未来 FOIA 将如何运营的路线图。

2016 年 7 月，美国又发布"2016 年开放政府计划"，要求各联邦部门制定详细的、可量化的步骤，于 9 月 15 日前在各自的开放政府网站上公布"开放政府计划"，并供公众下载、审阅和分析其中的信息与数据。为响应联邦政府的号召，国家科学基金会（NSF）发布"开放政府计划"4.0 版，规定在 Data. gov、USASpending. gov、IT 仪表板、复苏网站 Recovery. gov 等相关网站上公布基金会资助的项目信息，还将积极参与、支持全政府范围的开放政府相关计划，以使公众更好地了解基金会所资助的研究，从而更好地将公众意见集成到基金会的核心目标中，提高工作的透明度，提升基金会的创新性和效率。

欧洲地区的政府数据开放进程也不甘落后。2016 年 4 月，欧盟着手实施《电子政务行动计划：加速政府数字轻型》（2016～2020 年），要求政府在线公开政府数据，消除现有的数字单一市场的障碍，并避免在政府现代化的背景下出现碎片化情形。3 月，在政府数字服务小组（GDS）Sprint 15 会议上，英国外交及英联邦事务部数字化转型领导人艾莉森·丹尼尔斯宣布启动"国家注册平台"，这是一个取代了政府各部门间相似又重复的数据集而建立的国家数据库。该数据库将是一个权威的"数据列表"，拥有可靠的数据源和实时更新的最新数据，并可为英国政府、民众和其他部门所访问、使用、共享。创建这些开放数据库的目的在于减少重复的公共部门数据集，避免人工数据输入的不准确和数据过时等问题，这不仅能确保 GDS 从政府部门中获取更多公开数据，还能降低孤立的部门数据库的运营成本。

2016 年 5 月，加拿大推出《开放政府新计划》（2016～2018 年），为实现政府机构的公开和透明制定了 22 项承诺，主要包括四类内容。①默认公开；②财政透明；③创新、繁荣和可持续发展；④鼓励加拿大人民参与世界范围内提升政府公开度、透明度的活动。《开放政府新计划》尤其强调由联邦政府主动提供支出信息，使公民能够追踪钱款的去向，更清楚地知道所缴税款的去向，以及政府如何制定财政决策。未来五年，加拿大将投入 1290 万美元用于改善政府公开数据，包括公民的个人信息投资；投资 1150 万美元用于提高民众的在线参与度，提升政府提供数字内容的能力。

专栏二　加拿大《开放政府新计划》（2016～2018 年）

2016 年 5 月，加拿大政府在网站上发布 2016～2018 年《开放政府新计划》草案，并向公众征求意见。具体内容如下。

（1）默认公开。承诺 1：加强信息的可获取性；承诺 2：简化个人信息申请流程；承诺 3：拓展、完善开放数据；承诺 4：提供、保存开放信息；承诺 5：制定评价开放政府绩效的方法；承诺 6：从联邦政府服务中总结开放政府的建设经验；承诺 7：将透明、公开的诉求纳入联邦政府的服务内容；承诺 8：加强文化遗产的可获取性。

（2）财政透明。承诺 9：加强政府采购信息公开；承诺 10：加强预算数据和经济、财政分析透明度；承诺 11：提高补助金和捐款资金透明度；承诺 12：完善加拿大在册企业公开信息。

（3）创新、繁荣和可持续发展。承诺 13：加强地理空间数据的可用性和使用度；承诺 14：提高联邦政府科学活动（开放科研）的开放度；承诺 15：通过开放数据刺激创新；承诺 16：促进开放数据跨部门协作；承诺 17：实施采矿业透明度测量法案；承诺 18：向世界范围内提升政务数据公开度、透明度的倡议行为提供支持。

（4）鼓励加拿大人民参与世界范围内提升政府公开度、透明度的活动。

承诺19：民间团体参与开放政府；承诺20：支持公开对话和公开政策制定；承诺21：在全球范围内推动开放政府进程；承诺22：鼓励加拿大人民参与完善加拿大税务局重点服务的活动。

此外，该计划草案还公布了具体的实施路线图。

2. 各国开放政府数据评估情况

在开放政府数据方面，许多国家不仅制定了实施开放数据的国家战略，还启动了政府数据门户网站的建设，全面推动政府数据的开发与再利用工作。

开放政府数据已经成为各国关注的热点，政策制定者纷纷将此问题列入国家战略，成立专门部门或职位，提高政府部门工作人员开放数据的意识，营造开放政府数据的环境。联合国《2016年电子政务调查报告》显示，193个国家中有128个国家（66%）提供政府支出数据的电脑可读模式，105个国家（54%）制定了开放政府数据政策，113个国家（58%）制定了数据保护法和其他类似法案。

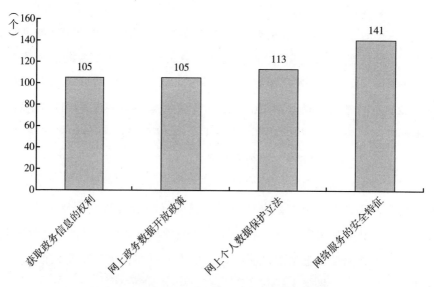

图1 制定政府数据开放相关法律的国家数量

目前，全球开放政府数据的评估项目分为对开放政府数据的准备度和发展性两方面的评估。其中，开放政府数据准备度评估侧重于分析开放政府数据建设的环境生态，如政治高层的意愿、法律、技术以及条件准备等，包括联合国的"开放政府数据调查"、世界银行的"开放数据准备度"等指数；开放政府数据发展性评估主要考察国家或地区实施开放政府数据的进展过程，呈现相关国家和地区开放政府数据的发展水平，主要包括世界经济合作组织的"开放政府数据指数"、互联网基金会的"全球开放数据晴雨表"、开放知识基金会的"全球开放数据指数"、欧盟地区的"欧洲公共部门信息记分牌""欧洲开放数据监督项目"等评估方法，力求系统地分析全球开放数据的发展趋势。①

其中，互联网基金会发布的"全球开放数据晴雨表"从准备度、执行度和影响力三个维度对不同国家或地区开展开放政府数据项目的评估进行排名，是目前最具权威的评估项目。该基金会 2016 年度的报告②显示，在评价的 92 个国家和地区中，英国的开放政府数据水平最高，美国、法国、加拿大、丹麦紧随其后。欧美国家在榜单中总体居前，其次则是亚太地区。亚洲国家中，韩国的排名最高，居第 8 位，其后为日本（第 15 位）、新加坡（第 24 位）、以色列（第 29 位）。中国排名第 55，排名比上一次下降了9 位。

目前，全球各国政府在数据开放上存在不少普遍问题。"全球开放数据晴雨表"报告称，尽管大多数的政府已经在努力确保公开数据的质量，但是在许多案例中，这些所谓的"公开"数据仍存在不少问题，并非真正的公开。其中，政府开支相关的数据质量最为可靠，地图、预算、交通等数据的质量也相对较高，但立法、公司、合同等相关的数据质量就相对较低。另外，在过去两年中，尽管越来越多的国家实施了政府数据开放行动计划，但是针对弱势群体进行数据开放方面的水平还较低。2016 年的调查表明，针

---

① 夏义堃：《国际组织开放政府数据评估方法的比较与分析》，《图书情报工作》2015 年第 19 期。

② 《中国的开放数据还比不上印度?!》，http：//www. ebxun. com/2016/0425/50272. html。

对至少一个弱势群体开放政府数据集的国家比例为 51%，大约有 94 个国家未针对弱势群体以公开标准发布任何数据集。

表2 "开放数据"全球前10位国家/地区

单位：分

排名	国家/地区	得分	准备度	执行度	影响力
1	英 国	100	100	100	100
2	美 国	81.89	97	76	76
3	法 国	81.64	97	76	74
4	加 拿 大	80.36	89	84	67
5	丹 麦	76.62	77	77	78
6	新 西 兰	76.33	87	62	87
7	荷 兰	74.96	90	68	70
8	韩 国	71.18	95	64	58
9	瑞 典	69.25	88	60	64
10	澳大利亚	67.99	84	77	39
前十位平均分		78.02	90.04	74.04	71.03

（二）通过在线协商支持民众议政

鼓励民众在线参与的第二个层次是在线协商，这意味着政府部门针对特定的政策、服务或项目，在线征询民众的意见。然而，协商并不意味着政府有义务使用民众提供的关于政策或服务的意见。相反，它可以利用收到的信息，更好地回应公众针对特定主题所产生的情绪。

政府的在线咨询工具主要分为两大类——专门的在线协商平台和社交媒体账号。2016 年 6 月，为了配合欧盟《电子政务行动计划：加速政府数字转型》（2016~2020 年）的实施，欧盟委员会开通了公众参与的在线平台。该平台旨在为普通公众、商业企业乃至政府部门专门开辟发表意见和建议的渠道，以实现群策群力，集思广益，发挥全社会力量，共同促进欧盟电子政务发展①。

爱沙尼亚创建了一个专门的门户网站"Osale. ee",了解公众对政策的意见,保障每个人都可以在线参与协商,并监督已提交的政策草案的进展;丹麦推出全国性的辩论和投票平台"borger. dk",允许民众参与辩论和投票;英国政府网站 Gov. uk 在主页上邀请用户审查政府政策、通知和出版物,并可发表意见,只需点击"协商"按钮,用户便可以选择一项由政府提出的政策议题,发表意见,关闭时可阅读协商的结果以及政府的评价;中国环保部的网站上,民众也可以就政府文件草稿提出意见。

为发掘创新人才、动员全民参与社会与科学问题的探讨,2016 年 4 月,美国政府推出公民科学与众包科学门户网站 CitizenScience. gov,该网站提供了 25 个联邦部门支持的 300 多项公民科学与众包科学项目,还包括案例研究,如成功案例及开发人员在设计与开发项目中遇到的挑战、外部资源、法律与政策方面的建议等,为愿意或有意向参与公民科学与众包科学项目的人员提供信息。为了不断完善公民科学与众包科学项目,政府还召集了超过 35 家机构的代表及数百位联邦雇员组成联邦众包与公民科学实践团体,通过定期召开会议,共享经验,为公民科学与众包科学项目研讨提供最佳实践和改进方案。

社交媒体的互动特质可以加强民众之间的联系,便于其表达自己的意见,以平等身份达成内部沟通。更重要的是,民众能够以平等的伙伴身份与政府部门沟通,加快了在线协商与咨询的发展。据《2016 年联合国电子政务调查报告》统计,193 个被调查国家中有 152 个在国家门户网站上设有社交网络功能,例如,Facebook、Twitter、新浪微博、Odnoklassniki/VK 等。

许多国家也在社交媒体上开通了官方账号,以促进和公众的沟通。美国总统奥巴马是第一位在 Twitter 上开通"@总统"服务的领导、第一位用 Facebook 与民众交流的总统、第一位在 YouTube 网站上回答民众问题及第一位在 Snapchat 上发布图片的总统。过去八年中,美国总统、副总统、第一

---

① 《欧盟为推进电子政务行动计划建立公众参与平台》,http://www.chinamission.be/chn/kjhz/kjjl/t1370253. htm。

夫人以及政府部门都在利用 Facebook、Twitter、Snapchat、Flickr、Vimeo、iTunes 和聚友网等社交媒体账号与全国乃至世界各地的人对当下最重要的问题进行探讨互动。此外，美国 34 个州开始利用新媒体的某种形式打造信息分享平台，30 个州使用 Twitter 发布官方信息。社交媒体或专用在线审议工具的应用都为公众在线参与政府决策奠定了基础。

（三）吸引民众参与决策

在线决策可真正实现民众在线参与政务，由民众为政府的决策过程提供建议，并影响最终的决策结果。

在线投票是支持电子决策、吸收公民意见的一种最直接的方式。此外，"电子请愿书"也已经广为使用。皮尤研究中心调查的数据显示，美国"We the People"请愿网站设立 5 年以来，共收集了 268 份请愿书，白宫对其中的 227 份请愿书做出答复①。人们普遍将请愿网站视作捍卫民主权利的场所。在美国"We the People"请愿网站上，"民主权利和人权"主题的请愿共计 2319 份，占到总量的 48%，远远超过排名第二的"司法体系改革"主题（790 份）。2013 年 1 月，因联邦政策规定"手机解锁为非法行为"，即只有手机系统的开发商有权对设备进行解锁，即便合约已经到期，用户依旧不能解锁手机，导致民众发起了一项"手机解锁合法化"的请愿。网站共收到 11.4 万份民众签名，要求政府改变决策。最终，国会于 2014 年 8 月同意"手机解锁合法化"的请求。2016 年 1 月，在"We the People"请愿网站上，民众要求时任奥巴马总统出席 HBO 时政节目"马赫脱口秀"，且这一请愿在网站上排名第四。虽然白宫一开始予以回绝，但时任奥巴马总统最终于 11 月 4 日参加了此节目。

为了收集民意信息，俄罗斯政府在 2013 年 4 月上线了一个在线请愿平台 Russian Public Initiative，任何一项请愿只要超过一定支持数就会被送到相应立法机构讨论。在联邦层面，如果在一年时间里某项请愿的支持数超过 10 万个，

---

① "We the People" Five Years of Online Petitions，http：//www. pewinternet. org/2016/12/28/white – house – responses – and – policy – impact – of – petitions/.

就会被国家杜马（俄罗斯联邦议会的下议院）讨论。除了政府背景的网站，俄罗斯政府也从 VKontakte、Odnoklassniki、LiveJournal、Facebook、YouTube 等平台收集民意信息，这使国家领导者能够更有效地回应民众诉求①。

英国将几乎所有政府提议的文件都公布在 Gov. uk 网站上。将近 3000 份政策性文件都经由公众参与协商，或正在协商中。在协商阶段，相关个人和组织通常私下给出意见，其他参与者无法看到。等到在线公布协商结果的阶段，这些意见通常纳入公共成果文件中。这样一来，政府就可以针对评论做出回应，并告知民众这些意见会如何影响政策。

三 积极应用新技术、新手段，加快建设智慧政府

随着移动互联网、大数据、区块链等新一代信息技术的发展，各国的电子政务系统建设正朝着数字化、智能化、人性化的方向发展，建设"智慧政府"成为各国发展的重要内容之一。

为了帮助政府及时利用新技术，改善公共服务，有些国家成立了专门部门，为政府应用最新技术提供建议。2016 年 3 月，英国内阁办公室大臣马特·汉考克宣布设立政府数字服务小组（GDS）咨询委员会，其成员均由数字化数据和技术零售部门的专家组成。委员会将每季度召开一次会议，主要任务是建议政府"为用户提供更完善的服务，并评估如何将新兴数字技术应用于公共服务"，以改善英国政府的数字服务，提高服务质量和用户体验。

（一）基于智能手机提供移动服务

随着智能手机的快速普及，各国基于移动平台的电子政务建设增长迅速，利用移动应用程序和社交媒体扩大服务范围，使政府服务由固定网络转向移动宽带，由固定电话转向移动电话，不仅为最贫困和最弱势群体带来了

---

① 《威权政府为什么要玩转社交媒体?》，http：//cnpolitics. org/2016/04/social - media - as - a - tool - of - autocratic - stability/。

崭新的发展机遇，也促进了政务服务方式的创新。

近年来，多国都在推出移动政务服务。新加坡"mGov"计划可以使公民和企业享受到 300 多项移动服务，民众可随时查询各政府机构能够办理的服务，并查看离所在地最近的服务机构；美国发布了联邦移动政务战略，在政府范围内建设一个可以向各部门提供移动服务的基础平台，通过移动技术推动跨部门协作、为联邦移动政务制定一个治理架构；韩国提出"政府3.0"概念，通过移动技术和大数据实现政府为个人提供差异化一对多的行政服务；英国推出的"游牧项目"搭建了一个地方政府运用移动技术改善公共服务的实践成果分享平台，并组织和引导地方政府在公共服务与管理方面应用移动技术；等等。

随着移动政务的发展，基于智能手机的 APP 应用程序已成为政府提供公共服务的新选择。美国政府在 APP 开发上已走在全球前列，建立了移动APPs 子站点（apps. usa. gov），整合了各政府部门的 APPs 应用程序。韩国政府也搭建了政府 APP 平台，私营企业与开发者都能利用政府公开的信息，开发各类移动应用软件，令公众在该平台上获得更多公共信息。印度电子与信息技术部发布了政府 APP 商店，公众能下载应用程序，获得更多的服务与资讯，大大提高了政府部门信息的透明度，也增强了服务的便捷性。英国、新加坡等国政府都鼓励开发者运用政府开放资源实现创新应用，开发 APP 平台。

智能手机中的 GPS 功能使地理信息服务（GIS）成为可能，很多国家和地区开始为民众提供基于地理位置的公共服务，提高公共服务的精准性。2016 年 3 月，中国香港地政总署推出配备语音功能的免费流动地图应用程序"香港有声地图"（Voice Map HK），结合智能手机的"语音功能"，读出用户当前位置信息，同时提供方向及距离数据，以及周边建筑物、公共设施、铁路站出入口、巴士站位置等，令用户更容易掌握和了解周边环境，特别是方便了视障人士了解周边地理信息[①]，深受民众欢迎。

---

① 《地政总署推出具有语音功能流动地图应用程序》，http：//www. info. gov. hk/gia/general/201603/15/P201603150362. htm。

　　为了保护女性的人身安全，印度政府于 2016 年 4 月公布了一项新法案，要求自 2017 年 1 月 1 日起包括 iPhone 在内的所有手机都必须配置紧急呼叫按钮以及 GPS 定位功能，为印度妇女在紧急状态下提供应急电话和定位服务。这就意味着在印度，所有智能手机必须增加专门用于紧急呼叫的物理按钮，或是通过对电源按键的操作实现紧急呼救，当紧急呼叫被激活后，手机会将信号发送至最近的安全部门；同时通过 GPS 定位功能，安全部门能更快地响应紧急呼叫①。

　　印度的公共基础设施也一直饱受诟病，民众难以找到干净的公共厕所。为此，印度城市发展部门与谷歌于 2016 年 11 月合作推出了"厕所定位服务"，为用户提供公用厕所以及地铁、医院、商场内的厕所位置信息。该定位服务内嵌在谷歌地图中，用户只需输入英文"toilet"或是北印度语"swach""shulabh"，地图就会指向最近的厕所，使用户在最短的时间内找到干净可用的厕所。当用户到达最近的厕所后，如果发现厕所不能使用或卫生状况很差，可以留下评论，便于其他用户做出正确选择②。

（二）政务人员远程办公开始推广

　　网络和信息技术的发展使政府工作人员可以在家或在公司外不受地点和时间限制灵活地开展工作，即"远程办公"。

　　日本政府几年前就开始实施远程办公。2015 年，公务员中远程办公人数比前一年增加了 3 倍，2014 年远程办公人数为 1592 人，2015 年达 6841人。总务省于 2016 年 11 月展开调查，总结了各地远程办公的推进状况。日本全国 47 个行政区中共有 13 个已经实施远程办公，9 个正在试行阶段。

　　从远程办公的职员范围来看，5 个行政区将所有职员定为远程办公的对象，17 个行政区对远程办公的职员设定了一定的条件，如具有一定的工作

---

① 《印度要求所有手机配紧急按钮》，http：//3g. 163. com/tech/16/0426/22/BLK3KTJR000915
　　BE. html。

② 《谷歌在印度推出厕所定位服务，印度公共领域还有哪些创业机会可挖掘?》，http：//
　　wow36kr. thenew123. com/news_ 3219539. htm。

经验、成绩、态度或工作能力的职员，由于孩子抚养、妊娠、看护、受伤等难以上班出勤的职员，或者从事特定任务的职员，局长、部长指定的职员，业务效率有待提高的职员等。

从远程办公的业务范围来看，20个行政区没有限定远程办公的业务范围，两个行政区限定了范围。从远程办公的申请期限来看，5个行政区规定可以当日申请，6个行政区规定须提前一天申请，11个行政区规定须提前两天以上申请。

从远程办公的时间来看，18个行政区以"小时"为单位界定远程办公时间，两个行政区以"一天"或"半天"界定办公时间，两个行政区以"一天"界定时间。从远程办公的次数来看，12个行政区没有限定远程办公的次数上限，10个行政区将次数上限设定为"周"或"月"。

（三）区块链技术开始被引入政务

区块链技术作为一种新型技术，率先应用于金融领域。2016年，一些政府开始探索在政务领域应用区块链技术。

1月19日，英国政府办公室发布报告——《分布式账本技术：超越区块链》，推荐政府部门探索、试验区块链与分布式账本技术。该报告强调分布式账本技术可以实现完全透明的信息更新与共享，减少政府工作中欺诈、腐败、错误的发生，降低办公成本，提升效率。区块链技术能应用到政府支付系统、税收系统，此外还能用于签发护照、记录土地登记、跟踪供应链、确保政府档案和诚信服务完整性等方面。

专栏三 《分布式账本技术：超越区块链》

《分布式账本技术：超越区块链》报告就愿景、技术、治理、隐私等方面为英国政府发展区块链技术和分布式账本技术提出了8条建议，具体如下。

（1）愿景

分布式账本可以以精确受控的形式广泛分布。任何获得许可的参与者对账本做的更改都可以即刻在所有副本上反映出来，账目难以被破坏。政府在支持分布式账本开发方面的首要职责是制定一个清晰明确的愿景，阐明该技术如何改善政府的工作。

建议1：政府应发挥领导作用，在政府内开发与分布式账本技术相关的平台。政府数字化服务及文化媒体与体育部的数字经济部门应制定一份高级能力路线图及配套的纲要规划，确保行动及时迅速，并与其他政府部门及产业界和学术界密切合作。

（2）技术

分布式账本技术仍处于发展初期，具有多种模式。对政府应用而言，与任何人都能更改的无许可账本模式相比，仅有特定人群或个人才能更改的有权限的账本更具吸引力，因为它允许数据所有者规定系统的使用者。

建议2：英国研究团体应投入研究以确保分布式账本的可扩展性、安全性及其内容的准确性，实现高性能、低延迟及高能效。新建的阿兰·图灵研究所应与白教堂思想库等小组一起工作，在公私研发部门的协调与组织方面发挥重要作用。

建议3：支持地方政府创建分布式账本示范项目，汇集所有要素来测试该技术及其应用。城市级的示范项目应为试验和实施分布式账本技术提供重要机遇。

（3）治理

成功的分布式账本部署需要将治理（包括参与者与利益相关方）和监管（确保系统有弹性应对系统风险或犯罪活动）结合起来。要考虑如何在维护系统参与者利益与维护更广泛的社会利益间达成平衡，同时避免架构过于严格阻碍创新。

建议4：政府需要考虑如何将面向分布式账本技术的监管框架落实到位，监管应随着分布式账本技术部署和应用的发展而同步发展。政府也应考虑如何使用技术规范和法律条款达成监管目标。

（4）安全与隐私

虽然分布式账本有很强的抵御网络攻击的能力，但硬件漏洞和软件缺陷仍可能造成安全性和保密性风险。分布式账本记录着个人隐私等机密信息，需要具有比现有数据库更高的安全性。

建议5：政府需要与学术界和产业界合作制定标准，确保分布式账本及其内容的完整性、安全性和隐私保护，并通过监管框架和软件代码反映出来。

（5）信任与互操作性

为了最大限度地发挥分布式账本的功能，应实现它们与其他账本的互操作性。除了实现认证的互操作性，还需要在数据互操作性、政策互操作性、国际标准的有效实施方面达成共识。

建议6：政府需要与学术界和产业界合作，确保对个人和机构最有效和最有用的认证协议得以实施。这项工作需要与国际标准的制定与实施同步进行。

（6）面向政府的潜在应用

分布式账本具备实时、防篡改、低成本的处理能力，可以应用于广泛的产业与服务，带来颠覆性改变。分布式账本技术涉及分布式共识、开源、透明性等基本理念，可能促使许多部门发生突破性变革。

建议7：理解分布式账本的真正潜能需要对其进行研究并应用于真实生活，政府应对分布式账本进行试验，以评估该技术在公共部门的可用性。

建议8：除了自上而下的领导和协调外，还应创建一个跨政府的兴趣社区，以开发潜在的应用案例并创建一个知识和技能实体。

在此份报告的指导与建议下，英国一些政府机构，如政府数字服务小组，开始在税收、数字货币、支付等领域广泛开展区块链和分布式账本技术测试。2016年7月，英国就业和养老金部门成为首个使用区块链发放福利的机构，目的是为领取福利金的民众研发出一个更为高效、防篡改的技术。[①] 该项目的参与方还包括英国巴克莱银行、德国能源公司RWE英国分公司、互联网金融初创企业GovCoin、伦敦大学学院等。人们可以直接通过

---

① 《英国政府测试基于区块链的福利发放系统》，http://chuansong.me/n/411731551154。

手机领取福利金，或使用福利金进行支付，在征得其同意之后，消费记录和收支情况会被记录到区块链上，以便日后进行个人财务管理。通过使用区块链技术，支付系统拥有了新的数据和身份验证，拥有防篡改功能，数据安全性大大提高①，从而使政府的福利金发放更为高效。

8月，在英国"政府云8框架协议"（G-Cloud 8）中，英国政府网皇家商业服务委员会（CCS）与区块链平台供应商 Credits 合作，为英国公共部门提供"区块链即服务"（BaaS，Blockchain-as-a-Service）平台，提供搭建强大的身份管理工具，保护数据安全，减少公共部门遇到的欺诈，降低成本。所有公共机构都可以使用该平台，从而有助于提高援助支出的可追踪性，保护重要基础设施安全，登记知识产权、遗嘱、医疗数据和养老金等，减少福利欺诈②。

爱沙尼亚在区块链投入和应用方面一直远远领先于其他国家，很早便将区块链技术应用于居民身份验证、股东投票等方面。由于黑客、恶意软件等问题的广泛存在，敏感数据极容易被篡改、删除或被错误升级，而区块链技术可以保证数据的真实完整，并能完全记录数据变更的过程，让数据篡改变得不可能③。因此，2016年3月，爱沙尼亚电子卫生基金会宣布启动基于区块链的医疗健康档案安全项目，把区块链应用扩展到电子健康档案保管中，保证100万份病人医疗记录安全。

澳大利亚政府也积极支持区块链技术的发展，国家邮政局于2016年3月透露有关区块链研究的细节，政府正在调研基于区块链的认证和电子投票，帮助政府简化身份确认流程④。到2017年3月，澳大利亚有望使用区

---

① 《英国政府试验利用区块链技术发放社会福利金》，http：//www. bitecoin. com/online/2016/07/19598. html。
② 《英国政府与 Credits 达成首个 G-Cloud 区块链平台即服务协议》，http：//chainb. com/？P = Cont&id = 1641。
③ 《爱沙尼亚宣布启动基于区块链的医疗健康档案安全项目》，http：//chainb. com/？P = Cont&id = 372。
④ 《澳大利亚国家邮局测试基于区块链的身份和投票系统》，http：//www. btc38. com/btc/altgeneral/11247. html。

块链技术进行数字投票，这不仅能够确保数据的真实性，还能提供可追溯性，同时依然保持匿名性，解决网络投票中保密、预防腐败、便于验证等问题。

早在2015年，乌克兰就开始在敖德萨州打造一个基于区块链技术的电子政务系统，尝试在区块链上进行政府房地产拍卖，确保拍卖过程公正透明，并消除伪造文件的行为①。2016年下半年，乌克兰政府正式推出了基于区块链的拍卖平台。11月，乌克兰国家银行批准了无现金经济发展路线图，将于2017年第四季度前发行基于区块链的"电子货币"，实现无现金社会。

（四）积极应用人工智能技术打造"智慧政府"

随着人工智能技术的迅速发展与应用，越来越多的国家将人工智能技术与电子政务系统结合，提高政府办公、监管、服务、决策的智能化水平，打造"智慧政府"。美国信息技术与创新基金会认为，人工智能技术能够打造一个"感知型政府"，大量减少相关工作并实现自动化，从而使政府服务更智能。比如，当民众需要到交通部门办理驾驶证时，在信息型阶段，用户需要找到当地交通部门的办公信息并去现场办理；在交互型阶段，可以通过电子邮件向该部门提问；在业务型阶段，可以在线更新驾照；而在感知型阶段，用户只用说，"Siri，我需要一个驾照"，个人虚拟助理就将接管工作——收集用户的信息、与政府部门协调，并自动调度面对面的会议。事实上，很多政府都开始在政务中积极应用这一技术。

2016年10月，美国先后发布了《为未来人工智能做好准备》《国家人工智能研究与发展策略规划》等多份重要报告，详述了政府部门如何使用人工智能技术提升社会福利、改进政府的执政水平。为了快速推动政府部门应用人工智能技术，美国国家科学与技术委员会将成立专门管理机器学习与人工智能的下属委员会，增加对人工智能和机器学习的使用，以提高政府服

---

① 《乌克兰敖德萨要建立区块链技术支撑的政务系统?》，http：//www.8btc.com/first－block chain－government。

务的质量，包括鼓励政府部门和公共机构试验性地运行一些项目以评估新的人工智能驱动方法；并加大力度投入利用人工智能提升政府工作效率的相关研究中。

继美国发布关于人工智能报告后，2016年12月，英国政府也发布了名为《人工智能：未来决策制定的机遇与影响》的报告，阐述了人工智能的发展对英国社会和政府的影响。该报告鼓励政府利用机器学习等技术，通过预测需求和更准确地定制服务，使现有服务，如健康、社保、紧急服务等更有效率，使资源得到最有效率的分配；使政府官员能更好地使用更多数据进行决策，并降低欺诈和出错概率；通过采集过程背后的数字记录，或通过数据可视化使决策更加透明；帮助政府各部门更好地了解服务对象，确保向每个人提供适当的服务①。

日本国会积极引进人工智能技术分析过去5年中国会议程的结论，期望人工智能系统帮助政府工作人员总结出一份"备选答案清单"以应对未来可能出现的问题。如果这一系统运行正常，预计未来会推广到其他政府部门。澳大利亚民政服务部也正在研发一款基于人工智能技术的"聊天机器人"，以缩短民众的等待时间。

对于公共服务效率低下的印度政府来说，引入人工智能技术更是当务之急。随着IT技术在政府部门全面应用，印度各政府部门产生了大量的可读数据，人工智能技术通过对这些数据的运算和分析，有可能快速检测出一项政策是否得到了有效实施，从根本上变革印度的政府治理方式②。

四　努力提供普惠服务，加强个人数据保护

尽管全球各国在电子政务建设方面硕果累累，但是，数字鸿沟问题、安

---

① 《英国政府发布人工智能报告，用 AI 创新优势提升英国国力》，http：//it. sohu. com/20161218/n476214617. shtml。
② 《从厕所到农民，AI 如何帮助印度政府治理国家？》，http：//www. leiphone. com/news/201608/R6xScqiBCoBoQq0D. html。

全与隐私问题等始终给电子政务的发展造成了巨大障碍，各国政府也一直为此进行着不懈努力。

（一）努力跨越数字鸿沟提供普惠政府服务

一些国家积极创新电子政务发展路径，"填平"和"跨越"电子鸿沟，积极推进信息资源的合理配置和公平分配。

1. 数字鸿沟的存在影响了政务服务的获取

信息技术应用促进了经济增长、带来了更多机会并改善了公共服务供给方式，但是信息基础设施的落后直接切断了弱势群体享受"数字红利"的渠道，无法享受在线公共服务及互联网带来的其他好处。

2016年1月，世界银行发布的报告《数字红利》[①] 指出，数字技术总体影响不足，分布不均，数字差距依然巨大，"全球约60亿人无法连接高速的宽带互联网，其中约40亿人完全不能上网，近20亿人没有手机"。在欧盟，最富裕国家使用在线服务的公民数是最贫穷国家的3倍，而且每个国家内部的贫富人群之间也出现类似差距。

7月，联合国在《2016电子政务调查报告》[②] 中也提到数字鸿沟的严重性，"截至2015年，全球仅有43%的人能够上网，41%的女性能够上网，80%的网络内容仅以少数语言形式存在。穷人被排除到了信息通信技术产生的红利之外。因此，整合发达和发展中国家，缩小男性和女性之间的数据鸿沟，提供负担得起的信息通信技术对获取政府信息，在政务数据开放行动中充分获利最为重要"。

9月，联合国宽带委员会在《2016年宽带状况》[③] 报告中也提到了"数字鸿沟"问题，提出，"到2016年末，全球仍有39亿人仍然无法上网，占

---

① 世界银行：《数字红利》，http：//pubdocs.worldbank.org/pubdocs/publicdoc/2016/1/845911
452690992379/WDR2016MainMessages – CHINESE – WebRes.pdf。
② 联合国经济和社会事务部：《2016电子政务调查报告》https：//publicadministration.un.org/
zh/Research/UN – e – Government – Surveys。
③ 联合国宽带委员会：《2016年宽带状况》http：//www.broadbandcommission.org/Documents/
reports/bb – annualreport2016.pdf。

全球总人口的53%"。因此,将未连通人群接入互联网,确保人人均有机会平等参与数字经济并获取互联网所给予的、增强其能力并丰富其生活的各种信息机遇,这一点至关重要。

2. 为弱势群体提供平等的服务机会

为了解决数字鸿沟问题,各国政府纷纷出台相关政策和措施,全力弥合互联网差距,为全民尤其是弱势群体提供公平的服务机会。联合国经济、社会和文化权利委员会将"弱势群体"划分为两类:一类为固有的与生俱来不可改变的弱势人群,包括妇女、老年人、残疾人、少数族裔等;另一类为可变的受外在因素影响的社会弱势人群,包括流动务工人员、无家可归者、失业者、贫困者、移民、单身母亲、失学儿童等[①]。

从全球来看,越来越多的政府将目光投向弱势群体,增加面向弱势人群提供的在线服务。联合国《2016电子政务调查报告》显示,面向青年群体提供服务的国家数量增长最高,从2014年的62个国家增加到2016年的88个国家,紧随其后的是面向贫困人群、残疾人、老年人与移民的服务;针对女性提供服务的国家数量几乎增加了1倍,从2014年的36个增加到2016年61个国家。除了面向特定群体提供在线服务,更多的政府拓宽了在线服务的语言版本,2014年有142个国家提供不止一种官方语言的在线服务,而到2016年,这个数字增加到166个,而且增添了使用在线服务指导或教程的国家从58个增至91个。但是,在过去两年,提供有声内容的国家并未增加,提供字体与字号设置功能的国家仅新增7个。就不同区域而言,欧洲面向弱势群体提供在线服务的国家增加了20%,在各大洲中居于领先地位。超过60%的欧洲国家至少为一种弱势群体提供电子邮件或短信订阅更新服务。非洲是飞跃最大的地区,有7个国家新增了面向弱势群体的针对性服务。

为了缩小"数字鸿沟"、提供更公平的公共服务,2016年3月,美国政

---

① 《美国弱势群体权利保护的经验与启示》,http://kyhz. nsa. gov. cn/xzxy_ kygl/pf/xzxywz/yksInfoDetail. htm? infoid = 2880。

府发布了"全民联网计划",目标是"到 2020 年,为 2000 万低收入美国人提供高速互联网服务"。每个月为低收入家庭提供 9.25 美元的上网补贴,帮助低收入家庭灵活、便捷、直接地选择最适合自己的服务及网络供应商。同时,"全民联网计划"将与政府其他计划协同开展,符合"生命线"项目资格的家庭也将会享受到政府其他计划的援助。12 月,美国纽约政府为移民老人免费提供智能手机,还附赠每月 500 分钟通话时间和 500MB 上网流量。只要持有白卡、年龄在 60 岁以上的老人,就可以带上证件、地址证明以及社会安全号后四位,找各地专员在线填表申办①。美国政府此举就是为了给弱势群体提供享受在线服务的渠道。

2016 年 6 月,英国国家医疗服务部门发布了该部门主导的"扩大数字化参与项目"(Widening Digital Participation Programme)的实施情况。该项目致力于帮助弱势群体使用互联网在线搜索病症或治疗方法,利用数字医疗工具如 APP 等监控个人健康状况。根据研究结果,65% 的用户表示获取的信息更丰富了,52% 的用户表示不再感到孤单,62% 的用户表示因为社交沟通感觉更加幸福。此外,电话或上门咨询家庭医生的数量减少了 21%,急诊数量减少了 6%,节省了 600 万英镑相关费用。

(二)政府提高警惕,强化个人数据保护

数据信息安全问题一直是各国政府挥之不去的"梦魇"。随着越来越多的公共服务走向"线上",政府掌握着庞大的公民个人信息。虽然民众普遍表示信任政府的安全防御能力,但是政府在为民众提供在线服务的同时,还要注重网络安全,保障民众的数据及交易安全。

1. 政府部门的电子政务系统频遭攻击

随着政府部门收集的个人信息数量不断增长,个人在网上的活动变得更加多元,个人数据变得更加危险。更糟糕的是,网络攻击者逐渐将注意力转

---

① 《纽约政府推免费智能手机福利 华裔耆老踊跃申请》,http://www.chinaqw.com/hqhr/2016/12 - 26/119037. shtml。

移到用户身份信息的窃取上，给电子政务系统施加了更大压力，要求政府部门提高网络系统的安全性，加强个人信息保护。

2016 年初，安全公司 Gemalto 发布了一份针对 2015 年黑客攻击和数据泄露的调查，结果发现，医疗保健行业和政府部门已经成为最容易发生数据泄露的部门。在所有的数据泄漏事件中，与政府部门有关的泄露事件数量占43%。其中，与身份信息类数据相关的泄露事件占 53%，泄露的数据占所有泄露数据的 40%[1]。

2 月，美国联邦调查局和国土安全部的员工信息，包括姓名、职务和联系方式等遭到泄露。4 月，土耳其公民数据库中 5000 万公民数据遭到泄露，包括姓名、身份证号、父母名字、住址等一连串敏感信息。此次黑客事件波及的人数超过该国总人口的七成，是有史以来最大规模的国家数据库泄密事件[2]。与此同时，9340 万墨西哥选民信息也被"晒"在网上。

8 月，美国联邦调查局指出，亚利桑那州和伊利诺伊州的选举数据库遭遇黑客攻击，更为糟糕的是，黑客还盗走了 20 万名选民的个人资料[3]。11月，白宫指控俄罗斯黑客攻击大选系统，操纵大选结果。

2. 政府采取多项措施保护个人数据

电子政务系统频遭攻击，个人信息泄露愈加泛滥，为此各国政府纷纷探讨解决之道。

美国政府高举"保护在线个人隐私"的大旗，出台了系列新举措。2016 年 2 月，美国白宫出台《网络安全国家行动计划》，提出设立"联邦隐私委员会"，汇集政府各部门负责保护隐私的官员，制定并实施更具有战略性和综合性的联邦隐私准则，保护个人隐私。10 月，应《网络安全国家行动计划》的要求，美国白宫宣布首席信息安全官（CISO）由退役空军准将

---

① 《医疗保健行业及政府部门成为目前最容易发生数据泄漏的部门》，http：//www.2cto.com/news/201602/490892.html。

② 《土耳其 5 千万人隐私遭泄　黑客身份疑为美国人》，https：//www.secpulse.com/archives/44470.html。

③ 《FBI 反应：至少有两个州的选举数据库遭到了网络攻击》，http：//it.chinairn.com/news/20160830/130049640.html。

雷戈里·陶希尔担任，保障各部门在线系统的安全性①。

6月，美国国家科学技术委员会和科技政策办公室联合发布《国家隐私研究战略》，主要为联邦资助的隐私研究（机构外的和政府内的研究）设立了目标，为增强隐私技术的研发提供了框架②。美国政府还发布了"HTTPS-Only 标准"，要求所有政府网站在 2016 年底强制使用 HTTPS，通过安全连接（HTTPS Only）访问目前所有的网站和服务，尤其是涉及与个人身份信息交互的、本质上特别敏感的或须经高级别保密通信的 Web 服务更要部署 HTTPS③。

类似的，英国政府也发布官方声明称，从 2016 年 10 月 1 日起，所有政府网站强制使用 HTTPS 加密连接，并设置 HSTS（HTTP 严格传输安全）保护，还规定使用 DMARC 协议对电子邮件进行认证。

斯诺登事件后，加拿大政府十分重视在线隐私问题。为了更好地了解民众在涉及在线隐私时的优先事项和期望，加拿大政府于 2014 年 10~11 月推出隐私计划项目，在社交媒体上进行广泛的宣传和报道，通过调查问卷对一系列的隐私优先事项进行排序，了解民众的关注重点。调查于 2016 年初结束，通过分析问卷结果，结合专家意见，该调查形成了一份"加拿大隐私计划"，提出 24 项具体的政策建议以解决加拿大人所关心的隐私问题。

---

① 《美国任命首位首席信息安全官》，http：//www. d1net. com/cio/cionews/435747. html。
② 《美国国家科技委员会发布国家隐私研究战略》，http：//www. casisd. cn/zt/ydkb/201610/ t20161025_ 4685324. html。
③ 《英美政府网站强制要求 HTTPS 加密，值得我国借鉴》，http：//weibo. com/ttarticle/p/ show？ id＝2309403997072255750587。

B.6
智慧城市建设方兴未艾

姬晴晴　姚嫣*

摘　要：　2016 年全球智慧城市发展方兴未艾。首先，智慧城市的评估评价工作成了一抹亮色，除了智慧社区论坛一年一度的评选以外，欧盟、中国都启动了智慧城市评价指标体系建设，各国还开展了试点评选，为智慧城市建设树立了标杆。其次，智慧城市宏观政策日趋完善。澳大利亚、巴西分别出台了相关国家政策，美国则更新了 2015 年的智慧城市倡议行动。再次，智慧城市建设推进模式取得了诸多发展。联合国针对智慧基础设施提出了建设参考，美国提出了城市未来建设的模式参考和工具包，中国的"智慧小镇"则在互联网大会之后应运而生。最后，以物联网为代表的智慧城市创新技术继续迅速发展，但也不乏挑战。虚拟现实、智慧交通、智能家居等应用场景在描绘智慧化未来的同时也充满安全隐患，需要各方共同关注。

关键词：　智慧城市　评估评价　战略规划　建设推进模式　创新技术

一　智慧城市评估评价有序推进

2016 年智慧城市一大亮点在于评估评价工作有了新的进展，引导和传

---

* 姬晴晴，硕士，国家工业信息安全发展研究中心信息化研究与促进中心工程师，从事智慧城市、数字经济和信息化战略等研究；姚嫣，硕士，北京协创信息化和工业化融合促进中心研究员，从事智慧城市、电子政务和信息化战略研究。

播智慧城市先进理念。全球智慧社区论坛举办了新一届"智慧社区"评选活动；欧盟连续第二年发布"欧洲数字城市指数"；中国也积极投入新型智慧城市工作，首发"新型智慧城市评价指标"；此外，美国、印度等国家也展开了智慧城市的评选活动，激发了城市活力。

（一）智慧社区论坛发布新一轮智慧城市排名

全球智慧社区论坛（Intelligent Community Forum，简称 ICF）的评选活动在国际上非常有影响力。ICF 对"智慧社区"（Intelligent Community）的理解已经超越"智慧城市"（Smart City）的内涵，不管是大城市还是小社区，只要能意识到"宽带经济"所带来的巨大影响和挑战，并能采取措施实现数字经济繁荣，都可被称为"智慧社区"。

从 1999 年起，ICF 每年举办"年度智慧社区"评选活动并颁发"智慧社区奖"；从 2006 年开始，ICF 每年举办全球年度"Smart 21"智慧社区评选活动，收集参赛城市的申报材料和证明文件后，评选出 21 个最佳国际智慧城市，然后在复赛中选出 7 个候选城市"Top 7"进行角逐，最后在年末通过第三方评估与实地调研综合选出年度"智慧社区奖"。

ICF 在 2016 年度峰会上公布了"年度智慧城市"的获奖名单。历时12 个月之久的评选活动也随之被推向高潮。2016 年 2 月提名进入决赛的7 个城市是中国台湾新竹、中国台湾新台北市、加拿大英属哥伦比亚省萨里、加拿大魁北克省蒙特利尔、新西兰旺阿努伊、德国米尔海姆、加拿大温尼伯。2~6 月，ICF 委托第三方调查公司基于大量事实和信息数据对候选城市的详细资料进行定量分析，计算出每个候选城市的综合评分。同时，由政府官员、商业领袖、专家学者组成的论坛评审小组对 7个城市进行逐一考察，并对相应资料进行了审核，再进行排名和打分。最终，ICF 根据第三方数据调查得分和评审小组评分综合评定最后的获奖城市。经过两轮激烈的竞争，加拿大魁北克省的蒙特利尔最终摘取了桂冠。

蒙特利尔是北美最大的法语城市，1/10 加拿大人生活在这里。20

世纪重工业的衰退令蒙特利尔经济受到重创，此后它在多个领域进行了经济转型，包括信息通信、航空航天、生命科学、健康技术、清洁技术等。转型期间所涉及的公司团体有 6250 余个，10% 的劳动力就业问题得到解决。2011 年启动的"智慧城市"计划给这次经济转型注入了全新动力，该计划旨在完善、推广网络宽带等基础设施，升级生活和服务系统，建立一个涵盖商业和学术领域并惠及广大民众的合作友好型生态系统。

ICF 评估"智慧社区"依据了六大指标：宽带连接、知识型劳动力、创新、数字公平、可持续性、营销宣传。

1. 宽带连接

宽带作为下一代基础设施，属于"随时在线"的服务，它把电脑、笔记本、移动设备同世界各地几十亿个设备和用户连接起来，创造了一个数据世界，彻底革新了我们工作、生活、教育、娱乐和治理社会的方式。不同地方的民众对于宽带速度的期望值不同，从 2MB/s 到其 10 倍、20 倍、50 倍不等。

2. 知识型劳动力

智慧社区要能培养出一批从事知识型工作的劳动者。当地大学应能培育出更多的科学和工程专业的毕业生，且这些劳动者能遍布工厂前线、研究实验室、建筑工地、呼叫中心、公司总部等，在各行各业发挥作用。

3. 创新

宽带经济是创新驱动的经济。打造创新能力首先要创造、吸引、留住知识工人从而提高创新率。智慧社区应专注于地方创新能力，而不是在招商引资的过程中做几个大手笔的工程；应当通过减少官僚成本、建立人才输送通道、扩大融资渠道来为创新企业提供发展动能。此外，智慧社区还应当发展电子政务，降低公共服务成本，随时随地地为熟悉数字业务的公民提供服务。

4. 数字公平

要求社区中所有人都能获得宽带技术及其使用技能。宽带经济爆炸性的增长让经济社会中处于边缘地带的人们情况变得更糟。智慧社区应切实扩大宽带接入，增加民众承担能力，让民众掌握网络技能等。

5. 可持续性

ICF 于 2015 年增加了环境可持续性这一指标。智慧社区致力于创造可持续的经济增长，用更少的资源进行生产和服务，提高生产效率，为技术革新、经济增长和就业增加创造更多的机会。致力于环境可持续性的社区还将通过可持续性项目和活动吸引组织、团体参与进来，扩大参与度。

6. 营销宣传

这是让多方参与共同迎接挑战形成合力的能力，也是带动智慧社区中其他元素的力量。虽然极具挑战，但不可或缺，民众意识到所面临的形势和发展智慧社区的必要性，会更容易接受改变。

（二）欧盟逐年优化"欧洲数字城市指数"

欧洲数字城市指数（European Digital City Index，简称 EDCi）主要衡量的是欧洲城市支持数字创业的程度。欧盟从 2015 年起发布该指数，作为欧洲数字论坛的组成部分，这一指数也旨在支持整个欧洲的数字创业。对新兴公司和扩大规模的公司来说，该指数提供了当地生态系统优势和劣势等情况，使它们能够做出相应规划。对于旨在鼓励数字创业的政策制定者来说，该指数能帮助识别已有的和潜在的活动中心，从而借鉴经验，合理配置资源。此外，该指数还将评估数据与其他欧洲城市对比，协助确定应当列为重点的政策领域。

EDCi 指标分为 10 个一级指标，每个一级指标之下又分了 40 个不同的二级指标（见图 1、表 1）。这些指标是参考学术文献、访谈专家、初步研究新兴数字公司后挑选出来的，通过城市与数字创业之间的联系去描述城市的整体环境。10 个一级指标包括技能、融资、商业环境、数字基础设施、创业文化、知识溢出度、生活方式、市场、引导和管理辅助、非数字基础设施。

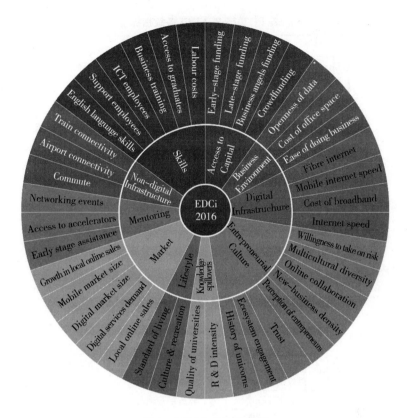

图1　2016年EDCi指数

2016年，基于城市越来越高的需求、不断增长的可获得数据以及联合研究中心发起的方法论审核，欧盟对该指数做了一些重大调整。在二级指标中新加入了"天使投资""商业培训""数字市场规模""文化娱乐""铁路运输连通性"指数；改善了"众筹""在线协同程度""加速引导程度""劳动成本""航空运输连通性"指标的来源；并在联合研究中心的审核下，提高了测算方法的可靠度。

该指数囊括了欧盟所有成员国的首都，还涵盖了32个作为数字创业中心的非首都城市。这32个城市是根据其他数字活动或创业指数挑选出来的。2016年排名前十的城市是伦敦、斯德哥尔摩、阿姆斯特丹、赫尔辛基、巴黎、柏林、哥本哈根、都柏林、巴萨罗那、维也纳。

表1　2016年EDCi各级指标

一级指标	二级指标	一级指标	二级指标
技能	劳动成本	创业文化	新企业密度
	人才吸纳		企业家认知度
	商业培训		信任程度
	信息通信人才		系统参与度
	后备员工		历史遗留问题
	英语水平	知识溢出度	高等院校质量
融资	初期融资		研发能力
	后期融资	生活方式	生活水平
	天使投资		文化娱乐
	众筹	市场	线上销售
商业环境	数据公开程度		数字服务需求
	办公空间成本		数字市场规模
	经商环境		移动市场规模
数字基础设施	光纤网络		线上销售增长
	移动网络速度	引导和管理辅助	网络社交管理
	宽带成本		加速引导程度
	网速		初阶辅助引导
创业文化	风险接受程度	非数字基础设施	铁路运输连通性
	文化多元程度		航空运输连通性
	在线协同程度		日常公共交通连通性

（三）中国启动"新型智慧城市评价指标"

中国近几年也高度重视智慧城市的发展和评估评价工作，很多智库和研究机构，都积极进行智慧城市评价体系的构建，每年也发布相关评估报告。但从国家层面来说，2016年开始首次部署全国新型智慧城市评价工作。11月11日，在国家发展改革委、中央网信办牵头的"新型智慧城市建设部际协调工作组"指导下，由工作组办公室秘书处组织工作组成员单位、城市、联盟、企业和专家等联合撰写的第一本国家层面的智慧城市年度综合发展报告《新型智慧城市发展报告（2015~2016）》正式发布。当月，国家发改委还联合中央网信办、国家标准委发布了《关于组织开展新型智慧城市评价工作务实推动新型智慧城市健康快速发展的通知》，同时下发新型智慧城市评价指标（2016 年）等相关附件，旨在推动新型智慧城市健康有序发展，推进新一代信息通信技术与新兴城镇化发展战略深度融合，提高城市治理能力现代化水平，提升人民群众幸福感和满意度，促进城市发展方式转型升级。

新型智慧城市评价指标（2016 年）按照"以人为本、惠民便民、绩效导向、客观量化"的原则制定，包括客观指标、主观指标、自选指标三个部分。客观指标侧重对城市发展现状、发展空间、发展特色进行评价，旨在反映智慧城市建设实效并发现极具发展潜力的城市；主观指标通过"市民体验问卷"，引导评价工作注重公众满意度和社会参与；自选指标是地方参照客观指标自行制定的指标，旨在反映本地特色。

本指标共包含 8 项一级指标（包括 7 个客观指标和 1 个主观指标）、21 项二级指标、54 项二级指标分项。一级指标包括惠民服务、精准治理、生态宜居、智能设施、信息资源、网络安全、改革创新和市民体验（见表 2）。

表 2　新型智慧城市评价指标（2016 年）及计算方法

一级指标及权重	二级指标及权重	二级指标分项
惠民服务(37%)	政务服务(8%)	1. 以公民身份证号码或法人和其他组织统一社会信用代码为唯一标识的电子证件照使用率
		2. 一站式办理率
		3. 网上统一入口率
	交通服务(3%)	1. 城市交通运行指数发布情况
		2. 公共电汽车来车信息实时预报率
		3. 公共交通乘车电子支付使用率
	社保服务(3%)	1. 社保服务在线办理情况
		2. 街道(乡镇)社区(行政村)社保自助服务开通率
		3. 社保异地业务联网办理情况
	医疗服务(3%)	1. 二级以上医疗机构电子病历普及率
		2. 二级以上医疗机构预约诊疗率
		3. 二级以上医疗机构门诊健康档案调阅率

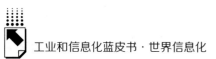

续表

一级指标及权重	二级指标及权重	二级指标分项
惠民服务(37%)	教育服务(3%)	1. 学校多媒体教室普及率
		2. 师生网络学习空间覆盖率
		3. 学校无线网络覆盖率
	就业服务(3%)	1. 就业信息服务覆盖人群情况
		2. 就业服务在线办理情况
	城市服务(7%)	1. 移动互联网城市服务提供情况
		2. 移动互联网城市服务公众使用情况
		3. 一卡通应用情况
	帮扶服务(5%)	1. 困难户电子信息档案建档率
		2. 互联网残疾人无障碍访问情况
	电商服务(2%)	1. 网上商品零售占比
		2. 跨境电商交易占比
精准治理(9%)	城市管理(4%)	1. 数字化城管情况
		2. 市政管网管线智能化监测管理率
		3. 综合管廊覆盖率
	公共安全(5%)	1. 公共安全视频资源采集和覆盖情况
		2. 公共安全视频监控资源联网和共享程度
		3. 公共安全视频图像提升社会管理能力情况
生态宜居(8%)	智慧环保(4%)	1. 重点污染源在线监测情况
		2. 企业事业单位环境信息公开率
		3. 城市环境问题处置率
	绿色节能(4%)	1. 万元GDP能耗降低率
		2. 绿色建筑覆盖率
		3. 重点用能单位在线监测率
智能设施(7%)	宽带网络设施(4%)	1. 固定宽带家庭普及率
		2. 光纤到户用户渗透率
		3. 移动宽带用户普及率
	时空信息平台(3%)	1. 多尺度地理信息覆盖度和更新情况
		2. 平台在线为部门及公众提供空间信息应用情况
		3. 为用户提供高精度位置服务情况
信息资源(7%)	开放共享(4%)	1. 公共信息资源社会开放率
		2. 信息资源部门间共享率
	开发利用(3%)	1. 政企合作对基础信息资源的开发情况

一级指标及权重	二级指标及权重	二级指标分项
网络安全(8%)	网络安全管理(4%)	1. 智慧城市网络安全组织协调机制的建立情况
		2. 建立通报机构及机制,对信息进行共享和通报预警,提高防范控制能力情况
		3. 建立完善网络安全应急机制,提高风险应对能力,并对重大网络安全事件进行及时有效的响应和处置
	系统与数据安全(4%)	1. 梳理并形成关键信息基础设施名录,并完成相关备案工作情况
		2. 根据风险评估结果和等级保护要求,对关键信息基础设施实施有效的安全防护
		3. 关键信息基础设施监管情况
改革创新(4%)	体制机制(4%)	1. 智慧城市统筹机制
		2. 智慧城市管理机制
		3. 智慧城市运营机制
市民体验(20%)	市民体验调查(20%)	—

资料来源：http：//mt.sohu.com/20170103/n477651258.shtml。

评价方法采取百分制,总得分满分为 100 分,是各一级指标得分之和,各级指标得分为其下层指标得分之和;计算时各分值保留两位小数。在权重设置方面,各级指标设置相应的权重,一级指标权重为其各二级指标权重之和,二级指标下的各分项权重之和为 100%。

新型智慧城市的评估评价工作目前还在进行中,中国政府表示,要以评价工作为指引,明确新型智慧城市工作方向;以评价工作为手段,切实提升智慧城市建设的实效和水平;以评价工作为抓手,促进新型智慧城市经验的共享和推广。

（四）世界各地争先树立智慧城市典型

除了国际组织和各国的评估评价工作外,世界各地也积极开展智慧城市的评选或者比赛,旨在树立典型,扩大城市的智慧示范效应。

2015 年底,美国交通运输部宣布启动"智慧城市挑战赛"活动,呼吁城市提出计划重塑交通系统,旨在利用技术、数据和创造力提升城市交通水平,重新定义出行和物流的方式。2016 年 6 月,俄亥俄州的哥伦布市凭借对技术应用全局性的愿景脱颖而出,获得了交通部提供的 4000 万美元奖金、Vulcan 公司提供的 1000 万美元赞助以及非联邦资源 1 亿美元融资以帮助实施其智慧城市计划。

"智慧城市挑战赛"要求城市不仅将新技术引入城市,还要设计创新解决方案的蓝图,改变城市交通面貌、缩小贫富差距和数字鸿沟、关注年轻人和老年人的需求。美国共有 78 个城市参与了"智慧城市挑战赛"活动,几乎涵盖了所有美国的中型城市;150 多家企业和非营利机构宣布在资源、技术解决方案中投资 5 亿多美元以协助支持智慧城市计划的实施。最终有 7 个城市进入决赛,分别是奥斯汀、哥伦布、丹佛、堪萨斯、匹兹堡、波特兰和旧金山。

哥伦布市的智慧交通创新试点计划①,采用一个新的中央连接式交通信号灯和集成交通数据系统,包括利用车联网技术减少交通压力和安全性,利用大数据增加公共交通使用率和健康状况,利用自动驾驶电动班车为更多居民增加出行选择等。具体措施包括以下几点。第一,哥伦布市将通过分析交通大数据,与初具成效的"最初一公里和最后一公里"公共交通连接(例如,街边移动自助值机、快速公交系统、智慧照明),为哥伦布的社区提供更多高品质产前护理的交通选择,来帮助一个婴儿死亡率四倍于全国平均水平的社区居民提高健康水平。第二,部署三条固定线路的自动驾驶电动班车到一个零售街区,以促进地区经济增长。第三,为城市公交、轨道交通安装联网系统以缓解交通压力、优化交通流量。第四,测试联网车辆技术,包括卡车自动编队、信号灯管理以及停车位信息交换。第五,促进电动车辆的使用,设置充电桩、开展教育项目以应对气候变化。第六,为全市居民提供交

---

① 《事实表:奥巴马政府宣布俄亥俄州哥伦布市获得智慧城市挑战赛 4000 万美元奖金,引领未来智慧交通》,https://www.whitehouse.gov/the - press - office/2016/06/23/fact - sheet - obama - administration - announces - columbus - oh - winner - 40 - million。

通集成式付款系统，并开发计划路线的应用软件，帮助居民安排出行路线。

2015 年印度开始进行规划打造"百座智慧城市"，6 月 25 日，印度城市发展部公布了"智慧城市"选拔标准及城市发展纲要①，规定各邦及中央直属管辖区依据四大标准、13 项条目给所属城市打分。在评选标准中，城市电子政务发展水平成为最重要的评选指标，13 项评选条目中有 8 项涉及网络化办公，例如，评选的第一大标准"城市现有服务水平"包括网上投诉系统的可操作性，政府是否每月发布电子通告，是否具有可追查过去两个财年政府预算及收支情况的网络平台。最后得分靠前的城市将获"百座智慧城市"提名，其中各项综合评定领先的前 20 座城市将被纳入本财年城市发展规划，之后 5 年中这 20 座城市每年将各获得中央政府 10 亿卢比（约合 1 亿元）的财政拨款。其余 80 座城市将被分成两批，在两年后择优获得政府拨款。2016 年初该计划取得了阶段性成果，位于印度东部奥里萨邦的布巴内斯瓦尔市②在当次评选中排名第一。

此外，中国也于 2016 年开展了 100 座新型智慧城市评选活动。世界各地关于智慧城市的这些评选活动，不仅帮助优者更优，还能引领智慧城市发展的热潮，起到了示范作用。

二 智慧城市战略规划持续更新

2016 年，很多国家也陆续开启"智慧城市"建设模式。澳大利亚推出了《联邦智慧城市计划》，巴西发布了"智慧巴西"《国家宽带计划》，都在国家战略层面推动智慧城市建设。美国白宫继 2015 年发布了"智慧城市行动倡议"之后，2016 年增加投资，继续深入推进这一计划。

（一）澳大利亚推出《联邦智慧城市计划》

2016 年，澳大利亚总理内阁部发布了《联邦智慧城市计划》（简称

---

① 《印度探索自身"智慧城市"模式》，http：//www. cecol. com. cn/news/20161018/1016414418. html。
② 《印度小城何以最"智慧"》，http：//world. people. com. cn/n1/2016/0218/c1002 – 28131954. html。

《计划》），这意味着从国家层面对智慧城市进行重新部署和重点关注，能够为城市带来更多机遇，从而推动国家走向灵活、创新和繁荣。

众所周知，澳大利亚的众多城市都十分宜居，同时担负着生产生活的重任。随着经济转型和知识经济的发展，城市也发生了类似变化。为了应对不断增长的机遇和挑战，政府和民众都需要重新思考城市的规划、建设、管理方式。除了经济转型和经济增长的挑战，住房、就业、自然环境及交通都承担着越来越多的压力，为了确保国家未来的繁荣和全球竞争力，各级政府需要进行合作，支持城市发展，这也是澳大利亚政府制定智慧城市发展蓝图的重要背景。

《计划》规划了澳大利亚政府关于城市发展和潜力最大化的愿景，通过"智慧投资""智慧政策""智慧科技"来实现。

"智慧投资"包括优先重点发展满足广泛经济和城市目标的项目，如就业、住房和卫生环境；把基础设施融资作为长期投资，确保为城市发展和筹集私人资本创造机遇；创新融资手段，对资产负债进行平衡调整，更快地建立重要的基础设施。

"智慧政策"包括在各级政府中开展"城市交易"项目，在重要经济中心启动公共和私人投资；通过激励改革，推动额外经济效益，使城市成为更优秀的居住地和商业区；收集和分析城市各项发展数据，对结果进行量化，进行决策、评估绩效并应对新需求。

"智慧技术"包括采用具有潜力的新技术，对城市规划、运作以及经济增长进行改革；充分利用和部署交通、通信和节能等方面的颠覆性创新技术；利用开放和实时数据解决方案，支持商业化创新行业的投资，推动澳大利亚经济增长。

《计划》不仅针对省会城市或中央商务区，而且针对各种规模的城市和城市所有领域。这些城市都面临着不同的机遇和挑战，对首都和主要城市来说交通拥堵和容纳能力是很重要的问题，而随着制造业工作岗位的流失，其他许多城市正面临着低增长或负增长等问题，所以《计划》应运而生，对未来的城市区域进行规划，最大化这些城市的特色，支持其长期发展，也为长期投资提供了一个平台，从而能够进行协调规划，帮助澳大利亚城市充分发挥潜力。这一计划还为正在进行的改革和合作奠定了基础，它代表了联邦水平的新型城市框架，这个框架指导着各个项目的推进。

最后《计划》还重点阐述了架构改革，包括将 5000 万美元用于基础设施建设规划，包括城市轨道交通；建立基础设施投资单位，与私营部门合作开发重点政府项目的投融资解决方案；邀请州和地方政府进行"城市交易"合作，通过协调投资计划为城市带来更好的发展成果。政府充分认识到了城市对于未来经济、社会和环境发展的重要性，联合各利益相关方进行合作，并鼓励所有人分享和建设智慧城市，对未来城市建设大有裨益。

（二）巴西发布《国家宽带计划》

近年来，巴西信息化快速发展。根据世界银行发布的《2016 年世界发展报告：数字红利》，巴西互联网用户总数位列世界前五，移动覆盖率达到 127%，固网覆盖率也达到 72%，都高于南美洲平均水平；同时，巴西智能机用户为 1.2 亿，渗透率达到 43.3%，移动互联网使用强度达每日 3.9 小时，目前巴西是世界上移动互联网使用强度最高的国家。尽管如此，巴西仍面临着很大的数字鸿沟，亚马孙河流域目前至少还有 70 个部落过着与世隔绝的生活，约 9800 万人无法接触到网络，通信市场和产业也不景气。

巴西通信部[①]于 2016 年启动了新一阶段的《国家宽带计划》（National Broadband Program，简称 PNBL），并将其定名为"智慧巴西"。该计划旨在通过光纤普及互联网，将高速网络连接到 3 万所公立学校，并投资第 5 代移动通信技术（5G）的创新和发展。该计划的具体目标包括：到 2019 年，拥有光纤网络的城镇数量将从 52% 增加到 70%，宽带网络也将覆盖 95% 的人口；3 万所公立学校将连通宽带网络，平均网络速度达到 72Mbps，并优先采用教育部收集的低指标；鼓励创新，通过投资研究 5G 以及物联网在房

---

① 《宽带普及计划打造"智慧巴西"》，http：//news.xinhuanet.com/world/2016 – 05/17/c_128988526.htm。

屋、产业和智慧城市等方面的应用服务。该计划预计 2016～2017 年将耗资 7.62 亿雷亚尔（约合 2.17 亿美元），资金主要来自 2016 年初移动通信频率使用权的拍卖所得。到 2019 年，投入的资金总额将达到 18.5 亿雷亚尔（约合 5.29 亿美元）。

在基础设施建设方面，巴西会陆续开工实施多个大型网络基础设施建设项目，其中"Minha Casa Minha Vida3"项目中的装置将建成并准备接收光纤网络。为了加强网络建设，巴西将在 2017 年底发射一颗国防和通信地球同步卫星；2018 年启动计划，将在 2021 年发射第二颗人造卫星，以满足商业和军事应用等日益增长的需求。通信部还将建设 6 条海底光缆，将巴西与欧洲、非洲和美国相连接，用以提高网络数据传输能力，保障通信安全。据称，海底光缆建成后能为巴西网络连接降低 20% 的成本。此外，通信部、国防部和科技创新部合作制定实施一项名为"亚马逊连接"（Amazônia Conectada）的项目，该项目将服务于北部区域，在 Solimões、Negro、Purus、Juruá 和 Madeira 河的河床上修建 7800 公里的光纤网络，这必将惠及 45 个城市，该项目还适用于数字融合、军事通信和环境监测。

在融资方面，为了帮助网络小供应商参与中小城市光纤铺设，2019 年之前，巴西通信部将为基础设施担保基金拨付 4 亿雷亚尔。这些金额可被这些公司用作与金融机构的抵押品或用于建设光纤网络。基金必须承担高达 80% 的供应商风险，并允许达到 25 亿雷亚尔的投资。巴西时任通信部长安德烈·菲格雷多称担保基金是一个"历史性需求"，通信部将会尽快率先拨付 5000 万雷亚尔，支持那些值得全国重视的小供应商继续在巴西的已有优秀工作。巴西有 1188 个人口不足 10 万的城市，这项与供应商经过磋商的长期措施，将会与其他措施一道促进巴西的宽带国际化发展。

为了缩小数字鸿沟，促进教育公平，"我的最智慧校园"（My Smartest School）项目将校园宽带进一步升级，到 2019 年，3 万所城市和农村公立学校将开通宽带、无线网，并建立多媒体中心，这些公立学校位于接受过基础设施培训并被教育部指定为具有低教育指标的地区。虽然大多数学校都有互联网，但速度都只有 1Mbps 或 2Mbps，所以该项目将这些学校的平均网络速度提高到 78Mbps，使孩子们有机会公平获得互联网中的信息，预计将有 2000 多万名学生受益，特别是北部和东北部偏远地区的学生。通信部还与教育部和 Telebras 公司合作，提供一个内容分发网络和国家课程共享基地的使用权。此外，"我的生活，我的家"居民住房保障项目中新建的房屋也将架设宽带网络设施。

"智慧巴西"计划还预测了该国在 5G 发展中的作用，目标是使巴西成为这项技术的出口国。为此，这一领域的研究机构将获得由电信技术开发基金提供的资源。未来，5G 将允许部署物联网，同时连接各种设备和对象，也为智慧城市应用（例如，交通控制、街道照明）创造了机会。通信部长也表示该项目将推动巴西实现技术突破，从 5G 商业化开始到 2020 年，巴西有望努力并取得不俗进展。

2010 年，巴西曾制订过为期五年的宽带普及国家计划，但后来这些计划并没有得到具体落实。此次"智慧巴西"计划在目标、期限和预算上都做出了调整。目前，巴西面临经济和政治双重危机，经济萎缩、财政吃紧，该计划的可行性和延续性也有很多不确定因素。对此，通信部相关官员表示，实现宽带网络覆盖对于巴西的发展不可或缺，所以这一计划在制订过程中已经充分考虑了政治经济形势，尽量保障其有效实行。

（三）美国强化《智慧城市行动倡议》计划

2015 年 9 月，美国白宫启动了《智慧城市行动倡议》计划（以下称为"该计划"），并投资 1.6 亿美元支持该计划实施，2016 年 9 月的"智慧城市"活动中，白宫再次宣布增加 8000 万美元拨款，继续推动该计划。该计划的创立是为了帮助部分城市解决它们最具挑战性的问题，包括公共安全、交通系统的弹性等，也涉及政府、大学及私人部门之间的合作。目前，该计划的总体投资达到 2.4 亿美元，新的资金可支持超过 70 个城市和社区建设智慧城市，使参与者翻倍，并在 2017 年启动若干新项目，包括"全球城市团队挑战赛""更好社区联盟""都市实验室网络"等。

由于近 2/3 的美国人生活在城市环境中，包括气候变化、公平增长、改善健康等基本挑战，都需要让城市变成创新的实验室，从数据科学、机器学习、人工智能、无所不在的传感器网络到自动化车辆的迅速发展，技术变革的速度对解决当地核心挑战具有重要的意义。因此，2015 年，美国启动了该计划，促使联邦机构、高校和私营部门密切合作、共同研究、开发部署、测试可以帮助城市更宜居、更清洁和公平的新技术，该计划涵盖的领域包括气候、交通、公共安全和转型城市服务。

2015 年该计划启动后举办了不少活动，譬如"智慧城市挑战赛""城市健身追踪器"，都取得了很好的效果，影响也很大。除了这些突破性的活动，政府还提出了很多其他补充性倡议，如旨在研究 5G 的"高级无线研究倡议"（Advanced Wireless Research Initiative）计划；"机会项目"（Opportunity Project）推动联邦开放数据基础上私营部门数字工具的创建；还有"警务数据倡议"（Police Data Initiative）和"数据驱动司法倡议"（Data-driven Justice Initiative）也在帮助地方当局使用大数据改善社区警务。

2016 年政府多部门将继续开展多项行动，支持智慧城市相关活动的开展。国家科学基金会（NSF）在 2016 财年拨付智慧城市相关资金 6000 万美元，2017 财年还会继续投资，投资研究的项目也非常丰富，包括车联网和自动驾驶汽车、部署传感器和社交媒体相结合的洪水预警试点、高风险高回报的概念性实验室研究项目（2450 万美元），通过 US Ignite 计划支持下一代互联网应用（1000 万美元），新创新伙伴关系：建设创新能力项目（700 万美元），关注智能互联社区的新物理信息系统奖励项目（400 万美元），将大数据区域创新中心扩大的新"Spokes"项目（200 万美元），大数据研究项目（140 万美元），智能和互联健康医疗研究奖励项目（150 万美元），2016 年美国国家标准与技术研究院（NIST）全球城市团队挑战赛（100 万美元）等。能源部（DOE）的重点项目是"更好建筑倡议"（Better Building Initiative），围绕该项目能源部宣布成立新的联盟——"更好社区联盟"来建设更清洁、更智慧的社区（初期由 59 个城市和机构组成），拨款 1500 多万美元开发分布式清洁能源，"更好建筑加速器"以发展"零能量排放区"，智慧能源分析项目活动，扩大 SMART Mobility 团体支持智慧节能的城市运输系统并建立"城市技术人员"试点（1000 万美元）、社区开发分布式清洁能源研究项目（700 万美元）等。NIST 正在继续扩大智慧城市运动并支持物联网的技术进步，支持项目包括探索制定基于物联网的智慧城市框架、集合多城市多社群的全球城市团队挑战赛、使多个城市和社区共同完成的创新智慧城市解决方案（35 万美元）等。商务部下属的国家电信和信息管理局（NTIA）研究发布一个新的智慧城市工具包。美国国土安全部（DHS）科技局宣布投资 350 万美元用于通过 Flood Apex 项目开发低成本传感器技术。网络和信息技术研究和发展项目宣布成立联邦智慧城市和社区工作组。

与此同时，社区、高校、行业和其他机构也都采取新的举措以积极响应政府的号召。4 家企业加入 NSF 主导的"高级无线研究倡议"计划；"都市实验室网络"（MetroLab Network）正在计划帮助城市在社会项目中实现创新，与 Annie E. Casey 基金会合作推出一个大数据与人类服务交叉学科实验室；智慧城市理事会（Smart Cities Council）以奖金方式资助五个美国城市应用智能技术以提高城市宜居性、可行性和可持续性；超过 20 个城市与新成立的全球城市首席信息官委员会发起倡议，关注智慧城市技术部署的责任和公平性；US Ignite 宣布增加四个城市加入"智能千兆社区网络"；1776[①]推出城市创新委员会，以创业联盟的形式克服智慧城市带来的挑战。

除此之外，该倡议还补充了很多其他项目，包括纽约州立大学奥尔巴尼校区政府技术中心正在为中小城市创建智慧城市指南；纽约市正在推出一个新的数字平台，帮助地方政府引导智慧城市市场发展；建立在芝加哥的城市数字化（City Digital）组织宣布了 2015 年试点项目的结果；达拉斯创新联盟和 Envision Charlotte 开启了"为了城市，通过城市"的合作项目；达拉斯还将建设达拉斯创新区；Mapbox 公司宣布推出 Mapbox 城市实验室，为城市免费提供在线工具和支持；微软公司也宣布了新的智慧城市相关资源，以帮助全国的社区利用技术改善公共安全和交通；Orange Silicon Valley 将举办研讨会，讨论 B2B 数据开放；等等。

---

① 1776 是美国一家创业孵化器和天使投资机构。

三　智慧城市建设推进更加成熟

随着智慧城市建设的推进，其具体内容与推进方式更加成熟、完善和务实。例如，联合国发布了《智慧城市与基础设施》报告，倡导了智慧城市的基本模式。美国发布了《技术与城市未来报告》，从 6 个维度提出了未来城市建设的要点，美国还发布了"智慧城市建设工具包"，以指导地方政府更好地利用各方资源，形成和维护良好的合作伙伴关系。中国则探索出独具特色的智慧城市道路——智慧小镇，以乌镇为代表的智慧小镇依托世界互联网大会，吸引了全世界的目光。这些探索也为智慧城市建设打下了良好基础，为其多元化发展提供了有益的借鉴。

（一）联合国倡导智慧城市发展的基本模式

联合国作为政府间国际组织，对于智慧城市议题非常关注。联合国开发计划署 2015 年发布了《2030 年可持续发展议程》，对人类生存发展提出了更高的目标。2016 年联合国发布了《智慧城市与基础设施》报告（以下简称"报告"），对智慧城市①的基础设施进行描述和分析，提出相关建议，为城市发展奠定了基础。

联合国《智慧城市与基础设施》报告首先介绍了城市化的关键趋势及其与《2030 年可持续发展议程》的联系，指出了智慧城市对城市可持续发展的重要作用。报告明确了智慧可持续城市"是利用信通技术和其他手段来改善生活质量、城市运行和服务效率及竞争力，同时确保城市满足今世后代在经济、社会和环境方面的需求的创新型城市"。报告还对智慧基础设施做出了解释，指出其为与智慧城市相关的所有关键主题提供基础，智慧建筑、智慧出行、智慧能源、智慧水务、智慧废物管理、智慧保健、智慧数字层等都是其重要组成部分。

---

① 该报告中文版翻译为"智能城市"。

报告着重阐述了智慧基础设施项目在实施过程中遇到的 5 个主要挑战，以及为了应对挑战由科技创新驱动的政策工具（见表3）。

表3 智慧城市和基础设施的主要挑战和政策工具

挑战	政策工具
智慧基础设施的本地化	利用本地创新系统；促进开放数据、开放科学模式；建立城市创新单元和生活实验室；利用区域创新网络和全球协作
技能差距	加快科学、技术、工程和数学教育方案；改革课程，促进多学科学习；与技术企业结成伙伴，培养智慧城市劳动力
缺乏资金和成熟的商业模式	发展由技术驱动的创新融资模式；数据货币化；通过更智能地利用现有公共资源来创造资金
治理模式	促进自下而上的参与式治理平台；建立智慧城市运行中心，打破行政上的各自为政
包容性	通过智慧应用帮助非正规部门正规化；为非正规部门提供可负担的智慧基础设施；让智慧城市具有性别包容性；发展关注所有弱势群体的智慧基础设施

基于以上分析，该报告提出了一系列关键指导原则，包括以人为本、包容、有抗御力、可持续性、可互操作、灵活性、减轻风险和安全性。报告最后对会员国、国际社会和委员会在智慧城市的设计和发展方面提出了针对性建议：采用参与式方法来进行智慧城市开发；因地制宜，纳入国家政策发展议程；强化信息通信核心基础设施，并提供支撑生态系统；鼓励将智慧城市及基础设施纳入国家科技创新系统；采用综合方法进行顶层设计，促进公共服务和资源配置；鼓励政府运用多种政策工具应对挑战；充分考虑和解决社会边缘阶层的特殊需求和性别需求；开展培训，提高人员技能；促进开放数据和开放科学模式来引发本地创新；确保各项原则纳入智慧城市设计开发中；及时公开数据，促进有效沟通。此外，还应关注标准化发展，促进区域协调和项目实施，充分利用平台和论坛等资源开展咨询和分享活动。

（二）美国提出智慧城市建设的解决方案

在前面的章节中，我们提到美国白宫发布了《智慧城市行动倡议》，其中美国总统科技顾问委员会（PCAST）发布的《技术与城市未来报告》和NTIA发布的《建立合作伙伴关系，为智慧城市建设赋能：地方组织工具包》，都提出了提升智慧城市水平的具体解决方案。

1.《技术与城市未来报告》

2016年2月23日，PCAST发布了《技术与城市未来报告》（以下简称《报告》），提出了政府应抓住新的城市化发展机遇，整合新的物质和数字技术，创造新的解决方案，为城市化发展提供最好的机遇。

《报告》指出，美国的城市化进程可以分为四个阶段：第一阶段的标志是蒸汽机的发明；第二阶段是电网和大众交通的普及（如地铁系统）；第三阶段是1920～2010年，其标志是个人汽车的流行，带来了郊区和高速公路的快速发展；第四阶段是2011年以来，千禧一代与婴儿潮一代引领了追求城市核心区的社会联系与生活便捷性的潮流，城市核心区在不断扩张，美国进入新的城市化阶段。新型城市化表现为不同的区域和副中心补充单一的市中心。因此，城市设计、基础设施和服务的需求正在不断增长和变化。其中重要的需求包括更有效地利用有限空间，更好的流通性，为不同收入群体提供服务支持，应对气候变化及其他自然或人为灾难。新型城市化所面临的挑战主要包括提供优质工作岗位、素质教育、适宜培训；提供医疗保健、儿童看护、新鲜食物等服务与产品；提供安全与健康的生活与工作环境；有效利用建筑与交通能源；减少暴力，消除不安全感。

《报告》强调了城市化水平的提升给美国带来了展示其创新实力、增加出口、改善美国人民生活水平的巨大机遇，抓住这一机遇需要联邦－州级－地方各级政府与私营部门等通力合作，开发应用新型交通、清洁能源、建筑创新、新的水务系统、小规模制造业、低水少土的城市农业及信息通信等新技术来提高城市的服务水平，使民众享受便捷舒适的城市生活。《报告》从交通、能源、建筑与住房、水、城市制造业、城市农业 6 个维度分析了提升城市创新力及运营管理水平的路径（见表4）。

表4　城市基础设施技术

部门	技术/概念	目标
交通	通过 ICT 技术与模型实现多模态融合 按需数字化交通 为自行车与步行而设计 机动车交通电气化	节省时间 舒适与效率 低成本流动性与普及使用 为交通服务提供者降低运用成本 零排放、零碰撞、零死亡 降低噪音 为缺医少药者、残疾人、老年人提供定制化服务
能源	分布式可再生能源 热电联产 区域供热和制冷 低成本储能 智能电网、微电网 节能照明 先进的暖通空调系统	节能 零空气污染 低噪音 水与交通协同资源管理 增强应对气候变化和自然灾害的能力
建筑与住房	新的建筑技术与设计 全生命周期设计与优化 实时空间管理的传感与驱动 自适应空间设计 有利于创新的融资、规范与标准	可负担住房 健康的生活与工作环境 廉价创新创业空间 热舒适 增强承受力
水	集成化水系统设计与管理 本地回收 以智能计量提升水效率 建筑物与区域的再利用	有活力的生态系统集成 水、卫生、防洪、农业、环境等系统的智能融合 增强承受力
城市制造业	高科技、按需经济 3D 打印 小批量生产 需要人力资本和设计的高附加值活动 创新园区	创造新工作机会 培训与教育 城市空间转换与再利用 生活与工作的紧密结合
城市农业	城市农业与垂直农业	减少水资源使用 更清洁的配送 更新鲜的农产品

（1）交通

《报告》指出，在以谷歌、国防高等研究计划署（DARPA）、交通部（DOT）为代表的汽车制造商、供应商、技术机构的努力下，联网自动驾驶汽车越来越普及，城市交通正处在大规模变革的边缘。自动驾驶汽车带来的成本节约非常可观，每年交通事故的成本是 3000 亿美元，交通堵塞的成本是 1230 亿美元，相应的医疗费用是 500 亿 ~ 800 亿美元。如果不开车，人们每年可以节约 1.2 万亿美元。

（2）能源

《报告》指出，随着能源基础设施的不断老化和能源需求的不断增长，美国面临着能源生产、储存、分布和需求管理的变革。从电能系统到电动汽车，城市持续的"电气化"增长将有助于长期保护我们的环境，提升我们的经济；而信息与通信技术和监控系统的进步则为提高能源效率提供了机会。《报告》关注了"区域能源"，即通过技术协调制热、制冷、本地热水和能源的生产与供应，来使能源效率和本地资源使用最优化。2015 年，佛蒙特州的 Burlington、堪萨斯州的 Greensburg 以及科罗拉多州的 Aspen 三大城市已经声称它们达到百分百能源可持续。

（3）建筑和住房

《报告》指出，预制技术、模块化结构、个性化定制、传感与驱动技术使得新建筑可扩展、更便宜，运营更高效，建设更节约。其中，预制技术比现场建设更有优势，它更精确、更低廉，建设速度更快；模块化结构包括建筑组成部分标准化的接口，重要系统（先进的暖通空调系统、电力等）可以提前预制、现场组装；个性化定制可以根据用户需求设置，避免了 20 世纪 60 年代"一刀切"的家庭建筑方式；最后，复杂传感和驱动技术的集成使理解并回应环境变化和用户动态需求成为可能。

（4）水

《报告》指出，随着大部分水利基础设施的老化，可以建立集成式水系统，使用生态系统法集成地区、流域和地方的水、卫生系统、洪水控制、农业和环境需求。投资雨水收集系统，存储、管理、循环和再利用地下水可以减少特定地理区域的水进口。"大洛杉矶县集成地区水管理计划"2013年的更新包括一项满足地区水供应需求的20年计划,其中最大的变化是雨水收集系统。通过增加家庭和社区雨水收集系统,洛杉矶将在2099年之前增加3~4倍的雨水采集量。

(5)城市制造业

《报告》指出,小型城市制造商生产多种产品,包括复杂的医疗设备、设计衣服、手工食品等。他们为小供应商、承包商、大原材料制造商等不同的客户和市场服务。制造新技术可以提高平均工资水平,制造类工作的平均薪酬是5万美元/年,而零售业或工业工作的薪酬为2.5万~3.8万美元/年。

(6)城市农业

城市农业的新方法以少土栽培系统(溶液栽培、养耕共生、气栽法)为代表,并布置在温室、房顶、建筑内部和建筑表面。国家宇航局(NASA)在和平号太空站上用气栽法测试了轨道上极端缺水条件下植物的生长,结果发现对植物根部间歇性的润湿能节约98%的水分和60%的营养。此外,使用堆肥的城市农业使废物循环形成闭环,并创造了有效的碳吸收循环。

最后,《报告》给出了四点具体建议。第一,由商务部负责同住房与城市发展部、交通运输部、能源部合作制订联邦跨部门计划——城市创新技术投资计划(CITII),鼓励、协调并支持示范性的城市技术创新模式。第二,住房与城市发展部应把技术创新作为其要履行的重要战略使命。第三,联邦当局要努力使创新型公共基础设施债券计划、先进技术基础设施孵化计划获得国会立法支持,从而支持城市建立开发区,并在社区引进重大新技术。第四,在国家科学技术委员会下设城市科学技术分委会,以协同联邦部门资助的研发活动,其首要任务是为现有联邦各部门资助的相关研发项目与计划建立详细清单。这些建议也为政府部门推进智慧城市建设提供了详解。

2. 智慧城市建设工具包

在投资建设智慧城市基础设施的过程中,很多地方政府和组织存在缺乏用于大型技术项目开发部署实施的资源、内部专业知识的问题,为此,2016

年 11 月 7 日，NTIA 发布了《建立合作伙伴关系，为智慧城市建设赋能：地方组织工具包》（以下简称《工具包》）的报告，旨在鼓励政府官员、城市规划者、公民团体和其他地方组织合理使用私营机构及其他利益相关者的资源和优势。在借鉴过去几年经验和教训的基础上，《工具包》设计了一个建立公私合作伙伴关系（PPP）的方案，主要包括以下四方面内容：了解典型的伙伴关系结构、选择正确的合作伙伴、确定每个伙伴的贡献、发展伙伴关系框架。此外，该报告还给出了一个能够帮助地方组织开展规划工作的检查表。

（1）了解典型的伙伴关系结构

《工具包》介绍了四种典型的伙伴关系结构：私有部门主导的伙伴关系；政府主导、私有部门支持的伙伴关系；政府主导、非营利组织支持的伙伴关系；共同联营。

在私有部门主导的伙伴关系结构中，私有公司（如设备制造商、开发商、技术公司）领导整个项目，并提供实施社区智慧城市计划的专业知识和资源。地方政府、社区机构、经济发展主管部门则提供愿景、战略计划、设施、框架和标准，并通过整合需求、动员民众、承担长期义务来协助项目的实施。在政府主导、私有部门支持的伙伴关系结构中，州政府、县政府或市政府（或者它们的组合）拥有设施，并与私有伙伴共同建设、运营基础设施以换取资金或实物支持。在政府主导、非营利组织支持的伙伴关系结构中，政府主体为领导，并与其他城市机构或者非营利组织一同提供社区服务。在共同联营的模式中，私有公司和公共部门共同投资基础设施。所有主体都提供资金、实物和其他形式的支持来建设和运营智慧城市项目。

（2）选择正确的合作伙伴

地方政府选择合适的合作伙伴分为三步：首先，根据经验、资质、管理和运维能力、资金状况、实施项目的能力、与当地文化的契合度谨慎选择潜在的合作伙伴；其次，向符合项目目标与合同条款并参与项目计划和发展过程的合作伙伴提供更多的资金支持；最后，让商业、政府、社区等广泛的合作伙伴参与项目建设，保证长期的可持续性。选择合作伙伴时，需要考虑他们是否能帮助提高项目的知名度、扩大受众范围、提升专业知识水平、扩大资金或实物贡献、提高运营效率等。

（3）确定每个伙伴的贡献

评估合作伙伴的贡献时主要考量三个方面：资金、资产和其他。评估资金时要了解每个伙伴的资金贡献时间和范围，特别是资本集中的基础设施；评估资产时要衡量每个伙伴能贡献的具体资产和具体时间；其他还要参考的包括电信服务、建设、工程、计划、审计、人员支持、客户服务等的具体形式和时间节点。

（4）发展合作伙伴关系框架

发展合作伙伴关系框架也经过形成合同、评估管理和运营背景、维护合作伙伴关系三个步骤。当涉及资金、可交付成果、资产、设备、人员、服务等内容时，需要形成正式的书面合同，当双方可以相互帮助、相互促进、目标一致时可以形成非正式合同；评估管理和运营需要考虑立法背景、政策支持、采购、运维、资金、合同、监理和评估；维护合作伙伴关系时需要设立一个领导、建立促进协调的制度、以书面形式定期交流交换重要信息和决定、主动在合同中体现动态变化、倾听并建立信任。

（三）中国走出"智慧小镇"的特色道路

在以信息化改造提升传统动能、助推供给侧结构性改革的过程中，中国走出了独具特色的智慧小镇的发展道路，为智慧城市的建设与发展探明了方向。智慧小镇小而全："小"意味着易切入，容易把智慧城市建设中不易打通的"信息孤岛"打通；"全"意味着复杂，能够发现问题，有示范作用。随着世界经济加速向以网络信息技术产业为重要内容的经济活动转变，智慧小镇的特色道路为推动传统产业升级、探索智慧城市建设贡献出了独特的力量。本文将以智慧小镇的典型——乌镇为代表，介绍智慧小镇在基础设施、智慧旅游、智慧医疗、智慧养老、智慧安防等方面的中国特色。

1. 基础设施

乌镇的领导人很具有前瞻性眼光，早在西栅景区筹建之初就在地下预埋了光缆。自首届互联网大会以来，经过三年全面的网络改造，西栅现在的网络密度是全国第一，共计 26 万条万兆级光缆接入景区，设立了 2600 多个 WiFi 站点，可以保证万人同时上网。乌镇的信息化建设充分运用了物联网技术，将小镇每一个智能设备作为一个物理节点，全面接入网络，实现了小镇的万物互联，并形成全新的网络运行支撑环境，对各种数据进行分门别类的采集、存储、整理、识别和分析。

2. 智慧旅游

乌镇旅游颇具"智慧"。进入景区前，可以用手机预订住宿，然后扫描二维码电子票进入景区；进景区时只要录入身份证，留下人脸信息，进出乌镇就可全靠刷脸轻松完成。在乌镇，无论走到哪里，游客都可以用二维码点餐、预订游船、付款，甚至能免押金借用雨伞和充电宝等物品。在不久的将来，乌镇的衣食住行消费都可以"刷脸"实现，即使手机没电，也能"畅游"乌镇。交通方面有机器人泊车系统，从定位停车、智能调度到自动泊车，整个过程只需 3 分钟。智慧路灯则根据时间调节灯光亮度，路灯开关、亮度调节都无须人工，全靠路灯照明智能系统来远程控制。

3. 智慧医疗

2015 年底，全国首家互联网医院——乌镇互联网医院正式成立。这是一家完全建立在云端的医院，通过互联网技术连接了全国 2400 多家医院、26 万名副主任以上专家、7200 多组国内顶尖专家团队。不管患者身在何处，只要有一台电脑或者一部手机，就可以随时约见医生、交流病情、体验药品配送服务。互联网医院通过挂号网实现运转。在挂号网上，平台连接医生和病人，在线上，病人可以完成挂号、预诊，根据病情，再找到"对口"的医生；到线下，进行面诊，接着将检查检验、诊断结果传回到线上，最后由线上完成复诊。大量的诊前和诊治工作完全能在互联网上完成，而且会诊、转诊也不是问题，是名副其实的高效医疗。乌镇互联网医院充分实现了优质医疗资源下沉，老百姓都可以便捷地享受到专家服务。开业至今，互联网医院的日均接诊量超过 3.1 万人次。

4. 智慧养老

走在全国前列的智慧医养"乌镇模式",是集预防保健、全科医疗、康复治疗、健康教育、免疫指导于一体的广覆盖、低成本、高效率、社会化的医养服务模式。继 2015 年第二届互联网大会上备受关注的"1(老人)+2(常规服务和定制服务)+1(政府)"乌镇智慧养老模式之后,乌镇又推出了"2+2模式",即"智慧养老综合平台和远程医疗服务平台+线下居家养老照料中心和社区卫生服务站"的智慧医养新模式。乌镇目前有 1.6 万名老人,其中近 4000 名老人生活在乌镇镇区,其余 1.2 万多名老人生活在农村。建在镇区的居家养老服务照料中心主要服务对象是镇区的近 4000 名老人。在推出"2+2模式"之后,乌镇将以居家养老照料中心为核心,大力发展二级站点,综合线上线下资源,实现对全镇老人多元化、差异化需求的全覆盖。

此外,乌镇智慧医养还充分利用了云平台。乌镇老人的"按护宝""生命感应器""SOS 呼叫跌倒与报警定位"等智能照护设备利用阿里云服务器进行远程管理,一有情况发生,立刻采取行动。行动不便的老人还可以通过云平台进行预约挂号和会诊,避免了去医院的不便。乌镇每个老人的健康情况、年龄阶段、患病情况、治疗情况都上传到云平台进行统一管理。掌握了老人健康大数据的医生可以据此做出全面正确的治疗方案,机构或社区的服务人员则可以为老人提供有针对性的膳食评估、生活方式调整等专业化建议,可谓一举多得。

5. 智慧安防

在第三届互联网大会上,智慧交通检查、智慧交通管理、"乌镇管家"等乌镇安保理念让人耳目一新。为了避免高峰期常出现的排队情况,在智慧交通检查中,乌镇在机动车卡点的检查道上安装了自动抓拍识别装置以加快检查速度。在 2016 年初开始推行的智慧交通管理系统中,乌镇实现了对道路、路口监控的全覆盖,数字警务室可以及时调整信号疏导交通,改变交通流分布,防止堵塞;可以记录交通车辆的过车信息,进行自动比对;并能在第一时间把危险消灭在萌芽状态。"乌镇管家"则是群防群治的大平台,实行"四清四报"——人口清、户数清、物品清、问题清,报违法、报可疑、报隐患、报动向,这种横向到边、纵向到底,网格化、地毯式的群防群治,能帮助民警排查不容易发现的隐情。

智慧小镇作为城市化发展中小城镇智慧化发展的新路径,是对智慧城市建设的有效补充,也能对大城市和乡村的智慧化发展起到重要的衔接作用。

四 智慧城市创新技术任重道远

过去的几年中,物联网发展如日中天,为智慧城市的发展添砖加瓦。而2016年,新技术的发展则继续为推动智慧城市的建设贡献力量,也产生了一些新的变化。其中,虚拟现实技术逐渐融入智慧城市,引领了智慧城市建设的新潮流;自动驾驶汽车和车联网等得到进一步发展和规范,但未来智慧交通仍然有很长的路要走;智能家居和可穿戴设备等虽然发展较快,但其标准统一性、设备故障率和安全性等问题逐渐突出,为真正市场化带来障碍。智慧城市的创新技术远不止于此,但限于篇幅,仅对这几个典型应用场景进行介绍。

(一)虚拟现实技术引领潮流

当大多数人对虚拟现实(VR)的认知还停留在游戏、娱乐等消费层面的时候,VR技术已无声无息地渗透到智慧城市建设的各个角落,引领了智慧城市建设的新潮流。

虚拟现实技术用于城市管道建设。目前,中国国内已有管道公司(如中冶集团)利用VR技术模拟城市地下管道场景,为人们了解地下空间提供参考。位于珠海横琴的综合管廊项目全长33公里,集给水、电力、通信、中水和真空垃圾管等多种管线于一体,是我国迄今为止建成的最长、最先进的现代化城市地下综合管廊。通过现场的实景搭建、触摸互动、数字沙盘,人们可以身临其境地参观这个现代城市地下管廊。这条地下管廊将各种管线集中统一管理,通过自动报警、视频监控、自动控制、互联网检测等多种技术手段，实现了安全、透明、可视化的实时管理，其平均使用寿命达到50年，远超直埋管道25年的平均使用寿命。

虚拟现实技术提供智慧商业解决方案。目前，国内购物中心、百货和超市利用VR技术将虚拟试衣镜、云POS、酒店自助一体机等智能设备应用起来进行互联网转型。未来将不需要试衣间，只要在虚拟试衣镜的屏幕前，选中自己想试的衣服，站好后，衣服将以虚拟的方式穿在人们身上，胖瘦也可以看出来。VR互动、实景购物、人脸识别、APP交互等先进技术打造了一系列未来的商业场景，最新的云计算、大数据分析管理、职能定位、移动支付等手段则改进、优化了实体商业的传统运营模式，加大了线下场景的丰富性。

虚拟现实技术与智慧教育无缝对接。北京市中关村二小等小学成功利用"IES沉浸式课堂系统"开设高年级公开课。该系统将VR技术无障碍应用于教学，不受时空等物理条件和师资力量限制，通过一键式统计和分析功能，教师可全程实现对学生的注意力管控，并随时调整教学策略。同时，VR技术还提供技能操作课程的仿真体验，模具拆装课程中利用VR操作和真实感觉一样。

未来，与智慧城市其他方面的对接也成了该技术要突破和创新的点。

（二）智慧交通建设日新月异

告别交通拥堵将带来十分诱人的好处，如更安全的道路、更少的污染等，然而，实现这一目标的技术——智慧交通，仍需要很大的改进。

美国交通运输部在智慧城市挑战赛中为冠军准备了5000万美元大奖。据美国科技杂志 *Government Technology*[①] 报道，虽然只有一个城市能够获得这份大奖，但这个奖项引燃了各个城市的激情，为未来很长一段时间内智慧交通项目的发展奠定了基础。为了进入智慧城市挑战赛决赛，很多城市积极

---

① *Government Technology*，http：//www.govtech.com/transportation/Effort－to－Build－a－Smarter－Transportation－Network－Takes－a－Giant－Step－Forward.html.

部署了一些新兴的技术项目，如无人驾驶汽车、车辆与基础设施的连接以及无线电车充电等。

智慧城市挑战赛中的人行道实验室（Sidewalk Lab）为获胜者提供了100多个有WiFi基站功能的智慧报亭。事实上，很多城市已经将WiFi报亭纳入智慧城市项目。这种报亭可以作为一种新的基础设施，成为未来收集数据的传感器基地；另外，这种报亭可以帮助用户叫车，便于民众上网；还可以收集交通路况数据、提供停车位信息，甚至可以调整交通信号灯为必要的交通需求提供优先级。

提到智慧交通，必然要提到自动驾驶汽车。在美国智慧城市挑战赛中，已经有城市在考虑或者尝试用自动驾驶车辆为核心区域（机场、市中心或学校）提供班车服务。但是，为减少不可预测事件的发生，这些班车仅在固定的轨道上行驶，并且行驶速度很慢。事实上，车辆之间、车辆与基础设施之间的互联，可以帮助自动驾驶汽车导航和应对突发情况，从而降低拥堵、应对复杂天气状况、降低因司机疲劳而发生事故的概率。业内人士普遍认为自动驾驶汽车更安全、更节约时间、更环保。然而，自动驾驶汽车的发展并非一片坦途。2016年5月7日，特斯拉Model S电动汽车发生了自动驾驶状态下的第一起致命事故，引起了人们的热议。为了规范自动驾驶汽车，美国交通部于2016年9月发布了《美国自动驾驶汽车政策指南》，旨在增强道路安全性，引领下一场革命。

在中国，智慧交通蓬勃发展。据中国交通部介绍，2016年高速公路电子不停车收费系统（ETC）用户突破3400万户。无车承运、网约车、分时租赁等新业态蓬勃兴起。最值得一提的是智能出行的代表——滴滴出行[1]，其2015年订单高达14.3亿个，累计行驶时间4.9亿小时，累计行驶里程128亿公里。滴滴平台的数据显示，快车拼车和顺风车两个产品，每天帮城市减少出行114万辆车，相当于北京出行车辆每天减少2.1%，一年下来，

---

[1] Cnet，《2016中国智能出行论坛发布首份智能出行报告》，2016年1月21日，http://www.cnetnews.com.cn/2016/0121/3071924.shtml。

节省 5.1 亿升汽油，减少 1355 万吨碳排放，相当于多种 11.3 亿棵树的生态补偿。自动驾驶方面，科技巨头百度已成功测试第一辆无人驾驶汽车，它还携手宝马公司，计划在五年内将无人驾驶汽车推向市场。

（三）智能家居发展面临挑战

智能家居常常被视为物联网发展最大的机遇之一。物联网通过将传感器和上网功能添加到日常物品中，使之形成网络。而智能家居就是利用物联网技术将家常用品连接起来，使人们的日常生活变得智能，通过自动化提升效率、节约能源和成本、提高家庭安全，并满足消费者日益增长的对便利性、可持续性和安全性的要求。例如，能在闹钟响起时自动启动的咖啡壶，可以根据全天不同时段自动调节的灯光和窗帘，以及在冷藏品快到期或快用完时自动发送提醒的智能冰箱等。然而，根据《经济学人》① 的报道，目前，多数消费者不愿意对家居产品智能升级。这并不是因为企业对智能家居的投入不够，而是因为很多智能硬件的价格过高，且技术不够成熟。

智能家居设备采用了不同的标准和技术手段，影响了设备的兼容性②。苹果推出了 Homekit，谷歌拥有 Brillo 和 Weave，亚马逊推出数字助理 Echo，而三星则在推广 SmartThings。与此同时，ZigBee、Wink 以及其他一些技术也在参与竞争。在理想状态下，所有设备都采用同样的标准，设备与设备之间可以相互传递数据，所有设备可以通过一款应用来控制。然而，实际情况并非如此，技术多样、标准不统一，消费者必须谨慎地研究每一款设备，确保其兼容性，并能在控制不同设备时轻松切换。

智能设备的故障率也是人们关心的内容，因为智能设备的故障可能会影响生活质量。例如，有用户反映谷歌旗下的 Nest 恒温器出现故障，导致家中气温变冷，宝宝因此大哭③。

用户对安全问题的担忧是智能设备采用的最大障碍。许多智能设备没有

---

① http：//tech. qq. com/a/20160612/035497. htm。

② Business Insider，http：//tech. qq. com/a/20160118/007091. htm.

③ Business Insider，http：//tech. qq. com/a/20160118/007091. htm.

对用户的隐私信息进行加密，因此，物联网没有想象中那么安全①。例如，研究人员指出，Nest 智能恒温器会以明文形式泄露用户信息，使处于同一个互联网服务提供商网络内的黑客可以轻易窃取用户信息。尽管问题暴露后，Nest 迅速修复了漏洞，但是并不清楚该漏洞在被修复之前存在了多久。诸如此类的安全性问题使人们在使用这类设备时采取谨慎的态度。

① http：//tech. qq. com/a/20160121/033354. htm.

网络空间安全与治理篇

Cybersecurity and Cyberspace Governance

B.7

2016年网络安全概况

何冰梅*

摘　要：　2016年，随着网络信息技术的飞速发展及其在各行各业应用
的日益深入，全球的网络安全重大事件频出，工业控制系统、
智能技术应用、云计算、移动支付领域面临的网络安全风险
进一步加大；网络攻击持续增加，影响力和破坏性显著增强；
国际级网络军事化力量不断增强，形成严重不对称态势，对
全球政治经济社会影响巨大，安全形势异常严峻。同时，各
国对网络安全的认识提高到前所未有的高度，围绕网络空间
安全的角逐更加激烈，网络安全领域的新战略、新政策不断
出台。

---

* 何冰梅，国家工业信息安全发展研究中心信息化研究与促进中心工程师，从事信息化领域情
报研究工作。

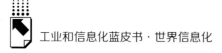
关键词： 网络安全 物联网 网络治理

2016 年，在全球经济和政治持续动荡、网络信息技术飞速发展并在各行各业应用日益普及深入的大背景下，全球的网络安全重大事件频出，工业控制系统、智能技术应用、云计算、移动支付领域面临的网络安全风险进一步加大，黑客组织和网络恐怖组织等非国家行为体发起的网络安全攻击持续增加，影响力和破坏性显著增强，国际级网络军事化力量不断强化，形成严重不对称态势，对全球政治经济社会影响巨大，安全形势异常严峻，卡巴斯基创始人尤金·卡巴斯基认为这是"网络安全的黑暗时代"。同时，各国应对网络安全的认识提高到前所未有的高度，围绕网络空间安全的角逐更加激烈，针对网络安全领域的新战略、新政策陆续登场，取得全面突破。

一　2016年网络威胁全面升级

2016 年，各种信息安全事件依旧层出不穷。黑客入侵、信息泄露、物联网攻击等安全事件众多，甚至频频成为全球热点，工业领域、移动支付领域、物联网领域等的脆弱性使其成为攻击多发领域。

（一）网络攻击波及各行各业

2016 年，黑客发起的网络攻击不断出现，波及各行各业，引发众多灾难性事故，而 Akamai 高级安全倡导者 Martin McKeay 表示，2016 年仅仅是一个过渡，更严峻的形势即将到来。

在工业领域，网络攻击在 2016 年有明显的增加。网络安全方案提供商 Tripwire 通过对 150 多名来自能源、石油和天然气行业的 IT 专业人士的调研发现，82% 的石油和天然气公司遭受的网络攻击的次数较过去有明显增加，其中很多公司受到的攻击数量成倍增长。2016 年度较为著名的事件包括年初乌克兰发生的由黑客的攻击行为导致的停电事件、8 月伊朗石化公司被恶意软件感染等。

在物联网领域，随着工业 4.0、工业互联网、智能设备等的快速发展，物联网普及带来的安全隐患日益凸显。2016 年 10 月 21 日，美国遭遇大面积网络瘫痪，原因是美国域名解析服务提供商 Dyn 公司当天受到强力的 DDoS 攻击。Dyn 公司称此次 DDoS 攻击涉及千万级别的 IP 地址，其中部分重要的攻击来源于 IOT 设备。在这次入侵事件中，物联网设备成为突破口，显示出物联网设备目前的脆弱性，物联网还潜藏着更为隐蔽、危害更大的社会安全风险和国家安全风险。

针对政府部门的网络攻击也不断增加。2016 年 1 月 3 日，黑客组织匿名者（Anonymous）关闭了数个隶属于沙特阿拉伯的网站。11 日，Anonymous 宣布向尼日利亚政府发起网络战争，尼日利亚有多个政府网站遭到 DDoS 攻击。

针对基础设施的攻击也直接影响着人们的生活。2016 年 11 月 26 日，旧金山 Muni 地铁站被黑，售票系统停运。11 月初，位于芬兰拉彭兰塔的两栋公寓楼供暖和热水系统遭受 DDOS 攻击，使得楼内居民一度身处寒冷中。

在中国，360 公司 2016 年发布的《2015 年中国高级持续性威胁研究报告》称，中国科研教育机构、政府机构、能源企业遭受攻击次数位列前三，军事系统排名第四。此外，国防工业部门如航天系统也是被攻击的重要领域。该报告特别提到，来自境外的某组织自 2007 年就对中国的政府、军事、科技和教育等重点单位和部门展开攻击，目前仍十分活跃。

（二）信息泄露事件影响广泛

2016 年，信息泄露事件发生的数量、影响范围均呈现大幅增长势头，一些信息泄露事件产生了重大的社会影响。

互联网迄今最大规模的信息泄露事件发生在雅虎。9 月，雅虎证实至少有 5 亿个账户曾遭到网络侵入，3 个月后，雅虎公司又曝出泄露的账户达到 10 亿个。入侵该公司的黑客在 2013 年 8 月不仅从超过 10 亿个账户中窃取了个人信息，还进入该公司软件并生成伪造的小型文字档案，这可让他们无须密码就能进入用户的账户。雅虎也因这一信息披露不及时而受到美国证券交易委员会的审查。

1月8日消息称，美国最大的有线电视公司时代华纳旗下约有32万用户的邮件和密码信息已被黑客窃取。

2月，匿名黑客计划将两万名美国联邦调查局探员以及9000余名美国国土安全部员工的个人信息公布出来。同月，10万英国人被盗的信用卡信息出现在公开互联网上，任何人只要花不到2.5美元就能买到这些信息。

4月3日，土耳其爆发重大数据泄露事件，近5000万土耳其公民个人信息牵涉其中，包括姓名、身份证号、父母名字、住址等在内的一连串敏感信息被黑客打包放在芬兰某IP地址下，人们可通过P2P任意下载他们感兴趣的数据。

5月，一名俄罗斯黑客盗取了2.723亿个邮箱信息，其中包括4000万个雅虎邮箱、3300万个微软邮箱以及2400万个谷歌邮箱。这名黑客将如此大批量的邮箱信息随意地以1美元的低廉价格放在俄罗斯黑市上售卖。

8月，法国国防承包商DCNS（法国舰艇制造局）被一起大规模的潜艇绝密数据泄露事件重创，泄露的数据高达2.24万页面，包括DCNS给印度海军设计的潜艇战斗能力细节以及马来西亚和智利海军潜艇的类似数据。

10月，奥巴马政府公开指责俄罗斯政府，称其是2016年总统竞选一系列黑客事件的主使。据称，过去18个月来，网络攻击者入侵了民主党国家委员会（DNC）的网络和计算机，泄露了大量电子邮件和文档资料，攻击了竞选系统。美国国土安全部（DHS）和情报体系（USIC）明确指认俄罗斯政府是这些黑客活动的幕后黑手。

中国类似的事件也很多。据统计，从2015年下半年到2016年上半年的一年间，我国网民因垃圾信息、诈骗信息、个人信息泄露等遭受的经济损失高达915亿元。

（三）网络盗窃、勒索等造成巨大经济损失

2016年，网络盗窃、勒索等犯罪行为直接造成的经济损失也达到前所未有的规模，严重危害了民生、经济、社会以及国家安全，给各国造成巨大损失。

2016年2月，黑客通过将恶意软件包植入金融机构的SWIFT支付系统，窃取了孟加拉国央行8100万美元。6月，黑客再次利用SWIFT系统漏洞从一家乌克兰银行窃取近1000万美元。国际信息系统审计协会（ISACA）在调查后指出，几十家银行（主要集中在乌克兰和俄罗斯）已经被攻击，并可能已造成数亿美元的经济损失。SWIFT是全球银行都在使用的每天传输高达数十亿美元的全球性信息系统。

5月，厄瓜多尔银行Banco Del Austro of Cuenca成为网络盗窃案件受害者，攻击者通过SWIFT系统的漏洞盗取了1200万美元。

6月，美国联邦调查局披露了一组网络盗窃行为，一批黑客试图冒充企业高管并通过电子邮件完成超过30亿美元的电子汇款。

11月，俄罗斯五家主流大型银行遭遇了长达两天的DDoS攻击。来自30个国家2.4万台计算机构成的僵尸网络持续不间断地发动强大的DDoS攻击，攻击的强度达到每秒发送66万次请求。

12月，俄罗斯中央银行系统遭到黑客入侵，犯罪分子从俄罗斯央行的代理银行账户中窃取了20亿卢布。据说，黑客本来试图从俄罗斯中央银行窃走50亿卢布，但当局成功地对该行为进行了阻止，将部分资金转移到别处。

2016年勒索软件也带来了很多麻烦，最广为人知的就是好莱坞长老会医学中心的事件。2月，攻击者通过勒索工具入侵了医院网络系统，锁定医务人员的电脑并勒索9000比特币（约360万美元）作为解锁条件。

二 各国网络安全立法进展和新举措

互联网带来了巨大的社会和经济机遇，但也给国家安全、经济安全、敏感企业和个人信息安全带来了空前的挑战。2016年，随着网络安全威胁的不断升级，各国已将网络安全视为国家安全的重要组成部分，通过设立专门机构、发布战略、完善立法、加强教育、培养人才等方式，在国家层面采取积极措施应对网络安全挑战。

（一）美国

2016 年初，白宫向美国国会提交了《网络威慑战略》文件，明确提出美国政府将采取"整个政府层面"和"整个国家层面"的多元方法，以威慑并防止网络威胁。这份文件认为，如今，美国拥有占绝对优势的军事能力，却严重依赖于网络空间，并面临具有较高能力的国家和非国家潜在对手挑战，这些潜在对手具备对美国发动重大网络攻击的能力、技能和意愿。

1 月，美国食品与药物管理局（FDA）针对联网医疗设备制造商公布了一份指南草案，提供了一系列加大联网医疗设备安全性能的指导。

2 月底，美国军方宣布计划在未来 5 年内斥资 347 亿美元加强网络安全，美国国防部长阿什顿·卡特（Ash Carter）称，这是战争新的形式。

3 月，美国联邦通信委员会（FCC）提出了保护宽带用户隐私的新规则，主要集中在三个方面：选择性、透明度和安全性。选择性意味着用户可以禁止网络服务提供商使用其数据促销其他与通信相关的服务，或者将其数据分享给提供类似服务的公司。电信运营商在向第三方分享客户信息之前必须征得客户许可。透明度是指网络服务提供商必须让客户清楚要收集哪些信息，以及在何种情况下与其他机构共享这些信息。在安全性方面，FCC 称，网络服务提供商必须采取合理的措施保护用户数据，同时还需要采取风险管理措施，在数据安全方面对员工进行培训，使用强大的客户身份认证系统，并任命一名高级经理全面负责个人信息的使用和保护。

7 月，美国总统奥巴马批准了一项新的政策指令，首次就美国政府如何应对重大网络攻击做出详细说明，并公布对网络攻击严重程度的定性标准。这项指令就政府应对此类事件建立了一个清楚的框架。重大网络事件发生后，美国政府将从威胁应对、资产应对和情报支持三个方面做出反应，并各指定一个负责的联邦机构。

10 月，美国金融监管机构发布了一项初步计划，将加强该国最大银行抵御重大网络攻击的能力，以在技术失败的情况下保护美国金融系统。该计划由美联储、联邦存款保险公司和美国财政部货币监理局（OCC）联合发布，旨在指导美国大型银行和在美国运营的外国银行更好地应对网络安全威胁，这些银行管理的资产达 500 亿美元以上。

11 月，美国国土安全部发布了《物联网安全指导原则》，向物联网设备和系统开发商、生产商、管理者及个人提供了一组安全规则建议。

（二）欧盟

2016 年 4 月，欧洲议会宣布投票支持新的《一般数据保护法规》，用以保护消费者的数据和隐私。此次数据保护改革包括两方面：一是一般数据保护监管，使居民更好地控制个人数据，同时，增强消费者的信任使企业能充分利用单一数字市场；二是数据保护指令确保受害者、证人和犯罪嫌疑人相关数据受到保护，使欧盟成员国执法机构通过信息共享，能协助警察或检察官跨境合作打击犯罪和恐怖主义。

7 月 5 日，欧盟委员会签署了一份将向网络安全工作投入新一批资金的协议。在这份协议下，欧盟各成员国将联手相关领域的私营企业一同解决网络安全问题。

7 月 6 日，欧洲议会全体会议通过《欧盟网络与信息系统安全指令》，以加强欧盟各成员国之间在网络与信息安全方面的合作，提高欧盟应对处理网络信息技术故障的能力，加大欧盟打击黑客恶意攻击特别是跨国网络犯罪的力度。这是欧盟出台的第一个关于网络与信息安全的指导性法规，其主要内容是，要求欧盟各成员国加强跨境管理与合作，制定本国的网络信息安全战略，建立事故应急机制，对各自在能源、银行、交通运输和饮用水供应等公共服务重点领域的企业进行梳理，强制这些企业加强其网络信息系统安全，增强防范风险和处理事故的能力。

（三）德国

2016 年 8 月，德国政府成立新网络安全部，名为 ZITiS，由约 400 名公务员组成，目标是实现在线应对恐怖分子。

11 月，德国政府发布了新的网络安全战略，用以应对针对政府机构、关键基础设施、企业以及公民的越来越多的网络威胁活动。根据新战略，德国政府将重点关注以下十大领域：保护关键信息基础设施，保护信息系统安全，加强公共管理领域信息安全，成立网络应急响应中心，成立网络安全委员会，有效控制网络空间犯罪行为，加强同欧洲及全球的网络安全信息共享和协作，使用安全可靠的信息技术，培养联邦政府的网络安全人才，开发应对网络攻击的工具。

（四）日本

2016 年 3 月，日本召开了网络安全战略总部会议，正式敲定了担负网络安全对策中枢职能的人才培养计划。该计划的主要内容是在未来 4 年内培养近千名专家，着眼于保护 2020 年东京奥运会和残奥会，努力加强网络攻击应对能力。

（五）英国

2016 年 4 月，英国国防部宣布投入 4000 万英镑建网络安全中心，该项目用于支撑其网络及 IT 系统防护。

11 月，英国政府启动新一轮的"国家网络安全战略 2016～2021"，提出英国政府将在未来五年投资 19 亿英镑加强互联网安全建设，防范网络攻击，维护英国经济及公民信息安全，提升互联网技术，确保遭到互联网攻击时能够予以反击。相比英国"国家网络安全战略 2011～2016"中 8.6 亿英镑的国家网络安全投入，新计划的投入翻了一番。

（六）荷兰

在全球范围内荷兰以注重隐私而闻名。2016 年 1 月 5 日，荷兰声明对数据加密给予支持，并强烈反对政府主导的后门行为。荷兰政府认为，可靠的加密机制是"保护公民、企业、政府甚至是整个荷兰经济"的关键。

一个月后，由荷兰安全部和司法部发布的一份政府文件指出，现阶段荷兰不宜采取限制性的法律措施来反对加密机制的开发和使用。"在加密产品上引入技术投入（后门）之后，当局可以访问用户加密的文件，同样网络犯罪者也可以访问用户加密文件。如果在加密产品中引入后门，将会对传输、存储的信息和 ICT 系统完整性带来不可预测的危害。"

（七）俄罗斯

俄罗斯杜马 2016 年 6 月出台一项法案，强制要求所有消息应用内置加密后门，以便相关互联网公司产品的加密通信内容能够让政府情报机关联邦安全局访问。另外，这项法案还要求相关公司必须保留所有用户聊天记录 6 个月，便于调查取证。

7 月，俄罗斯总统普京签订反恐修正案，使国家安全机构能获得更大的监控权力。新规定要求通信服务提供商保存用户的通话、短信、照片和视频 6 个月，而元数据则需要保存 3 年时间。此外，这些公司还需要向国家安全机构提供数据的访问权限，以及使用这些数据的加密机制。

（八）澳大利亚

2016 年 4 月，澳大利亚发布《澳大利亚网络安全战略》。澳大利亚认为，一个开放、自由和安全的互联网对国家未来繁荣稳定很重要，但网络安全威胁呈现愈演愈烈的趋势。该战略将通过 33 项新举措保障国家网络安全，政府为此提供 2.3 亿澳元资金支持。

三　网络安全新特点

2016 年，全球网络安全领域国际竞争加剧，网络空间各方力量不对称态势强化；在数据、技术共享需求驱动下，不同利益集团的合作深化开展；网络安全领域技术创新取得突破，投资并购活跃；企业和政府在加密与安全之间不断博弈，寻求新的平衡点。

（一）各国普遍加强网络安全信息共享和合作

近年来，网络安全威胁尤其是未知威胁总体呈现专业化、组织化、复杂化趋势，防范网络安全风险的难度越来越大。为此，国家之间、政企之间、企业之间都在加强合作，共享技术和安全信息，以建立更完善的网络安全机制。

德国联邦情报局与美国国家安全局 2016 年初恢复了网络监控合作，德国联邦情报局再次开始为美国国家安全局提供信息。

2016 年 2 月 10 日，北大西洋公约组织发表声明说，北约与欧盟达成一项技术协议以加强网络安全合作。欧盟表示，与北约加强网络安全合作是欧盟网络防御政策框架下的五大优先事项之一。

2 月底，德国安全部门和来自其他六个欧洲国家的调查人员共同合作，打击网络犯罪交易平台。来自法兰克福检察院和德国联邦刑事调查局（BKA）的调查人员表示，此次行动主要针对暗网论坛。

5 月 2 日，韩国未来创造科学部和美国国土安全部确认，韩美将共同研究基于人工智能（AI）的网络安全技术，携手打击网络恐怖主义，并在韩国发表了联合研发人工智能技术，以探测黑客攻击风险、杜绝网络恐怖活动的《意向声明》。根据声明，韩美将平摊研发基于人工智能的网络安全技术所需经费，并协商确定具体研发课题。两国还将讨论共享网络安全信息，扩大互联网安全领域的民间合作。

美国商务部和欧洲委员会通过《欧美隐私保护盾》框架协议，就欧盟和美国之间的数据共享达成共识。根据该协议，美国国务院将设立一位"督察专员"负责解决隐私相关问题以及欧盟公民的投诉。

（二）网络安全领域并购和投资行为增加

2016 年，全球网络安全领域投资并购活跃，IT 巨头加快布局，小型技术型公司发展迅速，传统制造企业也倾向于通过并购获得技术，弥补自身安全短板。

2月，黑莓宣布完成了对 Encription 的收购。Encription 是一家为全球提供网络安全咨询服务的公司，黑莓表示此次收购将会帮助它启动一项全新的咨询业务——专业网络安全服务。

2月，加拿大网络安全软件公司 Nakina Systems（"Nakina"）同意被诺基亚收购，进一步加强诺基亚在网络安全领域的地位，帮助客户提升防御水平。

2月底，IBM 宣布收购私营网络安全公司 Resilient Systems，以扩大其在事件响应市场的份额。Resilient Systems 成立于2010年，主要业务是帮助私人和政府客户预防、发现和弥补网络漏洞，其已成为事件响应领域的领先者。

3月，美国哈曼国际工业集团为提高其汽车产品的安全性收购了密歇根汽车网络安全公司 TowerSec。TowerSec 总部位于美国密歇根州安阿伯，其核心软件安全产品应用于网络安全实时检测与防护，可以防御黑客及病毒入侵。

4月，Intel 公司宣布收购意大利半导体功能性安全方案厂商 Yogitech，强化物联网设备及自驾车的安全防护能力。

7月，创立于2001年的网络安全公司 Bay Dynamics 获得2300万美元 B 轮融资，该公司开发的自动化安全风险分析平台 Risk Fabric 能够帮助企业发现威胁并通过数据自动分析其网络安全风险。目前，该企业已经拥有数百家美国企业客户，其中不乏财富500强公司。

9月，Intsights 宣布完成750万美元 A 轮融资，本轮融资由 Blumberg Capital 领投，前投资者 Glilot Capital Partners、黑石集团、Wipro Ventures 和一些私人投资者参投。Intsights 创立于2015年，公司研发暗网数据的可视性，能够在网络攻击发生之前就监控到这些潜在的威胁。

9月，英特尔表示该公司将会分拆其 McAfee 网络安全部门，以31亿美元现金的价格将多数股权出售给投资公司 TPG，后者将持有这家新实体51%的股权。

11月，以色列安全数据分析公司 Logz. io 宣布获得1600万美元的 B 轮融资。Logz. io 基于 AI 日志分析平台致力于帮助公司跟踪网站、应用及软件的使用情况，以避免发生停机故障。

11 月，IBM 宣布将在互联网安全领域投入 2 亿美元，强化网络安全紧急响应能力，包括在马萨诸塞州坎布里奇市建立一个新的全球网络安全总部，进一步拓展 X-Force 指挥中心全球网络，组建 IBM X-Force 紧急响应与智能系统（IRIS）团队等。

（三）政府与企业因监控和隐私保护而摩擦不断

随着大数据时代的到来，网络数据资源的价值和面临的风险都在不断提高，保障数据安全已成为全球性难题。对于数据的管理，政府和企业利益诉求和立场差异巨大，二者之间的博弈在 2016 年更加显性化。

在 2016 年初遭遇恐怖袭击后，欧盟各国纷纷加强了网络监控，法国、英国等国均在讨论相关法案，在获取公民信息方面授予情报部门更大权力，而美国利用大数据分析技术和政企安全信息共享应对网络安全威胁的需求也十分迫切，各国政府通过网络安全法案"减损隐私权以保障网络数据安全"的倾向均非常明显。从企业角度来看，欧美企业，特别是互联网巨头，则更希望加强数据安全立法，如推特、苹果等公司，在 CISA 法案制定的过程中，将"维护公民隐私权"作为反对政府立场的中坚理由，多次明确反对"安全压倒人权"，认为这会导致用户对企业的不信任，纵容政府对商业秘密甚至经营自由的不当干涉。

与此同时，政府也注重对本国民众隐私的保护。3 月，美国联邦通讯委员会向国会提交一份用户隐私保护法令，禁止互联网服务提供商在没有经过用户许可的情况下出售用户数据。欧盟明确否定"安全港协议"，与美国重新签署隐私盾协议也是因为美国政府对欧盟用户信息的获取和使用权限明显侵犯了欧盟宪章中个人数据保护的基本人权。欧盟新的《一般数据保护法规》增设了数据可携权，也是为了推动企业解决网络数据存储格式不统一等问题，满足用户将个人信息在不同应用间自由传输、存储等需求。

2016年全球网络空间治理发展态势

乔 睿*

摘　要： 2016 年，随着 IANA 域名职能管理权的移交，"该采用多边化模式还是多利益攸关方模式"的争论逐渐走向弥合，更多国家强调尊重各国平等参与全球网络空间治理权利，达成了应在尊重主权和不干涉他国内政原则基础上加强合作，构建和平、安全、开放、合作的网络空间治理新秩序的共识。同期，各国政府对于"网络主权"的诉求不断提升，各类主体之间的互动模式更加复杂，围绕网络空间治理相关议题的讨论走向深化，数据本土化、数据跨境流动及相关治理规则等议题成为各国政府的政策制定焦点。基于对年度重点事件的梳理和对相关文件、政策的分析，本文围绕"IANA 职能管理权移交"和"跨境数据流动规则"两条主线对 2016 年全球网络空间治理发展态势进行了论述。

关键词： IANA 职能管理权移交　多利益攸关方　数据主权　跨境数据 隐私保护　数据本土化

2005 年，信息社会世界峰会（WSIS）最终报告提出了"互联网治理"定义，即"政府、私有部门、公民社会通过制定程序和规划来塑造互联网

---

* 乔睿，硕士，国家工业信息安全发展研究中心信息化研究与促进中心工程师，从事信息化战略研究。

的演进和使用，互联网治理是指在此过程中他们共同认可的原则、规范、规则以及决议的发展和应用"①，这一定义已得到国际社会的普遍认可。在WSIS 2005 举办十年之后，联合国大会 2015 年信息社会世界首脑会议成果文件进一步指出，与政府议程不同，互联网治理的参与主体不仅包括政府，还包括私营部门、民间团体、国际组织、技术和学术界以及其他利益攸关方；为了让各种参与主体更好地行使各自的职责和责任，互联网治理的模式也应"涵盖多边、透明、民主和多利益攸关方流程"②。2016 年，随着IANA 域名职能管理权的移交，"该采用多边化模式还是多利益攸关方模式"的争论逐渐走向弥合，更多国家强调尊重各国平等参与全球网络空间治理的权利，达成了应在尊重主权和不干涉他国内政原则的基础上加强合作，构建和平、安全、开放、合作的网络空间治理新秩序的共识。

与此同时，随着网络资源重要性的凸显和网络安全博弈态势的加剧，各国政府对于"网络主权"的诉求不断提升，各类主体之间的互动模式更加复杂，围绕网络空间治理相关议题的讨论走向深化。例如，随着网络技术的发展，现实社会中绝大多数的信息能够被转换成网络空间中的数据和信息，但数据和信息流通所依靠的物理网络与基础设施处于国家主权的管辖范围内，各国对于是否有权对本国境内网络基础设施上流通的数据实行管辖存在不同看法，由此而生的数据本土化、跨境数据流动及相关治理规则等议题在2016 年成为各国政府的政策制定焦点。由于数据与信息不仅是网络空间中的核心资源，同时也是具有战略性意义的权力与财富③，部分在信息生产、加工、传输、存储和使用环节中占据主导地位的国家和地区（如美国和欧盟）积极出台相关政策，意图获取网络空间乃至经济、政治、文化领域的战略优势。

---

① WSIS：Tunis Agenda For The Information Society, http：//www. itu. int/net/wsis/docs2/tunis/off/6rev1. html, 2005 年 9 月 18 日。

② General Assembly of the United Nations：The General Assembly High-level Meeting on the overall review of the implementation of the outcomes of the World Summit on the Information Society, http：//workspace. unpan. org/sites/Internet/Documents/UNPAN95735. pdf, 2015 年 12 月 13 日。

③ 杨剑：《数字边疆的权力与财富》，上海人民出版社，2012。

网络空间的安全、发展、自由是政府、私营部门和市民社会所追求的共同目标，而安全、发展、自由这三个议题的相互制约关系也使任何一方都不能忽视其他行为体利益而追求自身绝对利益[1]。习近平总书记在第二届互联网大会讲话中明确指出，"各国应该加强沟通交流，完善网络空间对话协商机制，研究制定全球互联网治理规则，使全球互联网治理体系更加公正合理，更加平衡地反映大多数国家意愿和利益"[2]；在第三届互联网大会上，习总书记也进一步强调，"利用好、发展好、治理好互联网必须深化网络空间国际合作，携手构建网络空间命运共同体"[3]。2015年"使全球互联网治理更加公正合理"到2016年"携手构建网络空间命运共同体"所体现的理念发展，不仅充分符合网络空间的客观属性和规律，也反映了同期全球网络空间治理朝着更宏观、更深远、更复杂方向演进的总体态势。

基于对2016年度重点事件的梳理和对相关文件、政策的分析，本文将围绕"IANA职能管理权移交"和"跨境数据流动规则"两条主线分别展开论述。

一 IANA职能管理权移交顺利完成，后续互联网治理机制建构呈现五大特点

在技术层面，以互联网为中心的治理问题主要涉及关键技术基础设施、网络标准和协议的发展，以及网络运行可靠性、适应性和持续性的保持。互联网号码分配机构（IANA）成立于1988年，其承担的职能按照具体内容和服务对象可以划分为三个方面：一是根据互联网名称与数字地址分配机构

---

① 鲁传颖：《网络空间治理与多利益攸关方理论》，时事出版社，2016。
② 《习近平在第二届世界互联网大会开幕式上的讲话》，http：//news. xinhuanet. com/politics/2015－12/16/c_ 1117481089. htm，2015年12月16日。
③ 《习近平在第三届世界互联网大会开幕式上的视频讲话》，http：//news. xinhuanet. com/politics/2016－11/16/c_ 1119925133. htm，2016年11月16日。

（ICANN）的政策对域名系统（DNS）根区文件进行更新和修改，根区文件里登记了所有顶级域名的服务器 IP 地址，是域名查询的基础；二是根据全球五个地区性互联网注册机构（RIRs）的政策来登记分配 IP 地址；三是根据互联网工程任务组（IETF）确定的标准来登记互联网协议参数（比如将 80 分配给 HTTP 端口等)[1]。2000 年，当时的 IANA 管辖机构、美国商务部国家电信及信息管理局（NTIA）与 ICANN 首次签订 IANA 职能合同[2]，IANA 职能的管理权被移交给 ICANN，在其后的 16 年多时间里，ICANN 与其他技术机构各司其职，开展合作，在互联网治理的技术层面发挥了重要作用。

2014 年 3 月 14 日，NTIA 发表声明，提出将向全球互联网社群移交 IANA 职能管理权，并要求 ICANN 组织各利益攸关方提出移交方案[3]。针对 IANA 管理权移交，ICANN 董事会收到了由两套建议构成的一揽子提案，其中一套建议主要是 IANA 职能直接运营客户所提出的提案（以下简称《移交提案》)[4]，由 IANA 管理权移交协调小组（ICG）编纂而成；另一套建议则涉及在 IANA 管理权移交时如何加强 ICANN 的问责制（以下简称《问责制提案》)[5]，由加强 ICANN 问责制跨社群工作组（CCWG）编制。2016 年 3 月 10 日，ICANN 董事会将《移交提案》和《问责制提案》草案呈交给 NTIA 审核；6 月 9 日，NTIA 宣布 ICANN 呈报的草案符合先前 2014 年 3 月提出的准则，并要求 ICANN 提交一份实施规划状态报告；8 月 12 日，

---

① 宋峥：《域名管理折射大国博弈 变革之路值得审视和关心》，http：//media. people. com. cn/n1/2017/0104/c40606 – 28996573. html，2017 年 1 月 4 日。

② IANA Functions Contract，https：//www. ntia. doc. gov/files/ntia/publications/ianacontract. pdf，2000 年 2 月 9 日。

③ NTIA Announces Intent to Transition Key Internet Domain Name Functions，https：// www. ntia. doc. gov/press – release/2014/ntia – announces – intent – transition – key – internet – domain – name – functions，2014 年 3 月 14 日。

④ 《互联网号码分配机构（IANA）职能管理权移交提案》，https：//www. ianacg. org/icg – files/documents/IANA – stewardship – transition – proposal – ZH. pdf，2015 年 7 月。

⑤ 《"CCWG——问责制"关于工作阶段 1 建议的最终提案补充》，https：//community. icann. org/download/attachments/58730001/Main% 20Report% 20 – % 20FINAL – Revised – zh. pdf？ api = v2，2016 年 2 月 23 日。

ICANN 按要求向 NTIA 提交了状态报告；8 月 16 日，NTIA 表示"已全面审核报告，根据审核结果，如无重大阻碍因素，NTIA 计划让 IANA 职能合同按时到期"；9 月 30 日午夜，最后一版 IANA 职能合同到期失效，IANA 职能管理权向全球互联网社群的移交得以顺利实现①；10 月 1 日，修订版本的《ICANN 章程》② 发布。

尽管由于协调多利益攸关方意见的过程较为缓慢，IANA 合同曾出现过一年的延期，但从两份提案的最终版本来看，围绕移交问题出现的多种意见最终达成基本一致，这为移交后 IANA 职能管理权的顺利运作打下了良好的基础。

表 1　ICANN 董事会的席位构成

单位：个

董事会席位性质	占据该席位的利益攸关方	席位数量
投票席位(16)	ICANN 董事会主席、CEO	1
	ICANN 提名委员会(NomCom)	8
	地址支持组织(ASO)	2
	国家和地区代码域名支持组织(ccNSO)	2
	通用域名支持组织(GNSO)	2
	一般会员咨询委员会(ALAC/At-Large)	1
非投票席位(4)	互联网工程任务组(IETF)	3
	安全与稳定咨询委员会(SSAC)	
	根服务器系统咨询委员会(RSSAC)	
	政府咨询委员会(GAC)	1

资料来源：https://www.icann.org/resources/pages/groups – 2012 – 02 – 06 – en, 2012 年 2 月 6 日；https://www.icann.org/resources/pages/board – of – directors, 2017 年 2 月 5 日。

在移交之前，ICANN 的各项决策主要由利益攸关方共同组建的 ICANN 董事会通过投票表决的方式做出（见表 1）。通过对移交过程中产生的文件

---

① 《美国政府合同到期，IANA 职能管理权顺利移交至全球互联网社群》，https://www.icann.org/news/announcement – 2016 – 10 – 01 – zh，2016 年 10 月 1 日。

② Bylaws For Internet Corporation For Assigned Names And Numbers ｜ A California Nonprofit Public-Benefit Corporation，https://www.icann.org/resources/pages/governance/bylaws – en，2016 年 10 月 1 日。

和 ICANN 实施的各项举措进行分析可以看出，为了建构一套能够支持和加强多利益攸关方模型、维护互联网域名系统的安全稳定和弹性、满足 IANA 服务全球客户和合作伙伴的需求和期望并且维护互联网开放性的治理机制，移交之后，全球互联网社群已经或者将要在现有 ICANN 董事会的组织架构之外实施五方面新的机制建构举措，这些新的变化将在一定程度上对未来的全球互联网治理产生影响。

（一）设立独立法律实体（PTI），承接 IANA 职能的实际运营工作

首先，针对移交出来的 IANA 职能，《移交提案》提议成立一个新的独立法律实体，即"移交后 IANA"（Post-Transition，PTI），该实体将作为 ICANN 的附属机构与 ICANN 订立合同，承接 IANA 职能的运营工作。2016 年 8 月 9 日，ICANN 董事会批准组建 PTI；8 月 10 日，使用 PTI 正式名称"公共技术标识符机构"（Public Technical Identifiers，PTI）的公司设立文件被提交给加利福尼亚州州务卿，并获得州务卿承认；8 月 18 日，《PTI 章程》① 定稿发布；9 月 20 日，ICANN 与 PTI 签署了 IANA 域名职能合同②，授权 PTI 代 ICANN 履行 IANA 域名职能；9 月 30 日，ICANN 与 PTI 签署了服务协议③；10 月 1 日，《移交提案》生效后，PTI 作为一家非营利公益法人和 ICANN 的控股附属机构在美国加州正式成立。

根据《PTI 章程》，PTI 的所有权力应当通过或在 PTI 董事会的指导下进行。PTI 董事会董事的人数为 5 人，其中包括 ICANN 提名的 3 名 ICANN 或 PTI 雇员（含 PTI 董事会主席）和 ICANN 提名委员会提名的 2 名非 ICANN

---

① Proposed Bylaws of Public Technical Identifiers ｜ A California Nonprofit Public Benefit Corporation，https：//www. icann. org/en/system/files/files/revised – pti – bylaws – 18aug16 – en. pdf，2016 年 8 月 18 日。

② IANA Naming Function Contract，https：//www. icann. org/en/system/files/files/iana – naming – function – agreement – revised – to – address – comments – 15sep16 – en. pdf，2016 年 9 月 15 日。

③ Services Agreement，https：//webcache. googleusercontent. com/search？q = cache：EdTGuiYDuXkJ：https：//www. icann. org/iana_ imp_ docs/111 – services – agreement – v – 14sep16 + &cd = 1&hl = en&ct = clnk，2016 年 9 月 14 日。

或 PTI 雇员，而任何国家政府或多国实体的雇员、任何"赋权社群"（EC，将在本节第四部分详细介绍，其中包括政府咨询委员会 GAC）的雇员则不得担任 PTI 董事会董事。这一机制能够保障 PTI 相对于 ICANN 的决策独立性。

（二）组建根区发展审核委员会（RZERC），代替 NTIA 对 DNS 根区管理环境可能执行的更改进行审批

在移交前，对 DNS 根区管理环境执行的所有更改都需要获得 NTIA 批准，《移交提案》建议在移交后不再要求对 DNS 根区的例行内容更改进行审批。然而，鉴于 DNS 根区的关键性，《移交提案》也建议组建一个"常任委员会"，以就此类架构性更改的适当性向 ICANN 董事会提供建议，ICANN 董事会对该"常任委员会"建议的审批职责将取代 NTIA 先前对根区架构调整的审批职责。

在此基础上，2016 年 8 月 1 日，ICANN 邀请 ASO、IETF、GNSO、ccNSO 等社群以及威瑞信启动了根区发展审核委员会（RZERC）的设立流程；8 月 9 日，ICANN 董事会通过《RZERC 章程》①；8 月 12 日，ICANN 董事会宣布成立 RZERC；10 月 1 日，《移交提案》生效后，RZERC 正式开始运营。RZERC 的职能是审核针对根区内容的拟定架构、执行根区调整项目的系统（包括硬件和软件元素）以及根区分布机制的调整，针对这些调整项目提出建议，供 ICANN 董事会考量。

《RZERC 章程》规定，RZERC 由 9 名委员构成：ICANN 董事会成员 1 名、来自 IANA 职能运营方（现为 PTI）的高级管理员或代表 1 名、ICANN 安全与稳定咨询委员会（SSAC）主席或代表 1 名、ICANN 根服务器系统咨询委员会（RSSAC）主席或代表 1 名、地址支持组织（ASO）主席或代表 1 名、互联网工程任务组（IETF）主席或代表 1 名、由注册管理机构利益主体组织/通用名称支持组织（GNSO）选定的代表 1 名、由国家和地区代码

---

① Root Zone Evolution Review Committee（RZERC）Charter, https://www.icann.org/en/system/files/files/revised - rzerc - charter - 08aug16 - en.pdf, 2016 年 8 月 8 日。

域名支持组织（ccNSO）选定的代表 1 名、被确定为根区维护者的组织（现为威瑞信）的代表 1 名。这一成员的安排方式有助于在 NTIA 退出之后广泛协调相关组织和社群，确保在围绕根区的架构性和运营更改进行讨论和提供建议时，更多的利益攸关方能够有机会参与进来。

（三）建立基于多利益攸关方模式的职能审核机制，代替 NTIA 对 IANA 职能的履行情况进行监督

在移交前，NTIA 负责对 IANA 域名职能绩效的运营情况进行监督。针对此项工作的移交，《移交提案》建议设立两个新的监督主体：一个是 IANA 职能审核组（IFR），另一个是客户常任委员会（CSC）。

《移交提案》规定，职能审核组（IFR）有权对 PTI 进行 IANA 职能履职情况的定期和特别审核。首先，IFR 应开展定期审核（首次审核在移交工作完成两年后进行，然后至少每五年审核一次）；其次，IFR 有权在特定情况下启用独立审核流程（IRP）、设立独立流程跨社群工作组（SCWG）开展特殊审核（能够驳回 ICANN 董事会决策的审核），或启动不具约束力的重议申请（能够要求 ICANN 董事会董事重新审议 ICANN 董事会、员工的近期决策或作为/不作为）。IFR 成员席位共 13 个，均由来自全球互联网社群的代表占据，包括 1 个由政府咨询委员会（GAC）占据的席位。这一安排旨在使 IFR 成为与 ICANN 一样的多利益攸关方实体，并且能够相对独立地行使对 ICANN 的监管权力。

客户常任委员会的职责是按照协议对 PTI 的 IANA 域名职能工作绩效进行监督，以加强 ICANN 客户对 IANA 职能的管理权。根据《移交提案》，CSC 常设成员 6 名，包括 2 名通用顶级域名（gTLD）注册管理机构运营商代表、2 名国家和地区顶级域名（ccTLD）注册管理机构运营商代表、1 名不属于 gTLD 和 ccTLD 的顶级域名注册管理机构运营商代表、1 名来自移交后 IANA 职能运营方（现为 PTI）的联络员，其中 PTI 联络员不具有表决权。这一组织安排旨在使 CSC 充分代表 ICANN 客户（即域名注册管理机构）的利益。

（四）制定"赋权社群"（EC）共识流程，强化多利益攸关方对 ICANN 董事会决策的问责能力

移交之后，由于 NTIA 不再行使对 ICANN 的执法问责职能，需要采取一种方法来确保社群的集体决策可以强制执行。因此，《问责制提案》提出建立一个新实体——"赋权社群"（EC），这个实体应当按照多利益攸关方社群的指示来采取行动，以行使和执行社群权力。

在《问责制提案》的设计中，EC 将拥有 7 种全新的权力（见图 1）。

图 1 赋权社群在参与 ICANN 决策制定的过程中所拥有的 7 种权力

资料来源：《问责制提案》附录04——《意见4：确保社群参与 ICANN 的决策制定：七大新社群权力》，https://community.icann.org/download/attachments/58730001/Annex%2004%20-%20FINAL-Revised-zh.pdf? version=1&modificationDate=1458077303000&api=v2，2016 年 2 月 23 日。

最新修订版本的《ICANN 章程》规定，EC 应当是一个根据加利福尼亚州法律成立的非营利协会，其街道地址应位于 ICANN 的主要办公室，它不

得获取、持有、管理、抵押或转移任何实物或个人财产权益，也不得拥有任何董事、高级职员或雇员。EC 应由 5 大决策参与者构成：一是就与 IP 地址分配和管理相关的政策问题向 ICANN 董事会提出建议的地址支持组织（ASO）；二是在与国家和地区顶级域名（ccTLD）相关的活动中参与并提供领导的国家和地区代码域名支持组织（ccNSO）；三是承担与通用顶级域名相关的域名支持职能的通用域名支持组织（GNSO）；四是代表个人互联网用户利益的一般会员咨询委员会（ALAC）；五是就政府关注的事项向 ICANN 董事会提供建议的政府咨询委员会（GAC）。

根据《问责制提案》，上述 5 大决策性参与者在 EC 的共识流程里均具有同等的表决权，但为了升级和执行不同种类的 EC 权力，需要满足不同的表决门槛条件（见表 2）。如果达到相应门槛，则认为 EC 已就行使社群权力达成共识，这一社群权力将在加州法律的保护下被强制行使。从表 2 中可以看出，这些 EC 权力门槛的设置体现出令 EC 和 ICANN 董事会、各个决策性参与者之间互相制衡的设计理念。

表 2　赋权社群（EC）7 种权力的升级和执行门槛

权力	得到何种程度的支持即可就行使社群权力举办社群论坛	社群论坛结束后 21 天内达到何种条件即可认为已就行使社群权力达成共识
一、驳回提议的 ICANN 运营规划/战略规划/预算	2 个决策性参与者支持	4 个决策性参与者支持驳回，且持反对意见的决策性参与者不超过 1 个
二、批准对 ICANN 基本章程和企业设立章程进行变更，以及批准 ICANN 对全部或绝大部分的资产进行销售或采取其他处置方式	不适用	3 个决策性参与者支持批准，且持反对意见的决策性参与者不超过 1 个
三、驳回对 ICANN 标准章程的变更	2 个决策性参与者支持，包括主导要求变更章程的政策制定流程的 SO(如果有)	3 个决策性参与者支持驳回，包括主导要求变更章程的政策制定流程的 SO（如果有），且持反对意见的决策性参与者不超过 1 个
四(a)、罢免由 SO 或 AC 任命(以及由赋权社群委任)的个别 ICANN 董事会成员	提名 SO/AC 中的大部分成员支持	向所有决策性参与者征询意见，且提名的 SO/AC 内部大多数(3/4)赞成罢免该董事

四(b)、罢免由 ICANN 提名委员会提名(以及由赋权社群委任)的个别 ICANN 董事会成员	2 个决策性参与者支持	3 个决策性参与者支持,且持反对意见的决策参与者不超过 1 个
五、解散整个 ICANN 董事会	3 个决策性参与者支持	4 个决策性参与者支持,且持反对意见的决策参与者不超过 1 个
六、启动具有约束力的独立审核流程(IRP)或重议申请	2 个决策性参与者支持	3 个决策性参与者支持,包括批准经过政策制定流程提出政策建议的 SO(如果有,其结果正通过独立审核流程进行质询),且持反对意见的决策性参与者不超过 1 个; 要求在独立审核流程开始之前进行调解
七、驳回 ICANN 董事会关于 IANA 职能的审核决策,包括针对 IANA 域名职能触发 PTI 的分离流程	2 个决策性参与者支持	4 个决策性参与者支持,且持反对意见的决策性参与者不超过 1 个

注:①5 大决策性参与者中 ASO、ccNSO、GNSO 统称为 SO(支持组织),ALAC 和 GAC 统称为 AC(咨询委员会);②每个决策性参与者只有 1 次表决权,表决意见根据各个决策性参与者组织内部所遵循的决策流程做出;③表中的所有门槛仅基于"EC 由至少 5 个决策性参与者构成"的条件设立,如果决策性参与者数量发生变化,需要对门槛做进一步调整。

资料来源:《问责制提案》附录 02——《建议 2:通过共识流程为社群赋权:参与、升级和执行》,https://community. icann. org/download/attachments/58730001/Annex%2002%20 - %20FINAL - Revised - zh. pdf? api = v2,2016 年 2 月 23 日。

(五)为政府咨询委员会赋予一定决策权力,同时通过修订 ICANN 章程对相应权力进行限制

政府咨询委员会(GAC)是一个向 ICANN 董事会就政府关切的事项提供建议的咨询委员会,于 1999 年 ICANN 召开第一次公开会议时设立,其成员包括国家政府以及国际机制中认可的不同经济体,观察员包括多国政府组织、条约组织以及公共管理机构(包括所有与全球互联网监管存在直接利益关系的联合国机构,如国际电联、联合国教科文组织、世界知识产权组织等)[1]。

---

[1] 《ICANN 政府咨询委员会(GAC)简介》,https://gacweb. icann. org/download/attachments/27132037/IGF%20Open%20 - %20ZH. pdf? version = 1&modificationDate = 1409050002000&api = v2,2014 年 6 月。

经过 2016 年 11 月 ICANN 第 57 次大会期间的增补，GAC 现有成员 170 个，观察员 35 个①。

GAC 虽然在 ICANN 董事会中占据一个席位，但这个席位没有表决权（见表 1），在移交之前，GAC 只能就关切的问题向 ICANN 提出建议，ICANN 是否采纳和履行这些建议并不被强制。移交后，GAC 被纳入 EC 的 5 大决策性参与者之一，具有了针对 EC 所有 7 项新权力的表决权（见表 2）；此外，GAC 还在职能审核组（IFR）中占据 1 个表决席位（见本节第三部分），有权参与对 IANA 职能履职情况的定期和特别审核。因此，在移交之后，GAC 的权力可以被视为得到了一定程度的加强。

然而，这些仅有的权力也受到了限制，主要可以概括为以下两个方面。

第一，在新的架构中，GAC 既没有在 PTI 董事会中占据席位，也没有在根区发展审核委员会（RZERC）中占据席位。也即，GAC 既不能参与 IANA 职能的实际履行工作，也不能影响对 DNS 根区进行更改的关键决定（见本节第一部分和第二部分），仅能在参与 IFR 审核工作过程中质疑 PTI 的履职情况（见本节第三部分），或者在 ICANN 董事会根据 RZERC 提议做出对根区更改的审批决定之后通过参与 EC 表决发起对于 ICANN 董事会决定的独立审核流程或复议（见本节第四部分）。这些安排均显得"程序正义"属性大于实质②，因为 IANA 职能被赋予了 PTI，对根区更改的审核权被赋予了 RZERC，ICANN 在域名分配这一移交前核心职能上被"虚化"甚至"架空"了③，

---

① 《政府咨询委员会（GAC）会议纪要》，https：//gacweb. icann. org/download/attachments/27132037/GAC _ Hyderabad _ Minutes - ZH. pdf? version = 1&modificationDate = 1482165075000&api = v2，2016 年 11 月。

② "伊朗代表：有些国家/地区的人员认为 GAC 在社群之内被赋予了可决定某些事务的不必要的权力，我们希望消除这种印象。我参加过 ICG、CCWG 以及 CWG 的一部分讨论，GAC 只是被赋予最低限度的权力。大家不要以为我们得到了我们想要的，我们很高兴。我们所得到的只是最低限度的权力。"见《海德巴拉 - GAC 针对 IANA 移交工作的更新汇报》，http：//schd. ws/hosted _ files/icann572016/1e/l57% 20HYD _ Fri04Nov2016 - GAC% 20Update% 20on% 20IANA% 20Transition - zh. pdf，2016 年 11 月 4 日。

③ 邓峰：《根服务器之变与网络治理之争》，http：//www. thepaper. cn/newsDetail_ forward_ 1518156，2016 年 8 月 28 日。

在这些条件下，GAC 被允许继续参与 ICANN 管理架构之下的表决和投票，显得有些形式化。

第二，修订后的《ICANN 章程》设置了一系列对于 ICANN 采纳 GAC 意见的限制条件。本文将这些限制条件归纳为以下 5 条。

①GAC 可以随时向 ICANN 董事会提出意见，但意见提出之前，GAC 需要确定这个意见已经达成内部的"一致"，具体如何达成内部"一致"由 GAC 通过修改自身运营规程的方式来决定。只有在 ICANN 董事会确定没有收到任何关于这个意见的反对声音的时候，ICANN 董事会才会"努力找到双方都能接受的解决办法"，如果收到任何反对声音，ICANN 董事会也可以适当考虑 GAC 的意见，但不会有"努力找到双方都能接受的解决办法"的义务。

②GAC 需要为其提出的意见提供理论依据。如果 ICANN 董事会判定 GAC 提出的某一意见不符合《ICANN 章程》，ICANN 将不需要采取任何行动。

③如果 ICANN 董事会有 60% 的董事投票否决 GAC 的某一意见，那么 ICANN 董事会将不会"努力找到双方都能接受的解决办法"①。

④"努力找到双方都能接受的解决办法"不代表 ICANN 一定会完全遵循 GAC 的意见，如果没有找到所谓"解决办法"，ICANN 只需向 GAC 递交一份情况说明即可。

⑤如果 GAC 提出的意见在 EC 问责权的覆盖范围内（见表 2），GAC 将不能在提出意见之后行使 EC 问责权来质疑 ICANN 董事会对这一意见的落实情况。例如，EC 在行使"批准对 ICANN 基本章程和企业设立章程进行变更，以及批准 ICANN 对全部或绝大部分的资产进行销售或采取其他处置方式"这一权力之前，原本需要满足"3 个决策性参与者支持批准且持反对意见的决策性参与者不超过 1 个"的条件，但如果一开始提出变更

---

① 根据现有 ICANN 董事会席位构成情况（见表 1），董事会投票席位有 16 个，60% 即 10 票以上。

ICANN 基本章程和企业设立章程、销售 ICANN 全部或绝大部分的资产意见的是 GAC，那么 GAC 就不能在 EC 决策过程中提出任何支持或反对意见，EC 行使相应权力的门槛也将变成"2 个决策性参与者支持批准且持反对意见的决策性参与者不超过 1 个"。这一条款被称为"GAC 排除"（GAC Carve-out）。

以上 5 条限制条件的理念主要来源于《问责制提案》的附录 11，即《建议 11：董事会对政府咨询委员会建议的义务（压力测试 18）》①。这一文件的制定旨在"防止 GAC 形成基于投票的决策机制、过度影响 ICANN 决策"，但在文件的编写过程中，加强 ICANN 问责制跨社群工作组（CCWG）的 200 多名参与者并没有达成一致意见。很多反对者认为这一文件中的某些措施对 GAC 限制过度而且区别对待，例如，中国代表就在 ICANN 第 57 届大会上重申了对这一文件的"保留意见"态度②。出于对质疑声音的回应，在与第 57 届大会同期举办的 GAC 内部会议上，GAC 委员会主席施耐德表示，GAC 将对 GAC 扮演的角色以及 GAC 所需要的内部程序和机制展开持续的讨论，在如何参与 EC 问责决策流程方面，GAC 也将在与 ICANN 和其他决策性参与者沟通的基础上制定内部方案③。

事实上，某些针对 GAC 的限制条件并不是没有回旋余地。例如，在向 ICANN 董事会提出意见之前达到何种门槛即可认定为达成内部"一致"，可以由 GAC 通过修改自身运营规程的方式来决定。目前 GAC 内部决策遵循的

---

① 《问责制提案》附录 11——《建议 11：董事会对政府咨询委员会建议的义务（压力测试18）》，https：//community. icann. org/download/attachments/58730001/Annex% 2011% 20 - % 20FINAL - zh. pdf？api = v2.，2016 年 2 月 18 日。

② "中国代表：对 IANA 移交事宜进行协商期间，我们对某些问题持保留意见，例如有关 GAC 意见问题的第 11 条建议。"见《海德巴拉 - GAC 针对 IANA 移交工作的更新汇报》，http：//schd. ws/hosted _ files/icann572016/1e/I57% 20HYD_ Fri04Nov2016 - GAC% 20Update% 20on% 20IANA% 20Transition - zh. pdf.，2016 年 11 月 4 日。

③ 《政府咨询委员会（GAC）会议纪要》，https：//gacweb. icann. org/download/attachments/27132037/GAC _ Hyderabad _ Minutes - ZH. pdf？ version = 1&modificationDate = 1482165075000&api = v2，2016 年 11 月。

是《GAC 运营原则》① 第 47 条，"共识应理解为采纳普遍认同且没有任何正式反对意见的决策"，但《问责制提案》附录 11 指出，GAC 也可以进一步将决策流程变更为"如果其他国家/地区未反对，那么不允许单个国家/地区继续反对同一问题"。

围绕这一可能性，GAC 巴西代表在第 57 届大会同期举办的 GAC 内部会议上代表巴西、中国、阿根廷、智利、哥伦比亚、法国、几内亚、巴拉圭、秘鲁、葡萄牙、卢旺达和委内瑞拉 12 个国家的政府明确提出："我们认为应尽量在 GAC 内部达成共识，但是如果无法在为决策设定的时限内达成共识，应根据升级流程的特定阶段考虑依循简单多数或特定多数同意的方式。……我们坚决反对任何要求最后达成完全共识的解决方案，……由于 GAC 目前的政府成员多达 170 个，让一个国家阻止其他所有国家的决策是无法接受的。"② 如果 GAC 能在制定内部方案的过程中采纳这一建议，将达成内部"一致"的条件放宽到允许 1 个甚至更多成员反对，针对 GAC 的过度限制情况将有望得到一定的缓解。另外，在此次 GAC 内部会议上，中国信息通信研究院研究员郭丰顺利当选 GAC 副主席，我国对 GAC 政策制定过程的参与程度得到了进一步提升，上述建议被采纳的可能性也比从前变得更强了。

通过对 IANA 职能管理权移交后全球互联网社群实施的五方面治理机制建构措施进行分析，我们可以看出，一方面，全球互联网社群出于平等、公开、透明、自下而上的理念进行了一系列的制度安排，在充分对 ICANN、NTIA 原有相关职能进行重新分配的基础上有效地加强了多利益攸关方参与互联网治理决策的能力；另一方面，政府作为利益攸关方中的重要构成部分得到了充分的重视，各国政府能够以多边的方式在 GAC 内部进行表决，GAC 也在基于多利益攸关方决策模式的 EC 问责制中被赋予了一定权力。这

① GAC Operating Principles，https：//gacweb. icann. org/display/gacweb/GAC + Operating + Principles，2015 年 6 月。

② 《政府咨询委员会（GAC）会议纪要》，https：//gacweb. icann. org/download/attachments/ 27132037/GAC _ Hyderabad _ Minutes - ZH. pdf? version = 1&modificationDate = 1482165075000&api = v2，2016 年 11 月。

意味着在未来一段时间内，互联网治理的技术层面有望进一步展现出多边、透明、民主和多利益攸关方等特征兼容并蓄的良好态势。

二　跨境数据流动相关规则加快制定，
美国、欧盟、俄罗斯态度各异

被使用的跨境带宽

地区	NA 北美		EU 欧洲	AS 亚洲	LA 拉丁美洲	ME 中东	AF 非洲	OC 大洋洲
带宽 Gbps		<50	50~100	100~500	500~1000	1000~5000	5000~20000	>20000

图 2　2014 年被使用的跨国带宽是 2005 年的 45 倍

注：图中线条仅表示区域间（比如欧洲和北美之间的）带宽，不包括区域内（比如欧洲国家之间的）带宽。

资料来源：MGI：Digital Globalization：The New Era of Global Flows，http：//www.mckinsey. com/business - functions/digital - mckinsey/our - insights/digital - globalization - the - new - era - of - global - flows，2016 年 5 月。

　　20 世纪的标志是贸易和金融流动的快速增长，自 2008 年之后这一态势就走向衰落了。许多分析认为这一趋势表明了全球化进程已经停止，然而，麦肯锡 2016 年 5 月发布研究报告①指出：当前全球化已经进入一

---

　　① MGI：Digital Globalization：The New Era of Global Flows，http：//www.mckinsey. com/business - functions/digital - mckinsey/our - insights/digital - globalization - the - new - era - of - global - flows，2016 年 5 月。

个以信息、思想和创新流通为特征的新时代。2005～2014年，被使用的互联网跨国带宽实现了45倍的增长（见图2），涉及商业、信息、搜索、图像和通信的数字流一直在激增，相比没有发生流动的时候，全球商品、数据的流动以及外商直接投资可使全球GDP增加约10%，2014年上述跨境活动产生的GDP相当于7.8万亿美元，其中有2.8万亿美元由数据的跨境流动产生。这种被称为"数字全球化"（Digital Globalization）的现象正在使价值链发生转移，帮助新枢纽崛起，令经济活动发生深刻的转变。

原本，跨境数据流动规制主要在公民隐私保护领域被讨论，并非网络空间治理领域的重要议题。"棱镜门"事件爆发之后，美国政府侵犯用户隐私的监控行为引发了欧洲各国政府的普遍不满，2015年10月，欧洲法院裁定"2000/520号欧盟决定"无效，欧美双方于2000年签署的、曾有效运营15年的"安全港协议"被终止。自此，跨境数据流动成为网络空间治理中的一项优先的重要议题，引发了国际社会对于"数据主权"和"数据本土化"这两个概念的新一轮讨论。

影响数据全球化流动的因素涉及一个民族、国家的管辖问题，也就是"数据主权"的问题。数据主权，是指一国独立自主地对本国数据进行占有、管理、控制、利用和保护的权力，对内体现为一国对其政权管辖领地域内任何数据的生成、传播、处理、分析、利用和交易等拥有最高权力，对外表现为一国有权决定以何种程序、何种方式参加国际数据活动，并有权采取必要措施保护其数据权益免受其他国家侵害[1]。理论上说，如果没有民族、国家的边界，数据流动将会更加强劲、更加自由、更加开放，然而，每个国家对自己国家的法律、政策、经济竞争的考量都不一样，因此各国对数据流动、数据管辖问题的态度也各不相同[2]。

欧美"安全港协议"终止后，各国明显加快了网络安全立法进程，关

---

① 鲁传颖：《网络空间治理与多利益攸关方理论》，时事出版社，2016。

② 惠志斌：《从美欧隐私盾协定看跨境数据流动的发展及对策》，http://bbs.umeng.com/thread-15123-1-1.html，2016年4月21日。

注数据主权，有 20 多个国家更采取了被称为"数据本土化"的限制措施，主要包括要求将本国人的数据存储在本国、要求在跨境传输前得到数据主体的事先同意、要求在境内留有数据备份、对于数据的出口进行征税等①。这些措施的制定主要是出于保障个人隐私和国家安全、便利本国执法、促进本国产业发展的目的，但在网络强国及其私营部门看来，其他国家的"数据本土化"将增加本国相关产业的技术投入和运营成本，而市民社会则担心"数据本土化"将导致互联网的碎片化，侵犯互联网的自由②。

目前，全球没有统一的数据保护协议，且各国管辖权法呈现复杂、不稳定的局面③，伴随着"数据本土化"的盛行，这种规则层面的"缺位"使各国政府之间的、政府与私营部门和市民社会之间的博弈越发复杂化。2016年，美国、欧盟、俄罗斯在数据保护领域表现出各不相同的政策倾向，本文围绕这三大政策制定者的政策制定过程和制定结果分别进行了梳理分析，罗列如下。

（一）美国：破除数字贸易壁垒，推行跨境数据自由流动

在互联网活动中，信息不仅是互联网贸易赖以存在的根基，更充当着通货的角色，部分跨国互联网企业提供服务并不以索取服务费用为目的，而是以获取信息关注与用户隐私为对价，不存在金钱性对价并不能表明互联网产品不产生贸易价值④。目前，各国国内的互联网规制措施均具有一定域外性甚至会产生全球范围内的溢出效应，单一国家往往无法对所有网络活动和行为进行排他性的管辖，然而只要将互联网活动看作一种贸易，用

---

① 李海英：《数据本地化立法与数字贸易的国际规则》，《信息安全研究》2016 年第 9 期。

② Global Commission on Internet Governance & Chatham House：Global Commission on Internet Governance——One Internet，https：//www. ourinternet. org/sites/default/files/inline－files/GCIG_Final%20Report%20－%20USB. pdf，2016 年 6 月 21 日。

③ UNCTAD：Data protection regulations and international data flows，https：//www. unctad. org/en/PublicationsLibrary/dtlstict2016d1_ en. pdf，2016 年 4 月。

④ John M. Newman：Antitrust in Zero-Price Markets：Foundations，164 University of Pennsylvania Law Review 149－203（2015）；John M. Newman：Antitrust in Zero-price Markets：Applications，The University of Memphis Research Paper No. 150，2015.

规制国际贸易的方式去处理，就可以在一定程度上实现对跨境数据流动的规制①。从这个角度来看，国家间的贸易协商能够对全球互联网治理产生积极作用②。

对于全球数字技术和产品最主要的出口国——美国而言，本国 ICT 产品出口企业、互联网服务商企业的利益诉求决定了，美国一直并且将继续采取推行跨境数据自由流动、反对他国政府设置互联网数据跨境流动限制措施、反对他国的数据本地存储要求的立场，以便使本国产业能在全球市场持续占据领先优势③。2013 年底，美国参议院出台了《2013 美国数字贸易法案》④，该法案提出，有关数据跨境流动的限制性政策属于非关税壁垒，类似的本地化壁垒会削弱美国的竞争力，为此，美国应将"把促进基于互联网的商业和数字贸易的条款加入协议"作为美国进行双边、诸边和多边协议谈判的原则之一。

《2013 美国数字贸易法案》出台后，美国在跨太平洋伙伴关系协定（TPP）等多项国际贸易协定的制定过程中均加入了相关条款。例如，TPP电子商务章节规定成员方应确保全球信息和数据的自由流动，承诺不施加对当地数据处理中心的限制，不对电子传输征收税收，且不通过歧视性措施或彻底屏蔽支持国内生产者或服务者；美国–韩国自由贸易协定规定成员方应该致力于避免对跨境电子信息流动施加或维持不必要的障碍；美国与日本、欧盟签署的信息与通信技术服务贸易原则，美国与智利、新加坡、秘鲁、哥伦比亚、中美自由贸易区和多米尼加共和国等贸易协定等也包含相似的规则⑤。这些规则反映的理念与许多国家的现行法出现了冲突（尤其是已经立法实施数据本土化的国家），对此，2016 年 3 月 30 日，美国贸易代表办公

---

① 孙南翔：《从限权到赋权 面向未来的互联网贸易规则》，《当代法学》2016 年第 5 期。
② 王滢波： 《数字贸易失衡及其对互联网治理的影响》，http：//bokekeji. blogchina. com/ 866275899. html，2017 年 1 月 4 日。
③ 惠志斌：《数字经济时代美国数字贸易的政策主张》，https：//read01. com/De8NkB. html，2016 年 11 月 9 日。
④ S. 1788 – Digital Trade Act of 2013，https：//www. congress. gov/bill/113th – congress/senate – bill/1788，2013 年 12 月。
⑤ 孙南翔：《从限权到赋权 面向未来的互联网贸易规则》，《当代法学》2016 年第 5 期。

室（USTR）发布《数字贸易关键壁垒报告》①，进一步明确了态度："许多政府以直接干预的方式试图控制数字贸易，他们出台的规则有些能反映合法公共政策目标，有些则是赤裸裸的保护主义。……美国应致力于监督所有限制数字贸易的措施，并适时铲除这些壁垒，以确保美国公司在21世纪的全球经济中能够继续战无不胜。"

2016年美国大选期间，被讨论得最多的话题之一就是TPP可能夭折，因为可能胜选的总统候选人希拉里·克林顿和唐纳德·特朗普均在公开辩论中明确表达了对TPP协定的反对立场。2017年1月23日，正式就任美国总统的特朗普一经上任即签署行政命令宣布美国退出TPP，也证实了之前竞选期间各界的猜测。特朗普表示当选后将不再签署与TPP类似的大型区域贸易协议，而是注重一对一的双边贸易协议谈判，然而，TPP自发布之后已经成了不少国际协定电子商务章节的范本，即使美国退出，TPP仍能在一定程度上体现未来数字贸易国际规则的发展方向，其中与跨境数据相关的条款仍具有很强的研究价值。

除了在各类贸易协定中加入相关条款外，美国也曾经主导制定过专门规范跨境数据传输的区域性规则，即亚洲太平洋经济合作组织（简称"亚太经合组织"，APEC），的跨境隐私规则体系（CBPRs）。CBRPs属于《APEC隐私框架》，在2016年11月举办的亚太经合组织部长会议上，《APEC隐私框架》最新修订版本获得通过，信息自由流通和跨境数据的重要性也在本次会上得到进一步强调②，这表明了APEC组织继续推行CBRPs的决心。

CBPRs规范的对象仅限于亚太地区的、业务涉及个人信息跨境传输业务的企业，它是为了解决问题而出台的，实践性远远大于宣誓性③。2017年1月，APEC电子商务指导小组发布了一份《CBPRs就绪度调查报

① Key Barriers to Digital Trade，https：//ustr. gov/about－us/policy－offices/press－office/fact－sheets/2016/march/fact－sheet－key－barriers－digital－trade，2016年3月。

② Updates to the APEC Privacy Framework，http：//mddb. apec. org/Documents/2016/SOM/CSOM/16_ csom_ 012app17. pdf，2016年11月。

③ 沈玲：《亚太地区（APEC）跨境数据流动规则的未来趋势》，http：//www. cttl. cn/tegd/dxjg/201511/t20151102_ 2132013. html，2015年11月12日。

告》①，报告显示，在接受调查的 19 个 APEC 经济体中有超过 57% 的成员
对加入 CBRPs 有兴趣（已加入、计划加入、考虑当中），有 5 个经济体目前
无法参与 CBRPs（因为它们尚未颁布本国的数据隐私法），只有 2 个经济体
表示它们没有在不久的将来加入 CBPR 的计划（见表 3），这也显示，即使
美国退出 TPP，其推行的跨境数据相关政策理念仍具有一定市场，尤其是在
亚太地区。

表3　APEC 经济体对于加入 CBRPs 的态度

态度	经济体
已加入(4)	加拿大、日本、墨西哥、美国
计划加入(2)	韩国、菲律宾
考虑当中(6)	澳大利亚、中国香港、俄罗斯、新加坡、中国台湾、越南
不具备加入条件(5)	文莱、中国、印度尼西亚、巴布亚新几内亚、泰国
无加入计划(2)	智利、马来西亚

注：本次调查只涵盖了 APEC 的 21 个正式成员中的 19 个，原因主要是调查过程中没有收到来
自新西兰和秘鲁的响应。

资料来源：ECSG：Survey on the Readiness for Joining Cross Border Privacy Rules System － CBPRs，
http：//publications. apec. org/publication － detail. php? pub_ id = 1800，2017 年 1 月。

（二）欧盟：保护公民隐私，加强跨境数据传输监管

在大数据时代，信息一旦发布到互联网上就会出现在很多地方，即使在
最初发布信息的网站上去除信息也没有太大作用，因此，近年来，隐私问题
作为全球互联网治理的子议题受到了包括政府、私营部门、企业在内各方的
广泛关注。表面上看来，个人是数据的产生者，私营部门是数据的存储者，
政府是监管者，但实际上对于个人网络用户来说，特定的数据是一种个人信
息；从企业角度来看，用户数据是有价值的商业信息，通过大数据分析可以
改善服务、提高市场的占有率；对政府而言，大规模的用户数据则与政治安

---

① ECSG：Survey on the Readiness for Joining Cross Border Privacy Rules System － CBPRs，
http：//publications. apec. org/publication － detail. php? pub_ id = 1800，2017 年 1 月。

全、社会安全、经济安全等国家安全事务息息相关。所以，政府有通过收集、分析各种数据来提高国家安全水平的冲动，企业有通过数据滥用和交易来谋取商业利益的动力，而国际社会又缺乏通行的相应法律规范和框架，这导致网络用户隐私被侵犯的情况日益严重①。

由于第二次世界大战期间受到纳粹德国滥用个人信息行径的教训②，欧洲在重视个人隐私和数据保护方面有着悠久的历史。《欧盟基本权利宪章》第8条规定，"每个人均享有保护他/她个人相关数据的权利"，欧盟委员会于1981年颁布的《个人保护公约》也明确规定，"公民的个人数据应予以保护，严禁滥用，缔约国有义务对跨国数据传输实施最低保护标准"③。可以说，保护个人数据是欧盟公民的一项基本权利。

近年来，美国互联网大企业加快国际化进程，全面渗透到欧盟地区，造成欧盟各成员国网民使用的互联网服务主要由美国企业提供。2011～2015年，欧洲与北美的国际联网带宽由6073Gbit/s增长到12816Gbit/s，占到欧盟与全球各国联网带宽的60%，跨大西洋的数据流动形成不可逆转的趋势④。由于受到"棱镜门事件"的影响，欧美"安全港协议"在2015年10月被废除，但由于欧盟与美国在网络经济上存在紧耦合关系，即使"安全港协议"失效，寻求欧美跨境数据流动的解决方案仍势在必行。

2016年2月2日，欧盟委员会宣布欧美双方达成"欧盟－美国隐私护盾"（EU-SU Privacy Shield）协议，2月29日，协议文本正式公开，"隐私盾协议"成为替代"安全港协议"的欧美商业数据跨境流动新框架。相比

---

① OHCHR：The right to privacy in the digital age，http：//www.ohchr.org/EN/HRBodies/HRC/RegularSessions/Session27/Documents/A.HRC.27.37_en.pdf，2014年6月30日。

② 付晓雨：《欧盟在数据保护和创新发展之间寻求平衡》，http：//www.yidianzixun.com/home?page=article&id=0FKoI2JB，2016年12月28日。

③ 李嘉佳：《欧美间的数据保护分歧恐影响协议达成》，http：//intl.ce.cn/specials/zxgjzh/201603/10/t20160310_9416307.shtml，2016年3月10日。

④ 刘耀华：《借欧美"隐私盾"协议　敲响我国网络数据保护的警钟》，http：//www.c114.net/news/211/a966251.html，2016年8月4日。

于"安全港协议","隐私盾协议"更好地体现了数据处理者/数据控制者的义务以及数据主体的权利，也特别强调了监管措施的执行：一是对美国政府访问数据进行了清晰界定，明确了准入透明度强化举措与安全防护举措，即避免大规模无差别的监控，设立专员监督实施，针对国家安全准入问题进行年度审查；二是落实了数据控制者义务，规定"入盾"企业必须履行更为严格的数据保护义务，完成定期自证审查，并接受美国联邦贸易委员会、运输部等部门的调查与监督；三是设置了个人数据保护的救济机制，告知公众可借助的救济方案、路径及咨询机构①。2016年8月1日，美国商务部开始受理企业"入盾"申请，截至9月1日，已有103家美企获得批准，190家已经申请的企业正在接受材料审查，另有250家企业正在准备提交申请材料，"隐私盾协议"实施顺利②。

2016年6月2日，欧盟理事会宣布与美国在当天签署了《欧盟－美国数据保护总协定》，12月1日，该协定在经欧洲议会投票通过后正式生效③。该总协定针对所有欧盟成员国与美国联邦执法部门及刑事司法机关进行之间的，主要用于防范、侦查、调查和起诉刑事犯罪行为以及打击恐怖主义的个人数据交换进行了规定，对数据使用、数据传输、数据保留时限、数据访问和校正等都制定了明确的限制条款④。总协定指出，欧盟国家的数据保护机构将与美国联邦贸易委员会展开合作，欧盟公民可以在本国提交侵权投诉，而美国联邦贸易委员会将确保相应公司在45天之内解决被投

① 惠志斌：《从美欧隐私盾协定看跨境数据流动的发展及对策》，http：//bbs. umeng. com/thread－15123－1－1. html，2016年4月21日。

② 商务部：《欧美隐私盾协议实施顺利》，http：//eu. mofcom. gov. cn/article/jmxw/201609/20160901388875. shtml，2016年9月9日。

③ Council Decision（EU）2016/2220 of 2 December 2016 on the conclusion, on behalf of the European Union, of the Agreement between the United States of America and the European Union on the protection of personal information relating to the prevention, investigation, detection, and prosecution of criminal offences, http：//eur－lex. europa. eu/legal－content/EN/TXT/？uri＝uriserv：OJ. L_. 2016. 336. 01. 0001. 01. ENG&toc＝OJ：L：2016：336：TOC，2016年12月2日。

④ 《欧美签署数据保护总协定》，http：//ec. europa. eu/justice/newsroom/data－protection/news/160602_ en. htm，2016年6月6日。

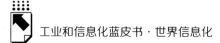

诉问题①。

2016 年 4 月 14 日，欧洲议会投票通过了商讨四年的《一般数据保护条例》（General Data Protection Regulation，GDPR），该条例将取代 1995 年发布的《欧盟数据保护指令》（Data Protection Directive，DPD），直接适用于欧盟各成员国，在正式文本公布的两年后（2018 年）生效②。不同于 DPD 被用于指导各个国家单独立法，GDPR 旨在在欧盟层面上为所有欧盟成员国提供一致的数据保护法，各成员国不必日后再转化为国内法，这使欧盟法在数据保护领域的影响力有了实质性增强③。除此之外，GDPR 的立法策略和手段也发生了改变，不仅完善了数据保护的基本原则，还增补了很多细节，甚至新添了一些非常有争议的法律创新，主要有如下几方面：一是在适用条件上除属地因素外增加属人因素，即在欧盟地区拥有客户的任意公司，也就是向欧盟居民提供产品或者服务甚至只是收集或监控相关数据的企业和组织，无论企业本身位于欧盟境内还是境外，均适用条例规定；二是巨额的罚款上限，企业一旦违反数据保护条例，按单个案件计算，对于不太严重的违法，罚款上限是 1000 万欧元或前一年全球营业收入的 2%（两值中取大者），对于严重的违法，罚款上限是 2000 万欧元或前一年全球营业收入的 4%（两值中取大者），可以按案件次数累加计算；三是数据使用记录入档，企业和组织在对个人数据进行操作时必须记录所有的操作流程和步骤以备政府和相关监管机构检查，如果公司需要处理大规模敏感数据或收集众多消费者的信息，需要任命数据保护官；四是数据泄露及时报告政府，当发生严重的数据泄露时，公司及组织需要第一时间通知相关国家监管机构，上报数据泄露的数量、方式、渠道以及可能的影响范围；五是正式写入"被遗忘权"

① Restoring trust in transatlantic data flows through strong safeguards: European Commission presents EU - U. S. Privacy Shield, http: //europa. eu/rapid/press - release_ IP - 16 - 433_ en. htm, 2016 年 2 月 29 日。
② 《欧盟颁布〈一般数据保护条例〉成为个人信息保护里程碑式法律》，http: // www. ceaia. org. cn/? News/Article43/338. html, 2016 年 5 月 5 日。
③ 付晓雨：《欧盟在数据保护和创新发展之间寻求平衡》，http: //www. yidianzixun. com/home? page = article&id = 0FKoI2JB, 2016 年 12 月 28 日。

规定，一旦数据所有者撤回自己向企业或组织授予的个人数据使用权，"只要没有保留该数据的合法理由"，相关企业或组织必须立即无条件删除所有的个人数据①。

总体来看，GDPR 旨在规范用户数据采集、分析和管理的权限，但相应地也会在全球范围内导致数据保护成本和政府监管成本的大幅增加，这也是 GDPR 发布后在全球引起极大震动的原因。未来，在 GDPR 的约束与引导下，欧洲的数据管理可能会走上一条与美国存在较大差异的道路。

（三）俄罗斯：进一步扩大数据本土化范围

"棱镜门事件"后，很多国家都采取了"数据本土化"的措施，在这些国家当中，俄罗斯采取的措施可以说相当激进。2014 年 5 月 5 日，俄罗斯发布联邦 97 号法令②，对《关于信息、信息技术和信息保护法》进行了修改，在"互联网信息传播组织者的义务"中增加了境内留存的要求，规定"自网民接受、传递、发送和（或）处理语音信息、书面文字、图像、声音或者其他电子信息起六个月内，互联网信息传播组织者必须在俄罗斯境内对上述信息及网民个人信息进行保存"；同年 7 月 21 日，俄罗斯发布联邦 243 号法令③修改《关于信息、信息技术和信息保护法》和《俄罗斯联邦个人数据法》，要求"收集个人数据（包括使用互联网手段）时，运营商需要保证使用位于俄罗斯境内的数据库对俄罗斯公民的个人数据进行处理"；2015 年 7 月 13 日，俄罗斯发布联邦 264 号法令④修改《关于信息、信息技术和信息保护法》和《民事诉讼法》，规定"搜索引擎运营商应当根据用户请求，删

---

① 《欧盟数据保护新法和统一数据市场，大数据脱敏面临新机遇》，http：//bbs. tianya. cn/post – itinfo – 449432 – 1. shtml，2016 年 2 月 4 日。

② Федеральный закон от 05. 05. 2014 г. № 97 – ФЗ，http：//kremlin. ru/acts/bank/38409，2014 年 5 月 5 日。

③ Федеральный закон от 21. 07. 2014 г. № 242 – ФЗ，http：//kremlin. ru/acts/bank/38728，2015 年 7 月 21 日。

④ Федеральный закон от 13. 07. 2015 г. № 264 – ФЗ，http：//kremlin. ru/acts/bank/39945，2015 年 7 月 13 日。

除存在于互联网上的第三方网站链接"，无论被删除链接的网站是否位于俄罗斯境内；2016 年 7 月 6 日，俄罗斯发布联邦 374 号和 375 号法令①修改《关于信息、信息技术和信息保护法》，规定"互联网上的信息传播组织者，应该在俄罗斯联邦境内保存有关接收、传输、发送和（或）处理互联网用户语音信息、书面文字、图像、声音、视频或者其他电子信息的事实的信息以及有关这些用户的信息，为期一年；在俄罗斯联邦境内保存互联网用户的文字信息、语音信息、图像、声音、视频和互联网用户的其他电子信息，为期六个月"，并且还规定"在联邦法规定的情况下，互联网信息传播的组织者应该向执行业务调查或者保证俄罗斯联邦安全的国家权力机构提供（上述）信息"。

由于受到约束的信息服务商遍布全球，这 5 条法令的发布在世界范围内引起了巨大争议，但在保受诟病的情况下，俄罗斯政府依然坚持履行相关修订后法律条款。2016 年 11 月 14 日，俄罗斯网络监管机构 Roskomnadzor 宣布将人力资源社交媒体领英（Linkedin）列入该国网络黑名单，俄罗斯境内网络将不能再连接领英网站，原因是领英没有遵守必须在俄罗斯境内服务器保存俄居民信息的法律②。

展望未来，互联网发展应着眼于促进开放、安全、值得信赖而包容的互联网建设与治理。2016 年 6 月 21 日，经合组织（OECD）部长级会议签署《数字经济部长声明》③，提出"支持信息的自由流动以促进创新和创造"，"在最高领导层促进数字安全风险管理并保护隐私，支持实施协调的数字安全与隐私风险管理实践，特别注意中小企业和个人的需求，并提出负责任和透明的通用政策"；9 月 4 日，二十国集团（G20）签署《数字经济发展与

---

① Федеральный закон от 06. 07. 2016 г. № 374 – ФЗ, http：//kremlin. ru/acts/bank/41108，2016 年 7 月 6 日；Федеральный закон от 06. 07. 2016 г. № 375 – ФЗ, http：//kremlin. ru/acts/bank/41113，2016 年 7 月 6 日。

② 《俄罗斯网络监管机构宣布屏蔽领英　脸书推特在俄运营面临考验》，http：//na. fx168. com/sfo/1611/2056827. shtml，2016 年 11 月 18 日。

③ Ministerial Declaration on the Digital Economy, http：//www. oecd. org/sti/ieconomy/Digital – Economy – Ministerial – Declaration –2016. pdf，2016 年 6 月 21 日。

合作倡议》①，宣布"支持维护互联网全球属性的信息通信技术政策，促进信息跨境流动"，"通过确保尊重隐私和个人数据保护树立用户信心"；11月20日，亚太经合组织发布《第二十四次领导人非正式会议宣言》②，明确"将继续改进政策和监管环境，通过发展灵活而可交互操作的体系，确保信息通信技术的安全，加强数据和隐私保护"。可见，减少数据本土化规则，对数据跨境流动进行合理限制，将成为未来国际多、双边谈判的重要议题之一③。

表4　缩略词

英文简称	英文全称	中文名称
WSIS	World Summit on the Information Society	信息社会世界峰会
IANA	Internet Assigned Numbers Authority	互联网号码分配机构
ICANN	Internet Corporation for Assigned Names and Numbers	互联网名称与数字地址分配机构
DNS	Domain Name System	域名系统
RIPs	Regional Internet Registries	地区性互联网注册机构
NTIA	National Telecommunications and Information Administration	国家电信及信息管理局
ICG	IANA Stewardship Transition Coordination Group	IANA 管理权移交协调小组
CGWG	Cross Community Working Group on Enhancing ICANN Accountability	加强 ICANN 问责制跨社群工作组
NomCom	Nominating Committee	提名委员会
ASO	Address Supporting Organization	地址支持组织
ccNSO	Country Code Names Supporting Organization	国家和地区代码域名支持组织
GNSO	Generic Names Supporting Organization	通用域名支持组织
ALAC	At – Large Advisory Committee	一般会员咨询委员会
IETF	Internet Engineering Task Force	互联网工程任务组
SSAC	Security and Stability Advisory Committee	安全与稳定咨询委员会
RSSAC	Root Server System Advisory Committee	根服务器系统咨询委员会

① 《二十国集团数字经济发展与合作倡议》，http：//www.cac.gov.cn/2016 – 09/29/c_1119648520.htm，2016 年 9 月 29 日。
② 《亚太经合组织第二十四次领导人非正式会议宣言》，http：//www.fmprc.gov.cn/web/ziliao_674904/1179_674909/t1416939.shtml，2016 年 11 月 20 日。
③ 李海英：《数据本地化立法与数字贸易的国际规则》，《信息安全研究》2016 年第 9 期。

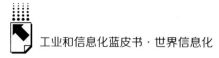

续表

英文简称	英文全称	中文名称
GAC	Government Advisory Committee	政府咨询委员会
PTI	Public Technical Identifiers	公共技术标识符机构
RZERC	Root Zone Evolution Review Committee	根区发展审核委员会
IFR	IANA Function Review	IANA 职能审核组
CSC	Customer Standing Committee	客户常任委员会
IRP	Independent Review Process	独立审核流程
SCWG	Separation Cross – Community Working Group	独立流程跨社群工作组
gTLD	Generic Top-level Domain	通用顶级域名
ccTLD	Country Code Top-level Domain	国家和地区顶级域名
EC	Empowered Community	赋权社群
SO	Supporting Organization	支持组织
AC	Advisory Committee	咨询委员会
TPP	Trans – Pacific Partnership	跨太平洋伙伴关系
USTR	Office of the United States Trade Representative	美国贸易代表办公室
APEC	Asia – Pacific Economic Cooperation	亚洲太平洋经济合作组织（亚太经合组织）
CBPRs	The APEC Cross Border Privacy Rules	APEC 跨境隐私规则体系
GDPR	General Data Protection Regulation	一般数据保护条例
DPD	Data Protection Directive	数据保护指令
OECD	Organization for Economic Co-operation and Development	经济合作与发展组织（经合组织）
G20	Group of 20	二十国集团

专题研究篇

Special Reports

B.9

美国《白宫智慧城市行动倡议》
新一轮行动

姬晴晴　姚 嫣*

摘　要：　2015 年 9 月，美国启动了《白宫智慧城市行动倡议》（以下
　　　　　简称《倡议》），政府投资 1.6 亿美元进行研究，帮助社区
　　　　　应对如减少交通拥堵、打击犯罪、促经经济增长、应对气候
　　　　　变化、提高城市服务质量等重大挑战；在 2016 年 9 月的
　　　　　"智慧城市周"活动中，白宫宣布再增加 8000 万美元拨款，
　　　　　在 2017 年启动若干新的项目，以应对气候变化、改善交通、
　　　　　提高公共安全，并促进城市服务转型。目前《倡议》的总
　　　　　体投资达到 2.4 亿美元，新的资金可支持超过 70 个城市和

* 姬晴晴，硕士，国家工业信息安全发展研究中心信息化研究与促进中心工程师，从事智慧城市、数字经济和信息化战略等研究；姚嫣，硕士，北京协创信息化和工业化融合促进中心研究员，从事智慧城市、电子政务和信息化战略研究。

社区建设智慧城市。奥巴马政府在智慧城市领域持续发力，也体现了美国对于振兴美国经济、重塑城市活力的信念和行动力。

关键词： 智慧城市行动倡议　投资

一　行动背景

2015年9月14日，美国联邦政府发布《白宫智慧城市行动倡议》（White House Smart Cities Initiative）。在《倡议》中，联邦政府宣布将在联邦研究中投入至少1.6亿美元，并通过至少25项新的技术合作帮助当地社区应对关键挑战，如减少交通拥堵、打击犯罪、促进经济增长、缓解气候变化影响和提高城市服务水平等。

《倡议》重点关注四个领域：一是创建物联网应用的实验平台，开发新的跨部门协作模式；二是与民间科技活动合作，打造城市间的合作；三是充分利用联邦政府已经开展的工作，重新聚焦于智慧城市；四是寻求国际合作，将亚洲和非洲作为技术和产品的主要出口市场。

作为《倡议》的一部分，美国国家科学基金会、国家标准与技术研究院、国土安全部、交通部、能源部、商务部、环境保护署、人口普查局等部门将根据各自职责，重点在智慧城市的基础设施研究和实施国家优先领域的解决方案两个方面投入资金，开展工作。城市、高校、产业界和其他组织也积极响应《倡议》，建立各类合作组织，提出新的举措。《倡议》中各联邦机构投资计划如图1所示。

《倡议》在过去一年中支撑了若干突破性的活动，以下是两个具有代表性的例子。

1. 智慧城市挑战赛

2016年6月，美国交通部（DOT）在参与智慧城市挑战项目的78个

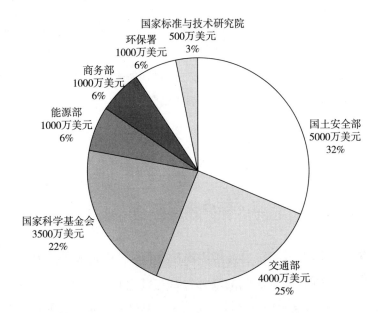

图1　美国各联邦机构在《倡议》中的投资计划

城市中选中了俄亥俄州哥伦布市，资助其4000万美元用于改善未来城市交通。该城市还计划利用超过1亿美元的私人投资，进行新技术的试点开发，从车联网、改善交通流量和安全保障、数据驱动、改善公共交通接入、医疗保健成果到电动自驾车等，都将为运输服务能力不足的社区提供更优选择。

2.城市健康追踪器

利用国家科学基金会和阿贡国家实验室的资助，芝加哥市和芝加哥大学着手安装"城市健康追踪器"——500个被称为"物联阵列"的户外传感器盒——使城市和公众能够即时获得关于空气质量、噪声水平和交通的综合数据。这种实时开放数据将帮助研究人员和城市官员减少空气污染、提高交通安全等。例如，其中一个团队已经开始开发一个移动应用程序，基于对城市街区的实时测量来提醒哮喘患者注意空气质量等事项。

除了这些举措外，行政部门还采取了几个补充措施用于支持本地创新，其中包括新发布的"高级无线研究计划"。通过这些计划，国家科学基金会与私营产业共同投资了近 1 亿美元，开发 4 个城市级无线技术测试平台，其中包括 5G 及更先进的通信技术。此外，行政机构项目正在推动建立基于联邦开放数据的私营产业数字工具，帮助社区找到所需资源的信息，例如，经济适用房、优质学校和就业机会等。"警方数据倡议"和"数据驱动司法倡议"正在帮助地方当局利用数据改善社区警务和从刑事司法系统中识别、区分低级犯罪分子。

二 重点关注领域

2016 年 9 月 26 日，美国白宫在"智慧城市周"中扩大了《倡议》中的举措，宣布新增 8000 余万美元的联邦投资，以应对气候变化、改善交通、提高公共安全、促进城市服务转型。重点关注领域主要包括以下几方面。

1. 气候

政府宣布新投入接近 1500 万美元资金建立两个新组织，帮助城市和社区应对能源和气候挑战。例如，能源部（DOE）的一项活动已经涵盖了 1800 栋建筑，通过运用数据分析工具，能将这些建筑的能耗下降平均 8 个百分点。

2. 交通

政府宣布增加超过 1500 万美元的新拨款，将其用于发展未来城市交通，开展未来交通研究。例如，国家科学基金会资助查塔努加研究人员开展城市车联网和自动驾驶车辆合作的首次测试，以提升出行效率，并在极端天气情况下实现安全操作。

3. 公共安全

政府在公共安全、灾后重建和灾难应急等方面将增加投入 1000 多万美元。例如，国土安全部正在资助得克萨斯州的洪水泛滥地区开发基于洪水传感器的低成本工具，其中的预测分析功能可以为一线应急人员和地方官员发布警报和警告，并在洪水袭击时更快地做出响应，及时挽救生命。

4.城市服务转型

"都市实验室网络"（MetroLab Network）项目正在努力帮助城市实现社会项目创新，例如，西雅图和华盛顿大学周边三个县之间加强合作，使用预测分析来确定城市服务何时能够帮助无家可归者入驻永久性住房，为未来的个性化干预提供保障。

三　政府目前公布的关键举措

《倡议》新投资涉及若干个联邦机构，其投资计划如图 2 所示。

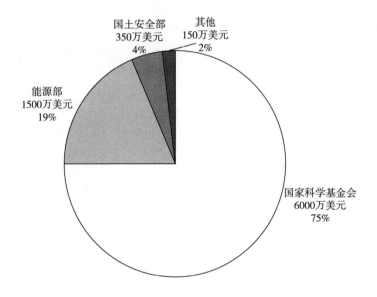

图 2　新投资中各联邦机构投资计划

各机构具体的投资计划如下。

（一）国家科学基金会

国家科学基金会（National Science Foundation，简称 NSF）宣布 2016 财政年对新型智慧城市的相关拨款超过 6000 万美元，2017 年还将继续增加投资。NSF 目前正在将相关学科的学术研究人员与社区利益相关者聚集在一起，帮助重要社区进行转型。这项工作的案例包括研究人员在查塔努加对全城网络自动协调控制和自动驾驶汽车进行的测试以及在马里兰州几个城市进行的洪水预警试点项目（以一种新型方式整合传感器数据和社交媒体，通过提前预告山洪减少死亡人数）。具体的投资计划如下。

2017 财年计划增加投资 2450 万美元，智能和互联社区计划新增 850 万美元奖金。计划投资显著拓宽了 NSF 在这一领域的研究重点，并建立了一些高风险、高回报的探索研究奖项和早期概念补助金，支持整合研究，加强对未来城市和社区的理解和设计。

通过 US Ignite 计划开发和扩展下一代互联网应用和技术新增投资 1000 万美元，支持千兆网络和服务的启用，为决策者提供实时数据和分析。

700 万美元投入"创新伙伴关系：建设创新能力"项目，涉及学术－产业合作，将突破性发现转化为智能社区相关的新兴技术，如智能建筑、传感器网络，用于提高运输效率。

400 万美元投入新型信息物理系统奖项，重点是智能和互联社区。总的来说，这些项目有助于建立智慧城市和物联网的技术基础，通过传感器和其他 IT 基础设施将物理设备大规模连接到数字世界。

200 万美元投入新的"Spokes"项目，拓宽大数据区域创新中心，140 万美元投入新的大数据研究，利用数据科学来改善智能电网，使桥梁更安全，提高军队的无人机技术，并允许学生对空气污染进行研究。

150 万美元投入新的"智能和互联健康研究"奖项，重点是智能和互联社区。目前公布的奖项将支持对传感器技术、信息和机器学习技术、决策支持系统等下一代医疗保健解决方案进行开发。

100 万美元提供给参加 2016 年国家标准与技术研究院（NIST）"全球城市团队挑战赛"的研究人员，支持高风险、高回报的研究，有效地整合数字和物理系统，以满足现实社区的挑战。

100 万美元投入支持终身学习能力建设的新研究，这对未来的城市和社区来说至关重要。

（二）能源部

能源部（Department of Energy，简称 DOE）宣布将投入超过 1500 万美元新资金，成立更清洁、更智慧的社区新联盟，支持建设智慧、节能的城市运输系统，开启分布式清洁能源。

DOE 宣布将建立"更好社区联盟"（BCA），由 DOE 领导的城市和县级新型网络为所有美国人创造更清洁、更智能和更繁荣的社区。"更好社区联盟"是"更好的建筑计划"的一部分，通过该联盟，美国能源部正在为县市制定一站式服务，以美国国家和社区服务公司注入能源部和 AmeriCorps 的资源，支持应对能源和气候挑战。能源部将聚集主要利益相关者，促进知识交流和协作，同时通过各计划之间的协调援助和共同数字门户，简化社区获取能源部资源和资金的途径。最初的社区和联盟组织成员如表 1 所示。

DOE 正在推出新的"更好建筑加速器"项目，帮助地方政府在其社区内发展"零能量区"，通过加速器帮助参与者进行协作并利用技术援助框架克服部署障碍。能源部将与城市领导、区域开发商、规划者、所有者和其他关键利益相关者合作开发商业案例和能源，复制实现"零能量区"所需的总体规划文件，其中集合了建筑物可再生能源，使现场的可再生能源总和抵消该区建筑物的综合建筑能耗。

DOE 的"更好建筑倡议"正在发起"智能能源分析运动"，第一批成员承诺使用智能建筑能源管理技术。18 个初始成员（包括 1800 座建筑）已经同意采用数据分析工具（被称为能源管理和信息系统）分析能源足迹。估计平均能源足迹能够减少 8% 或更多，其中的一些活动参与者及其计划包括以下几个。

Wendy 公司正在试验软件，对 300 家餐馆使用企业管理信息系统（EMIS）分析。

表 1 最初的社区和联盟组织成员

安克雷奇,阿拉斯加州	亚特兰大,乔治亚州	波士顿,马萨诸塞州	博尔德,科罗拉多州	布劳沃德县,佛罗里达州	查塔努加,田纳西州
芝加哥,伊利诺伊州	丘拉维斯塔,加利福尼亚州	德梅因,爱荷华州	杜布克,爱荷华州	沃思堡,得克萨斯州	亨廷顿比奇,加利福尼亚州
堪萨斯城,密苏里州	金县,华盛顿州	洛杉矶县,加利福尼亚州	迈阿密戴德县,佛罗里达州	密尔沃基,威斯康辛州	纽约,纽约州
纽瓦克,新泽西州	奥兰多市,佛罗里达州	费城,宾夕法尼亚州	凤凰城,亚利桑那州	波特兰,俄勒冈州	里士满,弗吉尼亚州
洛亚诺克,弗吉尼亚州	罗彻斯特,纽约州	盐湖城,犹他州	旧金山,加利福尼亚州	西雅图,华盛顿州	索诺玛县,加利福尼亚州
西棕榈滩,佛罗里达州	威尔县,伊利诺伊州	能源节约联盟	美国节能经济委员会	奥雅纳工程顾问公司	C40 城市气候领导小组
城市顶点(Cityzenith)公司	翡翠城市合作公司	能源基金会	全球降温城市联盟	管理学院	孵化器(Hatch)
ICLEI USA ——地方政府可持续发展	市场转型研究所	可持续社区研究所	国际城市/县管理协会	克雷斯基金会	县级国家协会
国家能源官方协会	全国城市联盟	自然资源保护委员会	飞利浦照明	智慧城市委员会	太阳能基金会
STAR 社区	Surdna 基金会	美国绿色建筑委员会	城市可持续性董事网络		

Macy's 将分享其在 700 多家商店中使用的故障检测和诊断经验。

加利福尼亚大学旧金山分校将扩展其"联网调试"创新计划,基于一致的建筑数据进行流程使用的故障检测和诊断,帮助翻新建筑物,确保其高效运行。

罗德岛能源办公室正在发起一项持续若干年的 EMIS 项目,该项目试点对象包括 18 栋建筑,将利用所获得的经验,帮助简化主管信息系统(EIS)的大部分项目工作,进行更大范围推广。

劳伦斯伯克利国家实验室、建筑物所有者管理协会、国际设施管理者协会、英联邦爱迪生、加利福尼亚调试协作和建筑调试协会等组织还将向竞选伙伴提供技术援助。

DOE 宣布将投入 1000 万美元到现有计划，用于扩大美国能源部智能移动财团，支持智能节能城市交通系统，并建立"城市技术人员"试点项目。这个项目将与 DOT"智慧城市挑战赛"合作，首先关注俄亥俄州哥伦布市和密歇根州底特律市，将国家实验室技术人员与城市领导者联系起来，帮助城市利用新型能力、工具和技术满足关键需求，显著提升能源效率和减少碳排放。DOE 系统和建模加速研究交通运输联盟利用美国能源部国家实验室的独特能力，审查未来交通系统中能源和移动性的关系，包括自动驾驶车辆、决策科学、多式联运和综合车辆加油基础设施系统。

DOE 的电力交付和能源可靠性办公室宣布将投入约 700 万美元资金用于支持传感器和建模开发，使社区能够更有效地将分布式清洁能源集成到电网中。目前，分布式清洁能源的集成及其排放、可靠性和弹性效益对于最初仅为分配电力而不是本地发电设计的电网而言是一个挑战。资金将用于支持公用事业和技术供应商的研究和开发，实现利用新的传感器数据，改进建模，以更高的效率和可靠性整合这些资源，例如，提升紧急情况停电下的电网弹性。

（三）国家标准与技术研究院

国家标准与技术研究院（National Institute of Standards and Technology，简称 NIST）正在继续扩大智慧城市运动并支持物联网的技术进展。

NIST 及其合作者宣布成立新的国际联盟，致力于开发基于物联网的智慧城市框架，计划在 2017 年夏天初步完成。通过开放的技术工作组对现实世界的智慧城市应用和架构进行研究，联盟将确定互操作性的关键点，利用一致标准实现多样化和互操作性。联盟成员包括美国国家标准协会、美国绿色建筑委员会，韩国科学部、ICT 和未来规划部，意大利能源和创新局，欧洲电信标准协会和 FIWARE 基金会。

NIST 的"全球城市团队挑战赛计划"正在建立多团队大型集群，应对单一城市团队所面临的巨大挑战。例如，应对大规模自然灾害的多城市抵御能力、城市智能交通系统，以及通过协调地方行动改善区域空气质量。这项倡议汇集了主要城市的周边社区：波特兰，俄勒冈州；亚特兰大，乔治亚州；纽波特纽斯，弗吉尼亚州；哥伦布，俄亥俄州；贝尔维尤，华盛顿州；堪萨斯城，堪萨斯州；堪萨斯城，密苏里州。这些社群与 NIST 及其合作伙伴（包括 DOT、DHS、NSF、环境保护局、国家电信和信息管理局、国际贸易管理局、经济发展局、IBM、AT&T、CH2M、Verizon、高通、英特尔、Ignite 和 Urban – X）共同协作，为共享解决方案开发"蓝图"，将在多个城市和社区合作实施。

NIST 宣布向四个新的项目投入 35 万美元，让 11 个城市和社区共同完成创新的智慧城市解决方案。"可复制智慧城市技术"授予了以下城市的社群团队：纽波特纽斯，弗吉尼亚州；贝尔维尤，华盛顿州；蒙哥马利县，马里兰州；波特兰，俄勒冈州，重点用于互操作技术的开发和部署，通过可由各种类型和规模的社区实施的可互操作智慧城市解决方案解决重要公众问题，如空气污染、洪水预测、快速应急响应以及改善公民服务。

（四）国家电信和信息管理局

美国商务部下属的国家电信和信息管理局（National Telecommunications and Information Administration，简称 NTIA）发布了一个新的工具包《建立合作伙伴关系，为智慧城市建设赋能：地方组织工具包》，帮助社区利用私营产业资源和专业知识来推进智慧城市。

在实施智慧城市解决方案时，社区面临的核心挑战是开发和部署新的大型技术项目所需的专业知识和资源。成功的公私伙伴关系可以是具有成本效益的方式，能够确保以最快的速度向当地居民提供改良服务。为了协助当地社区，NTIA 为地方官员的公民团体发布这个工具包，为建立高效公私伙伴关系提供指导，促进智慧城市蓬勃发展。该工具包明确了发展伙伴关系时需要考虑的因素，包括合作伙伴所需的要素、评估合作伙伴的贡献以及构建最富有成效的合作伙伴协议。

（五）国土安全部

国土安全部（Department of Homeland Security，简称 DHS）科技局宣布投资 350 万美元用于 Flood Apex 计划，以开发低成本传感器技术。该计划将应用基于物联网的方法，进行疏散、洪水监测和提高关键基础设施的恢复能力。

例如，通过与科罗拉多河下游管理局、联邦应急管理局（FEMA）和得克萨斯州洪水泛滥地区国家气象局进行合作，该计划将做到共享实时数据，使当地官员能够更快地响应洪水袭击并对防洪进行正确的预防性投资，帮助挽救生命和保护基础设施。

（六）网络和信息技术研究和发展计划

网络和信息技术研究和发展计划（The Networking and Information Technology Research and Development Program，简称 NITRD）公布了"联邦智慧城市和社区工作组"项目，认识到各机构需要开展合作并考虑到社区挑战（如恢复力）的跨领域性质，该工作组将负责制定智慧城市机构间合作战略草案。它还将为联邦智慧城市计划建立资源指南，帮助利益相关者发现联邦资助机遇和其他资源。

四 社区、高校、产业界等组织响应该行动的措施

2016 年，参与该行动计划的城市和社区数量翻了 1 倍，总数超过 70 个。

2016 年，Anritsu、Crown Castle、FiberTower、爱立信四个公司宣布加入国家科学基金会领导的"高级无线研究倡议"计划，总共承诺了 800 多万美元的实物捐助，用于帮助支持四个城市级先进无线测试平台的设计、部署和运行。这四家公司分别开展以下工作：Anritsu 将提供微波组件、频谱分析工具和设备，用于支持测试、测量和服务保障；Crown Castle 将通过在无

线塔上提供网络部署和选址建议、空间来支持测试平台；Fiber Tower 将提供 mmWave 频谱服务，用于支持选定的地理区域；爱立信将以研究人员、系统和专业技术、软件定义网络和无线电网络工程的形式提供资源，重点是频谱灵活性、频谱共享、安全性、物联网和先进无线电技术。

"都市实验室网络"（MetroLab Network）在 Annie E. Casey 基金会的支持下将建立专注于大数据和人类服务交叉学科的实验室。大数据和人类服务实验室将汇集"网络"成员——地方政府决策者和大学研究人员以及行业、政策专家和非营利组织的利益相关者，他们将结合不同的政策和研究工作，利用数据驱动的方法进行人工服务转型。这项工作将支持社区之间协调、开发新工具和基础设施，并提高工作效率。例如，华盛顿大学和西雅图大学之间合作利用预测分析，准确确定城市服务何时能够成功帮助无家可归者迁移到永久住房，为未来个性化干预提供前景。此外，自从推出后一年来，都市实验室增加了以下新成员，其中包括新加入的四名成员，如表 2 所示。

表 2　都市实验室新增成员

洛杉矶,加州州立大学洛杉矶分校(新加入)	大迈阿密地区(迈阿密戴德县,迈阿密市,迈阿密海滩市)与迈阿密大学,佛罗里达国际大学,迈阿密戴德学院(新加入)
旧金山,加州大学伯克利分校(新加入)	匹兹堡大学,加入了匹兹堡和卡内基梅隆大学之间已有的合作项目(新加入)
阿灵顿县与弗吉尼亚理工大学国家首都地区	奥斯汀与得克萨斯大学奥斯汀分校
巴尔的摩市与约翰霍普金斯大学和巴尔的摩大学	博尔德和丹佛市与博尔德大学
伯灵顿与佛蒙特大学	夏洛特市与夏洛特市北卡罗来纳大学
哥伦布市与俄亥俄州立大学	杰克逊维尔市与佛罗里达州大学和北佛罗里达大学
堪萨斯州堪萨斯市和密苏里州,堪萨斯城与密苏里大学堪萨斯分校和堪萨斯大学	纽瓦克市与新泽西理工学院
奥兰多市与佛罗里达中央大学	圣达菲市与圣达菲研究所
斯克内克塔迪与奥尔巴尼大学和纽约州立大学	哥伦比亚大学,加入了纽约和纽约大学之间已有的合作项目

智慧城市理事会将授予挑战资助，帮助五个美国城市应用智能技术，提升城市宜居性、可行性和可持续性。对于每个获奖城市，理事会将提供量身定做的一天准备训练营，来自理事会的专家、成员、顾问将协助每个城市建立或完善其智慧城市路线图。除了集中训练营外，以下成员还将为每个获奖城市提供以下服务。

- Ameresco 将提供帮助优化智能街道照明的咨询服务。

- AT&T 将提供多达 25 个 AT&T 物联网入门套件。

- CH2M 和 Qualcomm 将合作举办为期一天的后续研讨会，用于开发和部署智慧城市生态系统。

- 计算技术行业协会将提供免费培训、软件和技术教育材料。

- 陶氏建筑和建筑公司将提供关于优化建筑设计的咨询，作为智慧城市生态系统的一部分。

- IDC 将通过全面智慧城市成熟度基准评估每个城市的进展。

- Sensus 将免费提供为期一年的全市托管通信网络。

- Telit 将为每个城市免费提供 Telit 物联网平台。

- TM 论坛将帮助城市通过其智慧城市成熟度和基准模型评估进展。

- Transdev 将提供为期三天的技术援助，用于调查更有效的城市移动新选择。

超过 20 个城市与新成立的全球城市首席信息官委员会合作发起一个新的倡议，重点是确保智慧城市技术进行负责任和公平的部署。该工作主要有三个目标：①提供一个共同框架，帮助政府制定和扩大物联网相关政策和流程；②确保公共空间或资产用于智慧城市技术的公开性和透明度；③促进政府、私营产业和学术界合作，确保这些技术最大限度地实现公共利益。以下 21 个城市致力于开发一套共同的指导原则，强调使用这些技术过程中的隐私、安全性、可持续性、弹性、公平性和效率（见表3）。

US Ignite 宣布四个城市将加入"智能千兆社区网络"。国家科学基金会在 2015 年 9 月推出的智慧城市计划中公布了智能千兆社区计划。以下四个城市都承诺开发六个千兆位应用程序，用于满足社区需求（见表4）。

表 3　致力于开发共同指导原则的 21 个城市

城市名称	城市名称
亚特兰大,乔治亚州	奥斯汀市,得克萨斯州
波士顿,马萨诸塞州	剑桥市,马萨诸塞州
夏洛特,北卡罗来纳州	芝加哥,伊利诺伊州
达拉斯,得克萨斯州	格林维尔,南卡罗来纳州
堪萨斯城,密苏里州	洛杉矶,加利福尼亚州
纽约,纽约州	帕罗奥多市,加利福尼亚州
费城,宾夕法尼亚州	匹兹堡,宾夕法尼亚州
波特兰,俄勒冈州	圣安东尼奥市,得克萨斯州
圣地亚哥,加利福尼亚州	旧金山,加利福尼亚州
西雅图,华盛顿州	斯波坎,华盛顿州
华盛顿,哥伦比亚特区	

表 4　将加入"智能千兆社区网络"的 4 个城市

序号	城市
1	澳大利亚阿德莱德(也是第一个美国之外的城市)
2	阿尔伯克基,新墨西哥州
3	索尔兹伯里,北卡罗来纳州
4	华盛顿,哥伦比亚特区

1776 将建立城市创新委员会——城市、创业公司和企业利益相关者的联盟,致力于克服通过创业构建智慧城市的挑战。该委员会将处理创新创业公司的一系列启动要素,包括创新城市规范模型的开发,进行实践研究,指导企业家和城市领导者的决策。初创成员如表 5 所示。

表 5　城市创新委员会初创成员

成员名称	成员名称
阿灵顿县,弗吉尼亚州	迪拜,阿拉伯联合酋长国
蒙哥马利县,马里兰州	匹兹堡,宾夕法尼亚州
全球汽车贸易集团	微软
散热器实验室	SeamlessDocs
TransitScreen	优步(Uber)
沃那多(Vornado)	

五　其他相关工作

纽约州立大学奥尔巴尼区政府技术中心正在为中小城市建立智慧城市指南。这些城市面临广泛的财政、组织、政策和政治挑战，这些问题可能会减慢创新的步伐。该指南将集中讨论中小城市采用技术的关键要素，重点是实施举措。

纽约市正在推出一个新的数字平台帮助地方政府引导智慧城市发展。通过公私合作伙伴关系开发的 marketplace. nyc 包括了超过 100 家公司的名单及其相关产品和服务信息。该平台帮助地方政府员工在各自重点领域内明确创新技术，同时通过提供过去或现有城市试点和合同的信息库而鼓励机构间协调工作。该平台旨在实现城市间的经验复制和数据共享。

作为智慧城市计划的一部分，城市数字化组织宣布了 2015 年 9 月推出的第一个试点项目的结果，其中包括建立新型数字地下基础设施地图平台的新技术组件。试点团队现在已经成功设计了平台的组件，使城市和公用事业能够在不到一半的时间内完成建设和开发流程。

达拉斯创新联盟和 Envision Charlotte 公布了"为了城市，通过城市"的新合作项目，在未来两年内将聚集全球各地的城市共同研究具体举措，实现更智能、更可持续、更高效的城市发展。会议将于 2017 年在得克萨斯州达拉斯、2018 年在北卡罗来纳州夏洛特举行，将邀请城市官员与同行分享有效措施、规避因素、经验教训。

达拉斯将在达拉斯市中心的西区社区推出达拉斯创新区项目，重点是通过单一地区级测试平台，将公民、企业和创业创新活动汇聚在一起。这次合作将汇集达拉斯创新联盟的智慧城市生活实验室、达拉斯企业家中心的新创业公司以及来自技术、银行和医疗保健行业的公司的新型创新举措。

Mapbox 宣布推出 Mapbox 城市实验室，为城市免费提供 Mapbox 工具和支持，并向三个城市提供深入指导，帮助它们解决从交通安全到社区健康的最紧迫问题。Mapbox 将与每个参与城市合作，收集特定问题和数据（包含

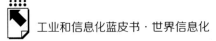

Mapbox 的开放数据和实时交通数据），并通过协作建立富有洞察力和可操作的数据驱动指南。

微软公司将公布新的智慧城市相关资源，帮助全国各地的社区利用技术促进公共安全和交通。Microsoft 和 Genetec 将向 10 个美国城市提供 Project Green Light 入门套件，帮助本地企业将监控摄像机连接到云和当地执法部门。Microsoft 与 Cubic 合作向另外五个美国城市提供基于云的地面传输管理解决方案，帮助提升效率和安全性。

Orange Silicon Valley 将在 2017 年秋季推出一个企业对企业的数据研讨会，特别关注智慧城市和物联网。该研讨会将把私营产业参与者与其他利益相关者聚集在一起，研究跨企业和部门的私营产业数据共享模式、相关的挑战和机遇以及利用私营产业数据产生社会价值的新模式。

新的行动已经开启，未来美国智慧城市如何发展、前景怎样，还需各方共同努力，后续的评价和政策评估也必不可少。我们也将持续关注。

欧盟《量子宣言：技术新时代》

乔　睿*

摘　要：　近些年，量子技术在世界领域内高速发展，美国、中国等国家已经在该领域取得了一系列以实用型量子计算机及量子通信卫星为代表的重要成果。2016 年 5 月 17 日，欧盟委员会数字经济与社会委员古泽·奥廷格在欧洲量子会议上正式发布了《量子宣言：技术新时代》（以下简称《宣言》）。《宣言》是欧洲"数字化单一市场"系列政策的组成部分，旨在呼吁发起一项总投资额达 10 亿欧元的欧洲量子技术倡议，以确保欧洲在正在发生的技术革命中处于领先地位。这一举措不仅体现了欧洲（欧盟）主动把握世界局势、立足自身优势、通过"数字化单一市场"战略有序向欧洲各国和欧洲以外的经济体扩张的战略思想，也标示着量子领域的多边竞合关系正在逐步形成。在此背景下，我们对《宣言》的主要内容进行了摘译，以期对我国的量子领域科研战略制定和科研项目设计起到一定参考作用。

关键词：　欧盟委员会　量子技术　时间轴　研发目标

2016 年 5 月，欧盟发布了《量子宣言：技术新时代》①，希望推动欧盟

---

* 乔睿，硕士，国家工业信息安全发展研究中心信息化研究与促进中心工程师，从事信息化战略研究。

① Quantum Manifesto – A New Era of Technology，http：//qurope. eu/system/files/u7/93056_Quantum%20Manifesto_ WEB. pdf，2016 年 5 月。

量子技术发展，以占据世界量子革命的前沿。《宣言》分为三部分，第一部分论证了启动欧洲量子技术倡议的必要性，主要介绍了量子技术发展的广阔前景，展示了欧洲顶尖科学家预测、绘制的量子技术发展时间轴，阐述了欧洲在发展量子技术方面所具备的科学和产业基础。第二部分对欧洲量子技术倡议的内容进行了设计，主要明确了量子技术倡议的目的，建议量子技术倡议提出教育、科学、工程、创新四方面举措，列举了在欧盟层面实现量子技术项目统筹协调所需要开展的一系列行动。第三部分结合量子技术时间轴，提出了欧盟发展量子技术的短期、中期和长期研发目标。以下是该宣言主要内容的摘译。

一 概述

本宣言呼吁各成员国和欧盟委员会发起一项旗舰规模的量子技术倡议（以下简称"倡议"），倡议作为欧洲"地平线 2020"研究与创新框架计划的一部分，总额达 10 亿欧元，将于 2018 年启动研究工作。本宣言受到欧洲产业界、研究机构和科学家们的广泛认可。

倡议旨在使欧洲在世界范围内展开的第二次量子革命中始终处于最前沿地位，进而为科学、产业和社会带来变革性的进步。这将为欧洲创造出应对全球化挑战的新商业机遇，提供战略性安全力量，为培养目前还无法想象的未来能力播下种子。正如现在世界各地正在进行的一样，发展欧洲的量子技术能力将创造出一个利润丰厚的知识型产业，从而带来长期的经济、科学和社会收益。这将使欧洲的发展变得更加可持续、更高效，同时更具有创业精神、更安全。

1. 量子技术倡议的目标

● 启动具有竞争力的欧洲量子行业，使欧洲成为未来全球产业版图中的引领者。

● 提高欧洲在量子研究领域的科学领导力和科学成就。

● 确保欧洲地区对量子技术的创新业务和投资充满活力与吸引力。

• 从量子技术进步中获益，为应对能源、健康、安全和环境等全球性难题提供更好的解决方案。

2. 本宣言提出的关键行动

（1）支持量子技术相关科学活动的发展。

（2）为量子技术的创新和商业创造营造良好的生态环境。

（3）推动学术界和产业界合作达到新高度，将实验室中的量子技术成果转化到产业领域中。

（4）通过开展科学、工程和商业的融合教育，以及通过唤起公众对关键理念和能力的意识，为欧洲培育新一代量子技术人才。

（5）协调欧洲层面的量子技术公共投资和战略。

（6）推动目前缺乏强力量子技术研究计划的成员国参与。

本宣言的支持方呼吁各成员国和欧盟委员会逐步实施宣言中建议的行动，并为帮助建立欧洲的量子技术旗舰级倡议给予支持。

欧盟委员会已在其 2016 年 4 月 19 日的通讯《欧洲云倡议》中认可了量子技术的重要性和推出雄心勃勃的欧洲旗舰计划的必要性，目的是确保欧洲始终处于量子技术的最前沿，并在未来的量子技术产业中占据领导地位。

为引领第二次量子革命，欧洲需要战略投资。基于欧洲的科学成就，欧洲有机会创造出一个长期繁荣和安全的有竞争力的产业。

二 为什么欧洲现在就需要采取行动

（一）欧洲需要战略性投资

基于量子力学规律并支配着原子尺度物理学的技术将带来一系列新技术的浪潮，创造出很多新的业务，帮助解决目前的许多全球性难题。20 世纪，人类已经掌握了基本量子物理学。现在，量子理论先前未开发的方面已经能够作为资源在各项应用广泛的技术（包括安全通信网络、生物医学成像的灵敏传感器和全新的计算范式）之中发挥作用。在这些应用中，量子技术可以带来能力、灵敏度和速度等方面革命性的进步，并将成为在众多产业和市场中成功的决定性因素。量子技术的这些应用对欧洲的独立和安全具有战略重要性，例如，在安全信息存储和传输、能源解决方案和药品制造新材料等领域的应用。目前，全球的政府和企业（包括谷歌、微软、英特尔、东芝和IBM）都为发掘这种潜力而进行了大规模投资。为了让欧洲始终处于这一新兴技术的最前沿并参与全球性的量子产业，欧洲需要扩大投资，并最大限度地利用其在科学和工程领域的成就。

（二）为了在第二次量子革命中处于领先地位

第一次量子革命——理解和应用微观领域物理定律——为我们带来了突破性技术，如晶体管、固态照明、激光和GPS。如今，我们通过对以前尚未开发的定制系统和材料领域的量子效应的利用，为第二次量子革命铺平了道路。量子理论如今已经完全建立起来，这要求我们以一种全新的方式来看待世界：物体可以在同一时间处于不同状态（叠加），也可以在没有任何直接物理交互的情况下深度关联（纠缠）。目前，市场上存在许多革命性的量子技术应用，在很短时间内出现了很多产品，市场上出现了以往可能需要不止十年研发时间的革命性新技术。量子计算机有望能够在几分钟内解决当前和未来的超级计算机都无法解决的问题，这将为化学工艺、新材料（如更高温的超导体）、机器学习与人工智能新范式的设计带来一系列突破。基于量子相干性，数据可以通过完全安全的、不可能被窃听的方式被保护起来，鉴于网络犯罪和间谍活动的爆炸式增长，这必然是一项具有高度战略意义的能力。量子技术也将为材料合成、化学合成带来远超目前水平的模拟工艺，赋予时钟和传感器能够对导航、未来智能网络同步、医疗诊断产生潜在影响的灵敏度和准确度。

量子技术主要领域的发展（见图1）将带来一系列对普通人产生真正实际影响的变革应用。这些领域均有自身的时间表。例如，在不久的将来，商业市场上就将出现新的量子传感器，而量子计算机的出现还需要十年以上时间。图1的技术时间轴不仅展示了基础科学和工程的里程碑技术，也指出了突破性应用的实现路径，它是基于欧洲顶尖科学家的预测所得出的。这个时间轴只是说明性的，目前也还不完整。历史已经证明，颠覆性技术的关键应用是很难预测的，它们无一例外地都创造了属于自身的应用方式。本宣言第三部分提供了对里程碑技术更详细的说明。

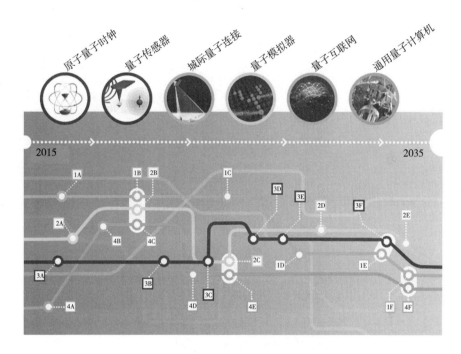

图 1　量子技术时间轴

表 1　量子技术时间轴

1. 通信	2. 模拟器	3. 传感器	4. 计算机
0~5 年			
A. 量子中继器核心技术 B. 点到点安全量子链路	A. 材料中电子运动的模拟器 B. 量子模拟器和网络的新算法	A. 特定应用的量子传感器（包括用于医疗、地质调查和安全的重力和磁传感器） B. 用于未来智能网络（如能源网）同步的更精确的原子钟	A. 有误码检测或拓扑性保护的逻辑量子位操作 B. 量子计算机的新算法 C. 执行相关技术算法的小型量子处理器

续表

1. 通信	2. 模拟器	3. 传感器	4. 计算机
5～10 年			
C. 远距离量子网络 D. 量子信用卡	C. 新型复合材料的开发和设计 D. 量子磁电通用模拟器	C. 量子传感器的更大体积应用，包括汽车、建筑 D. 手持量子导航设备	D. 利用 >100 物理昆比特的专有量子计算机解决化学和材料科学的问题
>10 年			
E. 具有加密和窃听检测功能的量子中继器 F. 融合量子和传统通信的安全欧洲互联网	E. 支持药物设计的量子动力学和化学反应机制模拟器	E. 基于重力感应器的重力成像设备 F. 将量子传感器与消费类应用结合，包括移动设备	E. 量子电路和低温传统控制硬件的结合 F. 通用量子计算机计算能力超越传统计算机

注：原子量子时钟可以与 GPS 同步，即使在 GPS 不可用的恶劣环境中也能具备很强的计时稳定性和可追溯性。这些计时解决方案可以在未来智能网络（例如，能源、电信、广播、能源和安全网络）中发挥作用。

利用量子叠加和/或量子纠缠的量子传感器可具备更高的灵敏度和分辨率，各公司和公共机构将购买使用这样的传感器用于条件严苛的建设项目，例如，测量地面下的空隙、探测矿藏或检测现有基础设施。它们也可以用来提供非侵入式的医护诊断。

一些欧洲国家首都之间的安全城际量子连接可以排除拦截风险，进行高度敏感数据的传输。这条链路可能包括基于地面或卫星的受保护节点，这些节点源自原子可信任结点和量子中继器。

量子模拟器可以根据各种模拟材料或化学反应的特殊用途进行构建。模拟可以对不存在的新材料进行处理进程或特性的探索，满足多个产业领域（如能源或运输产业）的新材料设计需求。

全球性的量子安全通信网络，即将量子技术与传统信息和加密相结合的量子互联网，可以为互联网交易提供安全保障，避免量子计算机问世对传统加密方案产生威胁。

通用量子计算机的计算能力性能将超过未来最强大的传统计算机水平。它们将作为可重复编程的机器，用来解决要求苛刻的计算问题，如优化任务、数据库搜索、机器学习和图像识别。它们将助力欧洲的智能产业发展，提高欧洲制造业的效率。

（三）欧洲的科学成就基础

量子物理学是一批年轻的欧洲物理学家在 20 世纪初建立的，他们的名字对普通人来说也耳熟能详：玻尔、普朗克、爱因斯坦、海森堡、薛定谔、保利、狄拉克、居里、德布罗意等。100 年之后，欧洲仍在量子研究领域首屈一指。相比世界其他地区，欧洲的研究学者更多，研究范围更广，涵盖了基础科学、应用科学和工程领域。欧洲有许多世界顶级机构，研究范围从基础物理到电子学到计算机科学，覆盖了量子技术的所有方面。近 20 年来，欧盟层面上投入了 5 亿欧元用于支持量子领域的开创性研究。欧盟未来新兴技术（The EU Future and Emerging Technology，FET）项目的早期支持在培育组织良好的、成员仅欧洲公民的、具有一批世界级知名量子技术专家的科学组织方面起到了根本性作用。若干成员国都有对量子技术的财政支持，其中最著名的是英国（为期 5 年的计划，2.7 亿英镑）、荷兰（10年计划，1.46 亿欧元）和 ERANet 量子科学和技术项目（QuantERA，3000万欧元）。

（四）已经存在并且程度不断提升的产业界关注

欧洲产业界对量子技术领域的关注度在不断提升，关注这一领域的既包括大公司（如欧洲宇航防务集团、阿尔卡特朗讯、ASML、博世、IBM、诺基亚、IMEC、赛峰集团、西门子和泰雷兹集团），也包括在特定市场中占据领先地位的科技型中小企业（如 e2v、古奇与豪斯戈、ID Quantique、M Squared Lasers、Muquans、Single Quantum 和 TOPTICA）。欧洲在半导体、电子和光学等行业全球价值链中的重要地位将能够促进这些公司对产业领域的进一步攻占。至关重要的是，只要量子技术能够产生经济影响，这些公司就会对未来的项目表现出兴趣。此外，公司能够提供可在商业环境中应用和制造的设备。他们将推动更大批量的生产，降低成本，并刺激新应用和新市场的成长。世界其他地区，包括美国、中国和日本，对发掘量子技术潜力的关注程度也在不断提升。各国政府的战略和经济野心正在不断增强，许多非欧洲企业在欧洲内外的投资已经显著增加。

三　启动雄心勃勃的欧洲计划

（一）创建一个具有竞争力的、能够确保欧洲长期繁荣和安全的行业

为了确保欧洲在第二次量子革命中获得显著份额的收益，同时保证欧

洲的独立性和繁荣，欧洲必须现在就采取行动，扩大和协调欧洲范围内的工作。世界范围内的技术和人才竞赛已经开始了，战略和经济风险也逐渐攀升。世界其他地区都在加快脚步，欧洲无法承担落后或人才、知识流失的后果。要认识到，欧洲范围内目前还不存在系统性的大型量子技术项目，而美国和其他国家已经出现了这类项目。欧洲的量子技术研究和开发现在面临着碎片化和重复工作的风险。欧盟成员国和委员会在过去 20 年中的持续投资已经为欧洲带来了强势地位，理应利用这种地位去抓住新兴的机遇。对新技术开发的针对性投资将能够使过去在支柱科学领域的投资充分发挥作用，创造出很大的优势。而且，除了在其主要应用领域，量子技术这类颠覆性的技术通常也会在其他产业领域产生具有经济和社会影响力的细分领域技术。

为了释放量子技术全部潜力、加快其发展并使其为公共和私人市场带来商业产品，一项将整个欧洲的教育、科学、工程和创新结合起来的大型长期旗舰级倡议是不可或缺的。要建立一个欧洲范围内的包容性项目，使优秀的科研队伍及相关行业成员围绕雄心勃勃的大型蓝图精诚合作，朝着一系列共同的目标努力，兼顾长期的量子技术研究和对中短期项目的补充投资。对于能够为新技术建立供应链、将实验室中的原型转化为商业产品的公司，政府必须提供足够的创新公共服务支持。

欧洲量子技术项目的要素如图 2 所示。

量子技术项目的架构结构建立在教育和科学的坚实基础之上。它采用任务驱动型的、以关键目标为中心的工程项目将这一基础转化为能够引起企业强烈兴趣的创新成果。

该项目将广泛、分散式项目的强度和复杂性与重点措施的灵活性和协调性进行结合。它可以利用多种不同的能力和来自欧洲各地多个学术组织/行业合作伙伴的想法，同时还能为被认为具有最大潜力的设计的加速建设提供所需资源。

项目中提及的工程是指对新技术设计、建造和应用的理解过程。一般来说，工程是从概念、理论和一次性实验到实际应用装置的转换。

图 2 欧洲量子技术项目的要素

上述架构的每个要素都将成为欧洲未来知识型产业的关键组成部分，这个产业将为欧洲带来繁荣发展、更清洁的能源、更高程度的民众健康和安全。为了让上述架构实现最大影响力，最重要的是不能忽视架构中的任何一部分内容。据估计，为了开发量子技术并使其投入使用，这一项目在十几年中需要的资金总额超过 10 亿欧元。

1. **教育**

• 为培育量子技术领域新一代的技术人员、工程师、科学家和应用开发人员兴办教育项目。

• 发起面向欧洲公民的量子技术社会活动，号召公众广泛参与，定位可能对社会产生影响的问题。

2. **科学**

• 投资欧洲各地已有的优秀科技项目（从基础科学到原理验证实验）。开展持续投入，为欧洲引入新的量子领域研究人员。

●响应欧盟研究号召，以取得量子科学和技术领域的卓越成就为领先标准。

●通过新的国际筹资机制鼓励国际合作，并与大学和政府实验室进行合作。

3. 工程

●制订重点计划，建立使科学家、工程师和企业共同合作的生态系统，围绕共同目标驱动的技术蓝图开展工作，进行工具和软件的开发与标准化制定工作。

●支持包含主要合作伙伴开放联盟的工程中心与（来自欧洲和世界的）地理生态系统中的合作伙伴共同工作，维持开放关系。

●在适销技术成熟之前有效识别和响应对工程方法的需求。在量子这一技术性很强的领域，基础科学的进步也需要工程活动的不断扩大。

4. 创新

●建立欧盟范围内的量子创新基金，资助致力于将量子技术转化为产品的所有类型和规模的公司。这笔资金必须最大限度地利用公司内的技能和专业知识，并且应该被用于企业主导的、在企业中开展的、企业与研究和技术组织（RTO）或企业与学术界合作进行的项目。这些项目应该能够支撑企业在量子技术未来供应链的各个环节开展工作。

●促进市场资助的活动，探索量子技术领域中现实、可盈利的应用，探索量子技术产业（包括公共产业和私营产业）的各个领域。

●创建孵化器，支持高潜力小型量子技术公司的技术转型。为这些公司提供设施、技能以及公共和私人资金，使这些公司与能够帮助它们的大中型组织建立联系。

在整个欧洲范围内保持项目相关活动的一致性是项目成功的关键因素。为了加强合作和协调，该项目将发挥以下作用。

●通过战略平台对国家层面的战略和活动进行协调，由于已经存在一些国家级项目，所有欧盟层面的项目都应以协调一致的方式建立在这些已有项目的基础上。

• 促进不同中心（包括学术界和工业界中心）之间在人才和信息领域开展国际合作交流与联结，从而增强项目的机动性，促进知识交流。

• 整合国家计量机构，为最成熟的量子技术（如量子密钥分配技术）的开发制定适用的标准。

• 建立产业领导小组，带领、引导能够激发和维持产业领域高度兴趣的行动。

• 成立一个由来自学术界、企业和政府的个人组成的咨询机构，充分唤起政府对项目目的和方向的意识，对项目进行监督，给出建议，以确保其尽可能有效地运作。

• 确定可由量子技术提供最优服务的政府需求。

• 促进教育、科学、工程和创新之间的集成与协同。

• 协助量子技术初期项目，以确保整个欧盟对第二次量子革命的贡献份额，保证第二次量子革命所带来的收益。

应当指出的是，图2仅仅展示了未来项目的架构。在本报告发布之后进行的工作环节中，每个支柱相关的主题数量、支柱的数量、各支柱的投资规模、四个组成部分（教育、科学、工程和创新）之间的资金分配等详细信息将被加以考量。在项目的设计阶段，我们还将为项目选择一个合适的管理模型。

（二）结论

为了领导第二次量子革命，欧洲现在需要大胆的战略投资。基于其科学成就，欧洲有很大可能性培育出具有竞争力的量子技术产业，从而保证欧洲的长期繁荣和安全。

为此，本宣言呼吁各成员国和欧盟委员会推出一项雄心勃勃的、长期的、旗舰级别的倡议，在倡议中实现欧洲教育、科学、工程和企业家精神的结合。

要取得成功，这一倡议的目标应该是：第一，巩固欧洲量子研究的有利地位，保持广阔的研究领域，保证实现基本成果所需要的足够时间；第二，与产

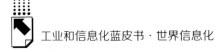

业领域合作，挖掘量子技术的全面创新潜力，从而加速企业发展、帮助企业占领市场份额、赋予企业（投资量子技术项目）应得的全部经济和社会效益。

（三）量子技术研发目标

1. 短期目标（0～5年）

开发量子信号中继器核心技术，使其具备加密功能和窃听检测功能，实现远距离点对点量子安全连接。

实现用于解决化学反应和材料设计相关问题的量子模拟器。

开发可用于未来智能网络（如能源网和电子通信网）同步的、更精确的原子钟。

展示出对拓扑量子比特的指数级保护和控制。

将功能性量子电路集成到高速低温经典控制硬件中。

开发特殊用途的传感器，如用于国防、太空的重力传感器，用于定时应用的量子时钟，用于医疗和成像的磁传感器。

探索与量子模拟器、量子计算机和量子通信网络相关的新算法、新协议和新应用领域（如化学过程的分析和设计）。

展示出执行量子算法的小型量子处理器，以及在原子或固态平台中对逻辑量子位在量子误差校正保护下进行的操作。

形成组件供应链，如低温或电子放大器组件、激光源等组件的供应链。这些组件是构建量子设备、实现众多细分领域应用的基础。

2. 中期目标（5～10年）

实现材料磁性、电子属性（如超导）的通用模拟器，支持具有独特性质的新材料的开发和设计。

简化量子传感器，使其能以较低成本生产并实现较大规模的应用，如制造业、汽车、建筑和地理调查领域的应用。

建设能够保障信息安全、杜绝窃听的量子网络，确保城市之间的安全通信。

利用高速（超出百物理量子位）运行的专用量子计算机解决化学和材

料科学问题。

开发精确到1mm/天且能够在室内工作的手持量子导航设备。

设计量子器件，提高其可制造性和可靠性，降低成本，增加它们在更主流市场的可用性。

展示地面–卫星量子加密技术。

3. 长期目标（>10年）

利用运行量子通信协议的量子中继器创建安全、快速的量子互联网，将欧洲各大城市连接起来。

利用特殊用途的量子硬件设计具有定制特性（如电导率或磁性）的新材料。

建立通用量子计算机。

开发能够对物理和化学的问题进行建模的，能够比最快的超级计算机更准确、更快地解决化学反应问题（如新型催化剂的开发和药物设计问题）的量子计算机。

开发可以集成到手机等设备上的芯片量子传感器设备，在若干消费领域中实现量子信息应用和量子传感应用。

关联重力传感器阵列的测量结果，创建重力成像。

为消费领域应用集成量子传感器，如为移动通信设备集成光激性器件或固态电子学器件。

开发其他应用，如量子信用卡、量子钥匙以及各种目前难以预期的创新应用。

四 附录：支持者名单

量子宣言受到来自学术界和产业界超过3400人的认可。这表明量子技术领域的宏大旗舰级行动在欧洲范围内得到了广泛支持。支持者的完整列表可以在以下地址查看：http：//qurope. eu/manifesto/endorsers。

B.11
奇点前的人工智能

何冰梅*

摘　要： 2016年对人工智能来说是意义非凡的一年，阿尔法狗、智能机器人等引发了全民关注，人工智能技术广泛应用在医疗、科研、教育、金融等领域，人工智能商业化大门已全面打开。同时，各国也意识到人工智能有可能是下一波科技创新浪潮的核心，将是一股颠覆性力量，将从根本上改变发展方式，因而纷纷制订长远战略规划，力图取得竞争先机。

关键词： 机器学习　深度学习　AI战略　AI伦理

人工智能（Artificial Intelligence，AI）是指由人工制造出来的系统所表现出来的智能，及研究这些智能系统的科学领域。人工智能可以分两个层面：一是狭义人工智能，即人工智能的高级阶段，如可自主学习、具有通用能力的智能技术；二是广义人工智能，涉及人工智能的初级阶段，如应用深度学习技术的各类模式识别系统、分析决策系统、机器人、高级辅助驾驶系统等。

自20世纪50年代计算机诞生以来，软件开发人员一直在试图教会计算机如何像人类一样思考。然而，人工智能最初几十年的发展并没有那么一帆风顺，因为开发成本过高，也缺乏足够的数据量来支持人工智能学习，相关

---

* 何冰梅，国家工业信息安全发展研究中心信息化研究与促进中心工程师，从事信息化领域情报研究工作。

技术的研究时常停滞。过去十年中，随着软硬件技术的发展，计算能力大幅提升，深度学习算法不断进步，机器学习日益强大，同时数据量的急剧增长，对算法的训练不断增强，大大推动了人工智能的发展。2016年，人工智能的发展接近爆发临界点。

一 人工智能技术准备充足，到达爆发临界点

2016年，核心计算技术、算法、数据集以及应用等方面均取得了重大进展，在技术突破和应用机会不断扩展的双重推动下，人工智能走到了大规模应用的临界点，这种技术奇点出现的迹象非常明显。

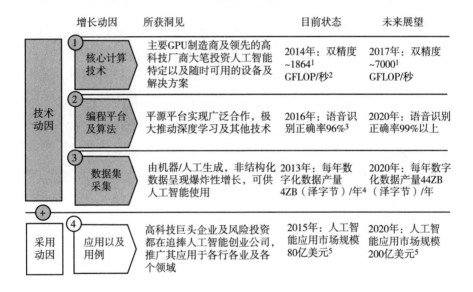

图1 核心计算技术、算法、数据集以及应用的情况

首先，领先的半导体厂商及 CPU 和 GPU 企业均将人工智能视作重要目标，斥巨资投入，软硬件技术密集突破，为人工智能及机器学习打下基础。同时，关键技术及网络基础设施快速发展，为人工智能的实现和应用提供了基础。

其次，开源人工智能平台的数量及规模持续激增，大量的开发人员可以自由利用编程界面，使用各类工具、算法以及训练数据，开发人工智能功能。

最后，数据资源的规模及种类也大幅增加，意味着对机器进行训练的数据积累已经完成，从而使其做出更快、更好的决策，为人工智能技术的进步提供了前提条件。深度学习等理论算法的革新，带来了人工智能核心技术的突破。

当技术创新与市场力量汇聚在一起时，便会创造出足以扭转整个行业面貌的产品，历史转折点也随之出现。虽然确切的时间仍无法预测，但人工智能似乎已走到了爆发性历史转折点，人工智能自身的重大技术进步以及关联领域的技术、资源准备充足，为人工智能的发展创造了大量机会，将催生改变游戏规则的产品和服务。

2016 年，除了给人们留下深刻印象的阿尔法狗与人类大战外，人工智能在众多领域取得了突出成就，如雨后春笋般成长起来，自动驾驶、语音识别、风靡全球的游戏 Pokémon Go……似乎机器似乎已经无处不在，无所不能了。

例如，在 2016 国际生物医学成像研讨会（ISBI）上，研究人员尝试把人工智能和人类病理学家的检测结果结合，发现准确率高达 99.5%。日本 IBM 公司和东京大学医科学研究所正在开发一种利用尖端人工智能计算机"沃森"（Watson）治疗癌症的方法。据悉，该技术将收集东京大学拥有的日本患者数据，通过人工智能加以分析，并依据基因信息，最短能在 10 分钟左右找到适合患者的治疗方案。中国科学院重庆研究院下属企业云从科技与上海交通大学的联合实验室日前宣布，研发出"人脸识别"人工智能测谎仪。

人工智能还独立攻克了生物领域 120 年的未解之谜。来自塔夫斯大学计算和生物领域的科学家们研发的一套程序能够让计算机在面对一个新的科学问题时，独立地发展出一套解释这个问题的理论。这是有史以来计算机第一次不依靠人类的任何帮助，仅仅通过人工智能独立提出一个新的科学理论。

在无人驾驶领域，关键技术也已接近临界点。比如，目标跟踪算法，即用于识别车辆附近目标的算法，已达到90%的准确率。再比如，固态激光雷达（类似于雷达，但以激光为工作光束）也已面市，可用于收集车辆周围环境的高频数据。由于这些技术迅速进入成熟阶段，各类大型科技公司，如谷歌、英伟达、英特尔和宝马都在快马加鞭，努力开发自动驾驶汽车。

语音技术作为人机交互方式的入口，是人工智能重要的一环，2016年情感合成、远场方案、唤醒二期技术和长语音方案等的成熟，使智能语音已超过正常人类的识别能力，成为也许是距离"人工智能的黎明"最近的技术。2016年，四大科技巨头——苹果Siri、亚马逊Alexa、微软Cortana、谷歌Assistant，还有三星Bixby纷纷入局智能语音控制。这几个产品与人类交互的能力虽然还有待提高，但已经实实在在可以成为人类的小助手。中国科大讯飞发布了可以"实时翻译"的人工智能语音平台后，微软公司也发布了最新一代翻译工具，可以将包括中文在内的9种语言的实时语音翻译为文本信息。

二　企业投资并购大幅增加，资本跑马圈地

2016年，AI领域的资本运作相当活跃。Venture Capital的调查报告显示，截至11月，全球范围内1485家与人工智能技术有关公司的融资总额达到89亿美元。同时，CB Insight公布了对美国人工智能初创企业的调查结果，发现这些企业2016年的融资金额约是四年前的10倍，且被收购的企业数量达到近几年的最大值。艾瑞咨询预计，2020年全球AI市场规模将达到1190亿元，年复合增长率约为19.7%；同期，中国人工智能市场规模将达91亿元，年复合增速超50%。就产业分类和公司数量而言，咨询公司Venture Scanner统计，2016年全球人工智能公司已突破1000家，跨越13个子门类，融资金额高达48亿美元。在这13个种类中，研究机器学习（应用）的人工智能公司数目最多，达260家，约占整个行业的30%。从区域

分布情况来看，欧美等西方国家和地区发展较为迅猛，其中美国以499家人工智能公司占据绝对主导地位，且初创公司数量众多；而以中国为首的发展中国家在人工智能领域显然仍处于起步阶段，真正布局该产业的公司较少，以传统互联网巨头进军人工智能领域为主。

2016年1月，苹果收购人工智能初创公司Emotient，这家公司侧重使用人工智能技术读取图片中的人物面部表情。

2月，谷歌DeepMind公布成立DeepMind Health部门，与英国国家健康体系（NHS）合作实现人工智能辅助决策。在与皇家自由医院的合作试点中，DeepMind Health开发了Streams软件，用于血液测试的AKI报警平台，帮助临床医生查看医疗结果。

5月，eBay宣布收购使用机器学习进行大数据分析的瑞典企业Expertmaker。

5月，英特尔收购了专门从事计算机视觉（CV）算法的初创公司Itseez。

6月，IBM Watso联手XPRIZE设立500万美元人工智能基金项目，该项目专注人工智能发展。

8月，微软收购了初创公司Genee，其主要产品是一款拥有AI技术的智能日程工具。

9月，谷歌收购了用于开发聊天机器人的人工智能平台Api. ai。

9月，亚马逊收购了机器人创业公司Angel. ai，这家公司的联合创始人成为亚马逊"新机器人产品"的项目负责人。

9月，Facebook、Amazon、谷歌Alphabet、IBM和微软宣布缔结新的人工智能伙伴关系，旨在研究和推广人工智能技术。

三　各国相继制定AI发展战略和规划，
出台相应法律规范

人工智能是当前人类所面对的极为重要的技术变革，它在改变人类物质生产体系的同时，也为人类的社会关系与社会行为打上了变革烙印。不同的国家都在为这一时代的到来做准备。

（一）美国将 AI 上升为国家战略

美国将人工智能上升为重要的国家战略。2016 年 10 月 13 日，美国国家人工智能发展与研究战略计划（The National Artificial Intelligence Research and Development Strategic Plan）公布，这项计划被奥巴马称为美国新的"阿波罗登月计划"。该报告由美国国家科学委员会下属的机器学习与人工智能分委员会指定的人工智能研究组制定，向整个国家提供了一个跨部门的指导人工智能发展的战略规划。报告提出了美国人工智能发展的三大领域愿景，分别是促进经济发展，包括制造业、物流、金融、交通、农业、营销、通信、科技；改善教育机会与生活质量，包括教育、医学、法律和个人服务；增强国家和国土安全，包括安全与执法、安全与预测等领域。

同时，美国总统行政办公室和科学技术委员会也同步发布了另一份报告《为人工智能的未来做好准备》（Preparing for the Future of the Artificial Intelligence），这份报告是对美国企业和民众征询的意见的汇总，从政府与治理的角度探讨了人工智能的挑战与政府治理问题。

12 月大选后，白宫发表了第三份报告《人工智能、自动化与经济》（Artificial Intelligence，Automation and the Economy），该报告聚焦于 AI 对国民经济的影响，并提出三个政策方向：①对 AI 大量投资；②为全社会的劳动者提供再培训机会，避免 AI 引发大量失业；③加强社会安全网（社保）。

概括而言，这三份报告的核心目标是：①美国的 AI 技术必须保证世界第一；②如何更好地应对 AI 带来的挑战，以最大化技术红利。很显然，奥巴马政府把发展 AI 上升到国家战略的层面；至于新一届特朗普政府是否会继承，尚待观察。

（二）欧盟率先提出人工智能立法动议

欧盟委员会法律事务委员会于 2016 年 5 月 31 日提交一项动议，要求欧盟委员会把正在不断增长的最先进的自动化机器"工人"的身份定位为"电子人"(electronic persons),并赋予这些机器人依法享有著作权、劳动权等"特定的权利与义务"。该动议也建议,为智能自动化机器人设立一个登记册,以便为这些机器人开设涵盖法律责任(包括依法缴税、享有现金交易权、领取养老金等)的资金账户。如果此项法律动议通过,欧盟将成为首个通过立法赋予人工智能法律身份的地区。

欧盟对此次人工智能的立法动议绝非一时兴起。欧盟2015年的一项调查报告显示,截至2012年,欧盟成员国每七个家庭中就有至少一个在使用机器人,工厂中使用的自动化机器人更是不计其数。应用人工智能的优势是显而易见的。特别是在欧洲日益严重的老龄化社会,广泛使用高级机器人可以大幅降低人力成本,改善工作条件,提高工业水平和生产效率,从而大大提升经济竞争力。欧洲机器人协会认为,目前全球机器人年均工业产值为220亿欧元,预计到2020年可增长到500亿~620亿欧元。欧盟委员会还认为,机器人的潜力远不止于生产制造,机器人还可以协助医院护士做护理,帮助检修危险的核电站以及从事乏味的农业作业,自动驾驶汽车和无人机等也都属于机器人。

(三)英国发布人工智能对未来决策影响的相关报告

2016年12月,英国政府发布了《人工智能:未来决策制定的机遇与影响》报告,称"人工智能有望像19世纪的蒸汽机经济那样,彻底改变我们的生活"。

报告认为,人工智能时代已经到来。在网络世界中,人工智能技术已经是日常生活的一部分,各种搜索引擎和在线商务网站的背后都有它的身影。人工智能还为实现商业和政府的高效运营提供了巨大的潜力,但使用人工智能也带来了国家治理、问责制度和伦理道德等方面的挑战。

要实现人工智能的全部潜力并避免可能出现的不利后果,社会需要寻找可行的答案。报告阐述了一些可能的方法,并描述了政府在处理这些问题时的一些方法。报告认为,人工智能并非一种独特的技术,其强大取决于一些先决条件——计算力、带宽和大规模数据集，所有这些都是"大数据"的元素，同时大数据的潜力只能通过人工智能才能得以实现。如果数据是燃料，那么人工智能就是驱动这次数字革命的引擎。

（四）日本提出"超智能社会"

经过一年多的酝酿、广泛讨论和征求意见，日本内阁会议于 2016 年 1 月 22 日审议通过了《第五期科学技术基本计划（2016～2020）》。该计划是日本政府自 1995 年颁布《科学技术基本法》、1996 年发布《第一期科学技术基本计划》以来启动实施的第五个国家科技振兴综合计划，也是日本最高科技创新政策咨询机构——综合科学技术创新会议（CSTI）2014 年 5 月重组之后制订的首个基本计划。计划提出，日本将以制造业为核心，灵活利用信息通信技术，基于互联网或物联网，打造世界领先的"超智能社会"（5.0 社会）。超智能社会是指将必要的物品和服务提供给需要的人，能够完好地满足用户各种社会需求，所有人无论其年龄、性别、地域或语言等都能获得高质量服务，可以快乐舒适生活的社会；是继狩猎社会、农耕社会、工业社会、信息社会之后的新型社会，是网络空间和物理世界高度融合的社会，科技创新将在这一社会变革中发挥先导性作用。

日本在 2017 年度预算案的概算中为 AI 相关研究申请了 924 亿日元，达到 2016 年度最初预算的 9 倍，其中包括在理化学研究所建立代表日本的人工智能研究所，加强与企业的合作，同时启动基于人工智能的新药开发计划等。

（五）韩国将投资1兆韩元用于人工智能研究

2016 年 3 月 17 日，韩国宣布在接下来的 5 年中将投资 8.63 亿美元（1 兆韩元）研究人工智能。韩国总统朴槿惠同时宣布将成立一个委员会，整合国家的研发力量以提高生产力。在 3 月 17 日的讲话中，朴槿惠强调"人工智能可以为人类社会造福"，并称之为"第四次工业革命"。

8 月，韩国政府敲定九大国家战略项目，韩国未来创造科学部将投入

2.2152万亿韩元推进这九大项目，希望其成为新经济的增长动力和提升国民生活质量的新引擎。其中，人工智能技术最引人关注。韩国政府将在2026年前将人工智能企业数量增加至1000家，并培养3600名专业人才，争取10年后韩国人工智能技术水平赶超发达国家。

四　人工智能技术给社会秩序带来全面挑战，引起广泛探讨

人工智能技术在给我们带来巨大商业前景的同时，也严重冲击了现有的就业结构、法律法规和社会伦理等，引起各界广泛探讨。

首先，一些观点认为AI或将带来就业危机，引发贫富差距扩大。AI最主要的经济影响将体现在自动化技术领域，这有可能提高生产力和创造财富，也会影响现有的就业结构，在减少对某些技能的工作需求的同时，增加对相关技能的工作需求。白宫的经济分析顾问（CEA）认为，自动化的负面影响将主要体现在较低工资的工作上，还有一种最大的风险是，AI驱动的自动化将拉大教育水平低的人和受过良好教育的人之间的工资差距，进而有可能拉大贫富差距。这就需要公共政策来解决这些风险，确保工人的再培训和就业。

随着人工智能技术更广泛的部署，技术专家、政策分析家和伦理学家开始担忧可能产生的意想不到的后果。例如，基于人工智能的人力管理，引发了对如何确保公正、公平和问责制的担忧。在安全方面，最主要的担忧在于将AI对物理世界的控制从"封闭世界"（实验室）过渡到外面的"开放世界"时，或许会发生不可预知的事情，而现有的经验还不足以应对这些意外。

AI涉及的国际关系和安全领域是很多国家、国际组织关注的热点问题。首先要考虑的是AI的网络安全问题，包括防守与进攻性网络措施。目前，设计和操作安全系统需要大量的时间和人力。部分自动化或完全自动化的AI可能会扩大跨系统安全的应用范围，并大大降低成本，提高国家网络防

御的敏捷性。AI 可用于及时检测和快速响应，应对不断变换的潜在威胁。其次，在武器系统方面，AI 可能创造更高精度、更安全、更人性化的军事环境。然而，远离人类控制的自主式武器系统，必然存在诸多伦理及法律问题，需要在国际法则、政府政策等方面进行协调。

面向更远的未来，一些科学家和名人发表了一系列警告。著名科学家霍金在 2014 年接受 BBC 采访时说："人工智能的全面发展将宣告人类的灭亡。"但令人颇感意外的是，2016 年霍金却出席了一个庆贺新的人工智能研究中心设立的活动并发表演讲。显然，他虽然没有改变基本观点，但已经缓和了对人工智能的态度。特斯拉的 Elon Musk 对人工智能也是持高度警惕的态度。他认为，AI 是"我们最大的生存威胁"，发展 AI 是在"召唤恶魔"。持这样观点的不乏各界名人，这些说法屡屡让他们和 AI 同登头条，但往往起到宣传 AI 的作用。

至于人工智能未来究竟会怎样，到底是"天使"还是"恶魔"，现在谁也无法预知，但我们可以确切地知道——人工智能浪潮已经汹涌而来，只有放开胸怀积极拥抱才是唯一的选择。

附　　录

Appendices

B.12
附录一　2016年国际电信联盟
"信息通信技术发展指数"（IDI）

　　2016年11月，国际电联发布了最新"IDI指数"报告——《衡量信息社会报告（2016）》[①]，中国在接受调查的175个经济体中位列第81，相比上年度排名上升3位。

　　报告显示，在2016年度各经济体"信息通信技术发展指数"排名中，排名前10的依次为韩国、冰岛、丹麦、瑞士、英国、中国香港、瑞典、荷兰、挪威和日本，前10位间的差距进一步缩小，韩国和日本的得分仅相差0.47。这10个经济体有共同的特点：此前都对ICT基础设施进行了大规模投资和创新，消费者群体对于新服务的接受程度较高，这使以上经济体的ICT发展均达到较高水平。

---

① ITU：Measuring the Information Society Report 2016，http：//www.itu.int/en/ITU－D/Statistics/Documents/publications/misr2016/MISR2016－w4.pdf，2016年11月。

报告指出：全球上网人数日益增多，在投资连接未连通群体方面私营部门仍有很多机遇。所有 175 个经济体的 IDI 得分相比 2015 年都有所增加，尤其突出的是对于 ICT 的使用明显改善，主要原因是移动宽带使用率大幅提升、通信服务价格持续下降、智能手机功能性和处理能力越来越强。然而，互联网的潜能仍未被完全发掘，与受教育程度和收入水平较低的互联网用户相比，受教育程度更高的互联网用户更多地使用电子商务、在线金融和电子政务等高级业务，前者主要将互联网用于通信和娱乐目的，这表明许多人尚未充分享受到互联网带来的机遇①。

报告显示，中国 IDI 排名第 81，得分为 5.19（全球平均水平 4.94），得分增幅位居全球第 13。固定和移动宽带高速发展成为中国排名提升的核心因素，中国固定宽带普及率达 18.6%，同比提升 4.2 个百分点，全球排名由第 63 位上升至第 55 位；移动宽带普及率达 81.3%，同比提升 15 个百分点，全球排名由第 75 位上升至第 68 位②。

表 1 2016 年"信息通信技术发展指数"（IDI）排名和得分

排名	国家/经济体	得分	排名	国家/经济体	得分
1	韩国	8.84	11	卢森堡	8.36
2	冰岛	8.83	12	德国	8.31
3	丹麦	8.74	13	新西兰	8.29
4	瑞士	8.68	14	澳大利亚	8.19
5	英国	8.57	15	美国	8.17
6	中国香港	8.46	16	法国	8.11
7	瑞典	8.45	17	芬兰	8.08
8	荷兰	8.43	18	爱沙尼亚	8.07
9	挪威	8.42	19	摩纳哥	7.96
10	日本	8.37	20	新加坡	7.95

---

① 《国际电联发布年度全球 ICT 数据和 ICT 发展指数国别排名 韩国连续第二年在全球 ICT 发展指数（IDI）排行榜上独占鳌头》，http://www.itu.int/zh/mediacentre/Pages/2016 - PR53.aspx，2016 年 11 月 22 日。

② 《国际电信联盟（ITU）发布最新 IDI 指数》，http://www.miit.gov.cn/n1146312/n1146904/n1648372/c5392604/content.html，2016 年 12 月 1 日。

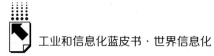

续表

排名	国家/经济体	得分	排名	国家/经济体	得分
21	爱尔兰	7.92	56	智利	6.35
22	比利时	7.83	57	哥斯达黎加	6.30
23	奥地利	7.69	58	阿塞拜疆	6.28
24	马耳他	7.69	59	阿曼	6.27
25	加拿大	7.62	60	罗马尼亚	6.26
26	西班牙	7.62	61	马来西亚	6.22
27	安道尔	7.61	62	黑山	6.05
28	中国澳门	7.58	63	巴西	5.99
29	巴林	7.46	64	巴哈马	5.98
30	以色列	7.40	65	马其顿	5.97
31	白俄罗斯	7.26	66	黎巴嫩	5.93
32	捷克	7.25	67	特立尼达和多巴哥	5.76
33	斯洛文尼亚	7.23	68	摩尔多瓦	5.75
34	圣基茨和尼维斯	7.21	69	多米尼克	5.71
35	巴巴多斯	7.18	70	土耳其	5.69
36	希腊	7.13	71	亚美尼亚	5.60
37	意大利	7.11	72	格鲁吉亚	5.59
38	阿拉伯联合酋长国	7.11	73	毛里求斯	5.55
39	立陶宛	7.10	74	格林纳达	5.43
40	拉脱维亚	7.08	75	安提瓜和巴布达	5.38
41	克罗地亚	7.04	76	乌克兰	5.33
42	斯洛伐克	6.96	77	文莱	5.33
43	俄罗斯	6.95	78	圣文森特和格林纳丁斯	5.32
44	葡萄牙	6.94	79	委内瑞拉	5.27
45	沙特阿拉伯	6.90	80	波黑	5.25
46	卡塔尔	6.90	81	中国	5.19
47	乌拉圭	6.79	82	泰国	5.18
48	匈牙利	6.72	83	哥伦比亚	5.16
49	保加利亚	6.69	84	苏里南	5.09
50	波兰	6.65	85	约旦	5.06
51	塞尔维亚	6.58	86	马尔代夫	5.04
52	哈萨克斯坦	6.57	87	塞舌尔	5.03
53	科威特	6.54	88	南非	5.03
54	塞浦路斯	6.53	89	伊朗	4.99
55	阿根廷	6.52	90	蒙古国	4.95

续表

排名	国家/经济体	得分	排名	国家/经济体	得分
91	阿尔巴尼亚	4.92	126	洪都拉斯	3.09
92	墨西哥	4.87	127	瓦努阿图	3.08
93	巴拿马	4.87	128	东帝汶	3.05
94	圣卢西亚	4.85	129	肯尼亚	2.99
95	突尼斯	4.83	130	萨摩亚	2.95
96	摩洛哥	4.60	131	尼加拉瓜	2.88
97	佛得角	4.60	132	科特迪瓦	2.86
98	厄瓜多尔	4.56	133	津巴布韦	2.78
99	牙买加	4.52	134	莱索托	2.76
100	埃及	4.44	135	古巴	2.73
101	秘鲁	4.42	136	斯威士兰	2.73
102	斐济	4.41	137	尼日利亚	2.72
103	阿尔及利亚	4.40	138	印度	2.69
104	多米尼加	4.30	139	苏丹	2.60
105	越南	4.29	140	缅甸	2.54
106	巴勒斯坦	4.28	141	塞内加尔	2.53
107	菲律宾	4.28	142	尼泊尔	2.50
108	博茨瓦纳	4.17	143	冈比亚	2.46
109	巴拉圭	4.08	144	老挝	2.45
110	乌兹别克斯坦	4.05	145	孟加拉国	2.35
111	玻利维亚	4.02	146	巴基斯坦	2.35
112	加纳	3.99	147	赞比亚	2.22
113	吉尔吉斯斯坦	3.99	148	喀麦隆	2.16
114	汤加	3.93	149	马里	2.14
115	印度尼西亚	3.86	150	卢旺达	2.13
116	斯里兰卡	3.77	151	毛里塔尼亚	2.12
117	不丹	3.74	152	基里巴斯	2.06
118	萨尔瓦多	3.73	153	所罗门群岛	2.04
119	伯利兹	3.66	154	安哥拉	2.03
120	纳米比亚	3.64	155	也门	2.02
121	圭亚那	3.52	156	利比里亚	1.97
122	叙利亚	3.32	157	乌干达	1.94
123	危地马拉	3.20	158	贝宁	1.92
124	加蓬	3.12	159	多哥	1.86
125	柬埔寨	3.12	160	赤道几内亚	1.85

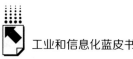

续表

排名	国家/经济体	得分	排名	国家/经济体	得分
161	吉布提	1.82	169	埃塞俄比亚	1.51
162	布基纳法索	1.80	170	刚果(金)	1.50
163	莫桑比克	1.75	171	布隆迪	1.42
164	阿富汗	1.73	172	南苏丹	1.42
165	几内亚	1.72	173	几内亚比绍	1.38
166	马达加斯加	1.69	174	乍得	1.09
167	坦桑尼亚	1.65	175	尼日尔	1.07
168	马拉维	1.62			

资料来源：ITU：Measuring the Information Society Report 2016，http：//www.itu.int/en/ITU – D/ Statistics/Documents/publications/misr2016/MISR2016 – w4.pdf，2016 年 11 月。

B.13

附录二 2016年世界经济论坛 "网络化准备指数"（NRI）

2016年7月，世界经济论坛发布了最新"NRI指数"报告——《全球信息技术报告（2016）》①，中国在接受调查的139个经济体中位列第59，相比上年度排名上升3位。

报告显示，在2016年度各经济体"网络化准备指数"排名中，新加坡连续两年居首位，其后依次为芬兰、瑞典、挪威、美国、荷兰、瑞士、英国、卢森堡和日本。从排名位居前列的国家来看，网络就绪度与人均收入两个因素之间依然存在密不可分的联系。与此同时，在本年度的指数排名中，约75%的国家得分有所提高，但不论在全球还是地区层面，世界各国在网络化准备程度方面的差距依然存在，网络化准备程度最高与最低国家之间的差距在不断扩大。

报告指出：数字经济是"第四次工业革命"框架中不可缺少的一部分，"数字化"不仅仅是技术，还是一种思维方式以及新型商业模式和消费模式的源泉，为企业和个人进行组织、生产、贸易和创新提供了新的途径。报告提出了四点重要发现：一是创新越来越依赖于数字技术和商业模式，与以往相比，如今的数字技术和商业模式会通过一种巧妙的方式带动ICT向经济和社会输送价值；二是企业利用ICT的方式事关其发展；三是私营部门和政府都需要加紧投资创新的数字化解决方案，以推动自身社会影响力整体提升；四是新数字经济正在形成，为其搭建正确管理架构、打造良好环境，对确保数字经济的可持续发展至关重要。

---

① WEF：The Global Information Technology Report 2016 – Innovating in the Digital Economy，http：//www3. weforum. org/docs/GITR2016/WEF_ GITR_ Full_ Report. pdf，2016年7月。

报告显示，中国排名在 2015～2016 年实现了 3 个位次的提升，这显示中国过去一年在网络准备度方面取得了积极进展，其中一个重要的驱动力是消费者对移动宽带服务的强劲需求，申请宽带服务的用户占中国总人口的比例从上年的 21.4% 上升到 41.8%，几乎翻了一番。中国 ICT 的个人消费者成为数字经济时代最积极的采用者，积极性高于企业和政府。另外，中国国内创新速度提高、ICT 行业专利增加以及整体经济自 2013 年以来的积极发展态势也为此提供了动力①。

表1　2016 年"网络化－准备指数"（NRI）排名和得分

排名	国家/经济体	得分	排名	国家/经济体	得分
1	新加坡	6.0	22	爱沙尼亚	5.4
2	芬兰	6.0	23	比利时	5.4
3	瑞典	5.8	24	法国	5.3
4	挪威	5.8	25	爱尔兰	5.3
5	美国	5.8	26	阿拉伯联合酋长国	5.3
6	荷兰	5.8	27	卡塔尔	5.2
7	瑞士	5.8	28	巴林	5.1
8	英国	5.7	29	立陶宛	4.9
9	卢森堡	5.7	30	葡萄牙	4.9
10	日本	5.6	31	马来西亚	4.9
11	丹麦	5.6	32	拉脱维亚	4.8
12	中国香港	5.6	33	沙特阿拉伯	4.8
13	韩国	5.6	34	马耳他	4.8
14	加拿大	5.6	35	西班牙	4.8
15	德国	5.6	36	捷克	4.7
16	冰岛	5.5	37	斯洛文尼亚	4.7
17	新西兰	5.5	38	智利	4.6
18	澳大利亚	5.5	39	哈萨克斯坦	4.6
19	中国台湾	5.5	40	塞浦路斯	4.6
20	奥地利	5.4	41	俄罗斯	4.5
21	以色列	5.4	42	波兰	4.5

---

① 《2016 年全球信息技术报告——数字经济时代推进创新》，http：//ec. ctiforum. com/jishu/ qiye/qiye_ news/490425. html，2016 年 8 月 8 日。

续表

排名	国家/经济体	得分	排名	国家/经济体	得分
43	乌拉圭	4.5	78	摩洛哥	3.9
44	哥斯达黎加	4.5	79	越南	3.9
45	意大利	4.4	80	卢旺达	3.9
46	马其顿	4.4	81	突尼斯	3.9
47	斯洛伐克	4.4	82	厄瓜多尔	3.9
48	土耳其	4.4	83	牙买加	3.9
49	毛里求斯	4.4	84	阿尔巴尼亚	3.9
50	匈牙利	4.4	85	佛得角	3.8
51	黑山	4.3	86	肯尼亚	3.8
52	阿曼	4.3	87	不丹	3.8
53	阿塞拜疆	4.3	88	黎巴嫩	3.8
54	克罗地亚	4.3	89	阿根廷	3.8
55	巴拿马	4.3	90	秘鲁	3.8
56	亚美尼亚	4.3	91	印度	3.8
57	蒙古国	4.3	92	伊朗	3.7
58	格鲁吉亚	4.3	93	萨尔瓦多	3.7
59	中国	4.2	94	洪都拉斯	3.7
60	约旦	4.2	95	吉尔吉斯斯坦	3.7
61	科威特	4.2	96	埃及	3.7
62	泰国	4.2	97	波斯尼亚和黑塞哥维那	3.6
63	斯里兰卡	4.2	98	多米尼加	3.6
64	乌克兰	4.2	99	纳米比亚	3.6
65	南非	4.2	100	圭亚那	3.6
66	罗马尼亚	4.1	101	博茨瓦纳	3.5
67	特立尼达和多巴哥	4.1	102	加纳	3.5
68	哥伦比亚	4.1	103	危地马拉	3.5
69	保加利亚	4.1	104	老挝	3.4
70	希腊	4.1	105	巴拉圭	3.4
71	摩尔多瓦	4.0	106	科特迪瓦	3.4
72	巴西	4.0	107	塞内加尔	3.4
73	印度尼西亚	4.0	108	委内瑞拉	3.4
74	塞舌尔	4.0	109	柬埔寨	3.4
75	塞尔维亚	4.0	110	巴基斯坦	3.4
76	墨西哥	4.0	111	玻利维亚	3.3
77	菲律宾	4.0	112	孟加拉国	3.3

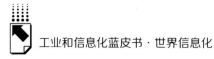

续表

排名	国家/经济体	得分	排名	国家/经济体	得分
113	冈比亚	3.3	127	马里	2.9
114	塔吉克斯坦	3.3	128	贝宁	2.9
115	莱索托	3.3	129	斯威士兰	2.9
116	赞比亚	3.2	130	利比里亚	2.8
117	阿尔及利亚	3.2	131	尼加拉瓜	2.8
118	尼泊尔	3.2	132	马拉维	2.7
119	尼日利亚	3.2	133	缅甸	2.7
120	埃塞俄比亚	3.1	134	几内亚	2.6
121	乌干达	3.1	135	马达加斯加	2.6
122	津巴布韦	3.0	136	毛里塔尼亚	2.5
123	莫桑比克	3.0	137	海地	2.5
124	喀麦隆	3.0	138	布隆迪	2.4
125	加蓬	2.9	139	乍得	2.2
126	坦桑尼亚	2.9			

资料来源：WEF：The Global Information Technology Report 2016 – Innovating in the Digital Economy，http：//www3. weforum. org/docs/GITR2016/WEF_ GITR_ Full_ Report. pdf，2016 年 7 月。

B.14
附录三　2016年联合国"电子政务
发展指数"（EDGI）

2016年8月，联合国经济与社会事务署公布了最新"EGDI指数"报告——《全球电子政务调查报告（2016）》①，中国在接受调查的193个经济体中位列第63，相较于上一次调查排名上升7位。

报告显示，在2016年度各经济体"电子政务发展指数"排名中，英国、澳大利亚、韩国、新加坡、芬兰、瑞典、荷兰、新西兰、丹麦、法国位列前10。有29个国家的电子政务发展指数（EGDI）达到"非常高"的水平，得分为0.75~1.00，而2003年只有10个国家达到这一标准。2016年，非洲国家（平均得分0.2882）和欧洲国家（平均得分0.7241）电子政务发展指数差距很大；大洋洲国家平均得分0.4154，略低于全球平均水平0.4623，亚洲（平均得分为0.5132）和美洲（平均得分0.5245）电子政务发展指数非常接近。

报告指出：电子政务已经成为可持续发展的重要指标，是推动国家快速发展的重要因素之一。电子政务可以推进教育、卫生、就业、财政和社会福利等方面的公共服务发展，并将对促进经济社会包容发展起到关键作用。

报告显示，中国的电子政务发展指数得分为0.6071，目前中国电子政务发展水平已处于全球中等偏上。报告还专门分析了中国政府数据开放与电子参与取得的进展②。

---

① DESA：UN E-Government Survey 2016-E-Government in Support of Sustainable Development，http：//workspace. unpan. org/sites/Internet/Documents/UNPAN96407. pdf，2016年8月。
② 《2016联合国电子政务调查报告（中文版）在京发布》，http：//www. nsa. gov. cn/web/a/dianzizhengwuzhongxin/20160801/7690. html，2016年8月1日。

表1　2016年"电子政务发展指数"（EDGI）排名和得分

排名	国家/经济体	得分	排名	国家/经济体	得分
1	英国	0.9193	35	俄罗斯	0.7215
2	澳大利亚	0.9143	36	波兰	0.7211
3	韩国	0.8915	37	克罗地亚	0.7162
4	新加坡	0.8828	38	葡萄牙	0.7144
5	芬兰	0.8817	39	塞尔维亚	0.7131
6	瑞典	0.8704	40	科威特	0.7080
7	荷兰	0.8659	41	阿根廷	0.6978
8	新西兰	0.8653	42	智利	0.6949
9	丹麦	0.8510	43	希腊	0.6910
10	法国	0.8456	44	沙特阿拉伯	0.6822
11	日本	0.8440	45	拉脱维亚	0.6810
12	美国	0.8420	46	匈牙利	0.6745
13	爱沙尼亚	0.8334	47	黑山	0.6733
14	加拿大	0.8285	48	卡塔尔	0.6699
15	德国	0.8210	49	白俄罗斯	0.6625
16	奥地利	0.8208	50	捷克	0.6454
17	西班牙	0.8135	51	巴西	0.6377
18	挪威	0.8117	52	保加利亚	0.6376
19	比利时	0.7874	53	哥斯达黎加	0.6314
20	以色列	0.7806	54	巴巴多斯	0.6310
21	斯洛文尼亚	0.7769	55	安道尔	0.6302
22	意大利	0.7764	56	阿塞拜疆	0.6274
23	立陶宛	0.7747	57	哥伦比亚	0.6237
24	巴林	0.7734	58	毛里求斯	0.6231
25	卢森堡	0.7705	59	墨西哥	0.6195
26	爱尔兰	0.7689	60	马来西亚	0.6175
27	冰岛	0.7662	61	格鲁吉亚	0.6108
28	瑞士	0.7525	62	乌克兰	0.6076
29	阿拉伯联合酋长国	0.7515	63	中国	0.6071
30	马耳他	0.7424	64	塞浦路斯	0.6023
31	摩纳哥	0.7315	65	摩尔多瓦	0.5994
32	列支敦士登	0.7313	66	阿曼	0.5962
33	哈萨克斯坦	0.7250	67	斯洛伐克	0.5915
34	乌拉圭	0.7237	68	土耳其	0.5900

续表

排名	国家/经济体	得分	排名	国家/经济体	得分
69	马其顿	0.5885	104	萨尔瓦多	0.4718
70	特立尼达和多巴哥	0.5780	105	汤加	0.4700
71	菲律宾	0.5765	106	伊朗	0.4649
72	突尼斯	0.5682	107	印度	0.4637
73	黎巴嫩	0.5646	108	埃及	0.4594
74	厄瓜多尔	0.5625	109	多米尼克	0.4577
75	罗马尼亚	0.5611	110	苏里南	0.4546
76	南非	0.5546	111	帕劳	0.4546
77	泰国	0.5522	112	牙买加	0.4534
78	圣马力诺	0.5506	113	博茨瓦纳	0.4531
79	斯里兰卡	0.5445	114	圣卢西亚	0.4531
80	乌兹别克斯坦	0.5434	115	圣文森特和格林纳丁斯	0.4494
81	秘鲁	0.5381	116	印度尼西亚	0.4478
82	阿尔巴尼亚	0.5331	117	马尔代夫	0.4330
83	文莱	0.5298	118	利比亚	0.4322
84	蒙古国	0.5194	119	肯尼亚	0.4186
85	摩洛哥	0.5186	120	加纳	0.4181
86	塞舌尔	0.5181	121	萨摩亚	0.4019
87	亚美尼亚	0.5179	122	伯利兹	0.3825
88	格林纳达	0.5168	123	尼加拉瓜	0.3801
89	越南	0.5143	124	孟加拉国	0.3799
90	委内瑞拉	0.5128	125	纳米比亚	0.3682
91	约旦	0.5123	126	圭亚那	0.3651
92	波黑	0.5118	127	洪都拉斯	0.3611
93	巴哈马	0.5108	128	乌干达	0.3599
94	圣基茨和尼维斯	0.5034	129	加蓬	0.3584
95	巴拉圭	0.4989	130	坦桑尼亚	0.3533
96	斐济	0.4989	131	古巴	0.3522
97	吉尔吉斯斯坦	0.4969	132	赞比亚	0.3507
98	多米尼加	0.4914	133	不丹	0.3506
99	巴拿马	0.4903	134	津巴布韦	0.3472
100	安提瓜和巴布达	0.4892	135	尼泊尔	0.3458
101	玻利维亚	0.4821	136	斯威士兰	0.3412
102	危地马拉	0.4790	137	叙利亚	0.3404
103	佛得角	0.4742	138	卢旺达	0.3390

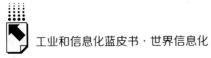

续表

排名	国家/经济体	得分	排名	国家/经济体	得分
139	塔吉克斯坦	0.3366	167	冈比亚	0.2396
140	土库曼斯坦	0.3337	168	圣多美和普林西比	0.2390
141	伊拉克	0.3334	169	缅甸	0.2362
142	安哥拉	0.3311	170	利比里亚	0.2338
143	尼日利亚	0.3291	171	阿富汗	0.2313
144	塞内加尔	0.3250	172	莫桑比克	0.2305
145	基里巴斯	0.3122	173	布隆迪	0.2277
146	密克罗尼西亚	0.3103	174	也门	0.2248
147	多哥	0.3096	175	科特迪瓦	0.2185
148	老挝	0.3090	176	科摩罗	0.2155
149	瓦努阿图	0.3078	177	贝宁	0.2039
150	阿尔及利亚	0.2999	178	海地	0.1931
151	图瓦卢	0.2950	179	巴布亚新几内亚	0.1882
152	瑙鲁	0.2868	180	刚果(金)	0.1876
153	朝鲜	0.2801	181	几内亚比绍	0.1818
154	莱索托	0.2770	182	马里	0.1817
155	喀麦隆	0.2759	183	南苏丹	0.1791
156	马绍尔群岛	0.2695	184	毛里塔尼亚	0.1734
157	埃塞俄比亚	0.2666	185	布基纳法索	0.1598
158	柬埔寨	0.2593	186	塞拉利昂	0.1594
159	巴基斯坦	0.2583	187	吉布提	0.1337
160	东帝汶	0.2582	188	乍得	0.1256
161	苏丹	0.2539	189	几内亚	0.1226
162	刚果(布)	0.2497	190	厄立特里亚	0.0902
163	马达加斯加	0.2416	191	中非	0.0789
164	所罗门群岛	0.2406	192	尼日尔	0.0593
165	赤道几内亚	0.2403	193	索马里	0.0270
166	马拉维	0.2398			

资料来源：DESA：UN E - Government Survey 2016 - E - Government in Support of Sustainable Development，http：//workspace. unpan. org/sites/Internet/Documents/UNPAN96407. pdf，2016 年 8 月。

Abstract

Annual Report on World Informationization (2016 – 2017) is a representative and authoritative annual review of the informatization progress in 2016. By systematically tracking the informatization development of major countries and regions in the world, this report carries out a comprehensive study focusing on hot topics of the gobal informatization. With respect to the status quo, policies, strategies, major researches and projects relevant to global informatization development, the report presents objective, impartial and in-depth analysis, evaluation and predictions, featuring an integration of dynamic tracking and profound study.

The report gives a general account of global informatization development in 2016 by focusing on the following topics: information infrastructure construction, industrial convergence with informatization, informatization-drived governance innovation and smart city construction, as well as cybersecurity and cyberspace governance. Predictions and observations on global informatization development in the coming years are also presented. The report contains a total of 11 articles, and is divided into six parts: Part 1: General Report; Part 2: Information Infrastructure; Part 3: Industrial Convergence; Part 4: Service Innovation; Part 5: Cybersecurity and Cyberspace Governance; Part 6: Case Studies. With the complement of existing publications on global informatization development, the report is both instructive and informative.

Contents

I   General Report

Abstract: In 2016, countries and regions around the world have been extensively deploying the integrated space and terrestrial information network. 5G tests are well underway, so does the setting of relevant standards. Meanwhile, application infrastructure for cloud computing and data centers speeds up. In areas ranging from artificial intelligence (AI) and internet of things (IoT) to virtual reality (VR) and block chain, innovations are welling up, witnessing a large number of enterprise acquisitions as more investments pouring in.

On the other hand, the internet and information technology have been continuously integrating with various industries, contributing to the flourishing of digital economy. With the application of new technologies, public services are becoming more integrated, open and digital, and smarts cities are being constructed in a more standardized and pragmatic way.

However, cyber security encountered new enemies, distributed denial-of-service (DDoS) attacks in particular. In this regard, countries and regions have been working hard to enhance cyber security; and as digital economy further develops, cyberspace governance expects to be enhanced and better arranged.

On the premise of discussing the above-mentioned topics, this report envisions the trends and future of informatization.

Keywords: Cyber Infrastructure; Information Technology; Digital Economy; Cyber Security; Cyber Management

II Information Infrastructure

Abstract: Information infrastructure has become a key driving force of economic and social development. In 2016, a great number of countries put forward policies to help people access faster and more affordable Internet service, especially low-income households and people living in remote areas. With the speeding up in research and development, 5G technology starts its process to commercialization. International Internet giants have been increasing invested in the construction of information infrastructure to explore new business models and gain strategic advantage for the future. Application infrastructure, such as Internet of things and cloud computing, is developing rapidly with enormous potential, and gradually becoming focal points all around the world.

Keywords: Network coverage; 5G; Satellite Internet; Internet of things; Data Center

III Industrial Convergence

Abstract: The intelligent manufacturing is becoming a commanding height in the new round of industry competition. Led by German Industry 4.0 (Germany), the Industrial Internet (USA), a number of countries have been actively plotting how to utilize advanced manufacturing technologies, information and communication technologies and the powerful advantage of manufacturing industry, so as to build the new engine of manufacturing industry competition in an era of informationization. Looking into Industry 4. 0 and the Industrial Internet, the kernel of taking up the commanding height in a new round of industry technological changes is consistent, which emphasizes the interconnections between human and human, human and machine, machine and machine, service and service, reinforces the lateral, longitudinal and end-to-end highly integration, based on the data as the core concept of revolution, and deploys enhancement of technology research and development, the standards, the industrial application, the talents cultivation, in order to improve the level of digitalization, networking and intelligent manufacturing. This paper displays and analyzes the core elements, development situation, problems and trends of intelligent manufacturing, by tracking global development of intelligent manufacturing, such as new trends and new results.

Keywords: Intelligent Manufacturing; All Interconnected; Organizational Change; Data-driven; Integration; Collaborative Innovation

B. 4 Overview of Global E − Commerce Development

Zhang Zongjing / 074

Abstract: Driven by information and technology innovations, global e-commerce is thriving as an emerging industry. The widespread use of e-commerce has fostered multiple new business modes, raised coverage rate and penetration rate in industry. In 2016, China continued to display leadership in e-commerce growth; developing countries broke new ground for e-commerce; cross-border e-commerce and shared economy consistently developed; yet the growth of e-commerce continuously improved legal system、cyber security and protection of consumer rights. It is foreseeable that the breakthrough of cutting-edge technology and innovation of brand-new business model will set path for growing of e-commerce and global economy.

Keywords: E-commerce; Shared economy; Cross-border E-commerce

Ⅳ　Service Innovation

B. 5　More Emphasis on "People-oriented" in Global

　　E－Governance Development　　　*Wang Liying, Yin Limei* / 088

Abstract: With the robust development of ICT, e-government ushers in new opportunities as each government attaches more importance to breaking the boundaries of departments and integrating information to provide one-stop services. Countries aim to strengthen the government and citizen interaction and to expand the channels for public expression. The application of new technologies such as blockchain, artificial intelligence, mobile Internet and so on not only improves the online public services, but also brings about problems on digital divide and data security.

Keywords: E-government; Whole-of-government; Government and Citizen Interaction; Mobile Services; Digital Divide; Personal Privacy

B. 6　Global Smart City Constructions in Full Swing

　　　　　　　　　　　　　　　　　　Ji Qingqing, Yao Yan / 117

Abstract: Global smart city constructions are in full swing. First of all, evaluation and assessment of smart city initiatives became more important. In addition to the annual competition held by Intelligent Community Forum, European Union and China both kicked off the design of smart city evaluation indicators. Countries started election of pilot cities, setting a model for smart city constructions. Second, strategies and macro-policies on smart city are becoming more and more perfect. Australia and Brazil published relating national strategies respectively while the United States announced new investment on White House Smart Cities Initiatives. Next, the propelling tactics of smart city construction had great development. The United Nations released report on Smart Cities and

Infrastructure to help instruct the design and development of smart cities. The U. S. put forward a toolkit for local communities using partnerships to power smart cities. The mode of *Smart Town* became popular in China after the 3rd World Internet Conference. Last but not least, smart city innovation technologies such as the Internet of Things continued growing fast but facing real challenges. While application scenarios like virtual reality, intelligent transportation and smart home depicted a smart future for us, there were security vulnerabilities that required careful attention.

Keywords: Smart Cities; Evaluation and Assessment; Strategies and Macro-policies; Propelling Tactic; Innovative Technologies

V Cybersecurity and Cyberspace Governance

B. 7　Cybersecurity Overview in 2016　　　　　*He Bingmei* / 149

Abstract: The growth of the internet has impacted profoundly on everyday life and the global economy, and has evolved into a global, interconnected network of systems and information-cyberspace. Threats to cyber security are persistent and constantly evolving. In 2016, With an ever-growing number of cyber attacks on critical infrastructure, online commerce and the private sector worldwide, security experts and governments are finding that their work has become a race against the attackers. This year is also a turning point in military uses of cyberspace. For the first time, the United States, United Kingdom, and Australia acknowledged deploying offensive cyber tools against the Islamic State. Some of the world's leading digital nations set out cyber security strategy to protect both their economy and the privacy of people.

Keywords: Cyber Security; Cyberspace; Governance

B. 8　Internet Governance: Status and Prospects of 2016

Qiao Rui / 161

Abstract: In 2016, with the process of IANA stewardship transition, the topic on "Multilateral vs. Multi-stakeholder" is moving beyond controversy, more countries declare that the right of each country to participate equally in Internet governance should all be respected, most of the countries reached a consensus that, to reform a peaceful, secure, open and cooperative order of cyberspace governance, they should strengthen cooperation under the premise of respecting others' sovereignty and not interfering in others' internal affairs. Meanwhile, the governments' demands for "network sovereignty" are continuously increasing, the interaction patterns among government, private sector and civil society are further complicating, the discussions on cyberspace governance issues are unprecedentedly deepening, topics about "data localization", "cross-border data flows" and related governance rules are becoming the main focus of governments' policy making. Based on the analysis of annual events, documents and policies, this paper represented the current status and prospects of Internet governance worldwide following two plotlines: "IANA Stewardship Transition" and "Cross-border Data Flow Rules".

Keywords: IANA Stewardship Transition; Multi-stakeholder; Data Sovereignty; Cross-border Data Flows; Privacy Protection; Data Localization

VI Special Reports

Abstract: In September 2015, the United States launched the *White House Smart Cities Initiative* to help communities reduce traffic congestion, fight crime, foster economic development, cope with climate change and improve city service quality. The federal research investment totaled $160 million. During the Smart Cities Week in September 2016, the White House announced an additional $80 million to expand this initiative in 2017 with several new programs to tackle climate change, evolve future of urban transportation, improve public safety and transform city services. Currently, the overall investment of the initiative totaled $ 240 million with new funds supporting over 70 cities and communities in their smart city construction. The fact that Obama Administration renewed its commitment to smart cities construction exhibited America's conviction and actions to revitalize America's economy and repower cities.

Keywords: Smart Cities Initiative; Investment

B. 10　Quantum Manifesto: A New Era of Technology　*Qiao Rui* / 205

Abstract: For the past few years, quantum technologies have developed rapidly around the world, countries like US and China have already made a series of important breakthroughs such as practical quantum computer and quantum communication satellite. On 17 May 2016, the EU Commissioner for Digital Economy and Society Günther Oettinger officially released a document called "Quantum Manifesto: A New Era of Technology" at the Quantum Europe Conference, Amsterdam. The "Quantum Manifesto" is part of "digital single market" policy series. It is a call to launch a € 1 billion flagship-scale initiative in quantum technologies, to ensure Europe's leading role in a technological revolution underway. The announcement of "Quantum Manifesto" not only reflects EU's strategic intents to grasp the initiative in the current international situation, to give full play to its relative advantages and to expand its own force by carrying out "digital single market" strategy inside and outside Europe, but also marks the formation of multilateral competition Relations in the quantum field. In this context, we extracted and translated the main contents of "Quantum Manifesto", hoping to provide references for China's design of its quantum R&D strategies and projects.

Keywords: European Commission (EU); Quantum Computing; Timeline; R&D Target

B. 11　Study on Artificial Intelligence before Singularity

He Bingmei / 218

Abstract: In 2016, the most remarkable AI advancement is perhaps DeepMind playing against world Go champion player Lee Sedol in a Go battle. The AI beat the human champion four times out of five games. AI is "the science of making machines do things that would require intelligence if done by men". Significant investments in AI over recent years attest to the numerous opportunities that AI is opening up in many different fields and applications. Recent breakthroughs in both machine learning techniques, computational power, and systems design have resulted in a sudden high profile as the outputs of AI become more human-like. The technology that underlies much of the success of the world's highest market capital firms (Google, Apple, Microsoft) has been developed gradually, but the prevalence of data, computation, and communication has created a fundamental shift in the power and availability of artificial intelligence, and its impact on everyday lives. Now, AI has arrived. 2016 is the beginning of an even bigger revolution that will change the way we live, let us visit new worlds and lead us into a jobless future.

Keywords: Artificial Intelligence; Application

VII　Appendices

权威报告·热点资讯·特色资源

皮书数据库
ANNUAL REPORT(YEARBOOK)
DATABASE

当代中国与世界发展高端智库平台

所获荣誉

- 2016年，入选"国家'十三五'电子出版物出版规划骨干工程"
- 2015年，荣获"搜索中国正能量 点赞2015""创新中国科技创新奖"
- 2013年，荣获"中国出版政府奖·网络出版物奖"提名奖
- 连续多年荣获中国数字出版博览会"数字出版·优秀品牌"奖

成为会员

通过网址www.pishu.com.cn或使用手机扫描二维码进入皮书数据库网站，进行手机号码验证或邮箱验证即可成为皮书数据库会员（建议通过手机号码快速验证注册）。

会员福利

- 使用手机号码首次注册会员可直接获得100元体验金，不需充值即可购买和查看数据库内容（仅限使用手机号码快速注册）。
- 已注册用户购书后可免费获赠100元皮书数据库充值卡。刮开充值卡涂层获取充值密码，登录并进入"会员中心"—"在线充值"—"充值卡充值"，充值成功后即可购买和查看数据库内容。

社会科学文献出版社 皮书系列
SOCIAL SCIENCES ACADEMIC PRESS (CHINA)

卡号：868949543883
密码：

数据库服务热线：400-008-6695
数据库服务QQ：2475522410
数据库服务邮箱：database@ssap.cn
图书销售热线：010-59367070/7028
图书服务QQ：1265056568
图书服务邮箱：duzhe@ssap.cn

S子库介绍
ub-Database Introduction

中国经济发展数据库

涵盖宏观经济、农业经济、工业经济、产业经济、财政金融、交通旅游、商业贸易、劳动经济、企业经济、房地产经济、城市经济、区域经济等领域，为用户实时了解经济运行态势、把握经济发展规律、洞察经济形势、做出经济决策提供参考和依据。

中国社会发展数据库

全面整合国内外有关中国社会发展的统计数据、深度分析报告、专家解读和热点资讯构建而成的专业学术数据库。涉及宗教、社会、人口、政治、外交、法律、文化、教育、体育、文学艺术、医药卫生、资源环境等多个领域。

中国行业发展数据库

以中国国民经济行业分类为依据，跟踪分析国民经济各行业市场运行状况和政策导向，提供行业发展最前沿的资讯，为用户投资、从业及各种经济决策提供理论基础和实践指导。内容涵盖农业，能源与矿产业，交通运输业，制造业，金融业，房地产业，租赁和商务服务业，科学研究，环境和公共设施管理，居民服务业，教育，卫生和社会保障，文化、体育和娱乐业等100余个行业。

中国区域发展数据库

对特定区域内的经济、社会、文化、法治、资源环境等领域的现状与发展情况进行分析和预测。涵盖中部、西部、东北、西北等地区，长三角、珠三角、黄三角、京津冀、环渤海、合肥经济圈、长株潭城市群、关中—天水经济区、海峡经济区等区域经济体和城市圈，北京、上海、浙江、河南、陕西等34个省份及中国台湾地区。

中国文化传媒数据库

包括文化事业、文化产业、宗教、群众文化、图书馆事业、博物馆事业、档案事业、语言文字、文学、历史地理、新闻传播、广播电视、出版事业、艺术、电影、娱乐等多个子库。

世界经济与国际关系数据库

以皮书系列中涉及世界经济与国际关系的研究成果为基础，全面整合国内外有关世界经济与国际关系的统计数据、深度分析报告、专家解读和热点资讯构建而成的专业学术数据库。包括世界经济、国际政治、世界文化与科技、全球性问题、国际组织与国际法、区域研究等多个子库。

法 律 声 明

　　"皮书系列"（含蓝皮书、绿皮书、黄皮书）之品牌由社会科学文献出版社最早使用并持续至今，现已被中国图书市场所熟知。"皮书系列"的LOGO（　　）与"经济蓝皮书""社会蓝皮书"均已在中华人民共和国国家工商行政管理总局商标局登记注册。"皮书系列"图书的注册商标专用权及封面设计、版式设计的著作权均为社会科学文献出版社所有。未经社会科学文献出版社书面授权许可，任何使用与"皮书系列"图书注册商标、封面设计、版式设计相同或者近似的文字、图形或其组合的行为均系侵权行为。

　　经作者授权，本书的专有出版权及信息网络传播权为社会科学文献出版社享有。未经社会科学文献出版社书面授权许可，任何就本书内容的复制、发行或以数字形式进行网络传播的行为均系侵权行为。

　　社会科学文献出版社将通过法律途径追究上述侵权行为的法律责任，维护自身合法权益。

　　欢迎社会各界人士对侵犯社会科学文献出版社上述权利的侵权行为进行举报。电话：010－59367121，电子邮箱：fawubu@ ssap. cn。

社会科学文献出版社